独立行政法人会計の実務ガイド 第3版

あずさ監査法人
パブリックセクター本部［編］

中央経済社

改訂にあたって

平成13年に導入された独立行政法人制度は，中央省庁の行政活動の一部を独立の法人格を持つ機関へ分離することにより，業務を効果的・効率的に遂行することを目的としていた。導入以来，独立行政法人制度は各方面で多大な成果を挙げてきたが，一方で，導入より10年を経過する中でさまざまな問題点も指摘され，制度見直しを求める声が上がり始めていた。

このような状況のもと，平成25年に公表された「独立行政法人改革等に関する基本的な方針」（平成25年12月24日閣議決定）は，独立行政法人制度発足以降初めての抜本的な改革となった。同方針では，法人の事務・事業の特性に応じ法人分類を３つに区分したうえで，PDCAサイクルの強化や自律的マネジメントの強化を謳っている。財務報告に関しては，平成29年に同方針に沿った「独立行政法人の財務報告に関する基本的な指針」（平成29年９月１日独立行政法人評価制度委員会　会計基準等部会／財政制度等審議会　財政制度分科会　法制・公会計部会）が取りまとめられ，改革の成果を十分に発揮するための財務報告のあり方が示された。

近年の会計基準改正は，かかる一連の独立行政法人改革の流れを汲むものである。そこでは，法人の業績評価に資する財務報告を提供することが一層重視されるようになってきている。

このような独立行政法人を取り巻く環境の変化を踏まえ，今回，平成22年５月に出版した旧版（第２版）を全面的に改訂し，新たな実務ガイドを刊行することとした。

今回の改訂では，平成30年９月の独立行政法人会計基準改正および平成31年３月のQ＆A改正内容に完全準拠し，改正論点に対応する解説部分を充実するとともに，より実務に即した内容とするため一部項目の記載を見直した。また新たに損益の発生原因分析について項を設け，独立行政法人において適切な会計処理が行われたか否かを事後的に検証するための損益分析手法について解説を加えたほか，会計実務の便に資するよう独立行政法人固有の会計処理および財務諸表等間の整合性チェックリストを巻末に添付した。その他，できるだけ多くの設例・仕訳例を取り入れ，旧版以上にわかりやすい解説書を目指している。

本書が，独立行政法人の会計実務に従事されている方々や，独立行政法人の財務報告を利用する方々の一助となれば幸いである。

令和元年８月

監修者代表	パブリックセクター本部長	小林礼治
監修者	パートナー	金子　靖
同	パートナー	村松啓輔
同	パートナー	冨樫高宏
同	パートナー	伊丹亮資
同	パートナー	大瀧克仁
同	シニアマネジャー	櫻田寛子
同	シニアマネジャー	堤あづさ
同	マネジャー	田中慎二

発刊によせて

平成13年4月に，わが国における行政改革，中央省庁等改革の一環として誕生した「独立行政法人」は，国の研究機関等を中心に，平成15年4月までに62法人が設立された。その後も，平成13年12月に特殊法人等改革推進本部により策定・公表された「特殊法人等整理合理化計画」において対象となった特殊法人等が，平成15年10月以降順次新たな独立行政法人として設立されている。また，国立大学・大学共同利用機関・国立病院についても，平成16年4月以降，国立大学法人や国立病院機構として新たに法人化されることが決定しており，さらには，地方自治体においても，独立行政法人制度の考え方を導入した地方独立行政法人の設立が検討されている。このように，独立行政法人制度は，わが国における公的機関のなかでその役割の重要性を増し，本制度に対する関心はますます高まっている。

独立行政法人は，「国民の需要に即応した効率的な行政サービスの提供の実現」という行政改革の基本理念に立ち，政策の企画立案機能から分離した国の事務及び事業の実施主体として，業務を効率的・効果的に実施する法人であるとともに，自律性・自発性・透明性を備えた法人として位置づけられている。財務報告も，国民に対してわかりやすく有用な情報を提供することが求められている。

独立行政法人の会計は，中央省庁等改革基本法第38条第3号や独立行政法人通則法第37条で「原則として企業会計原則による」と明記されているが，独立行政法人が公共的な性格を有し，利益の獲得を前提とせず独立採算制を前提としない等の特殊性を加味して，平成12年2月に「独立行政法人会計基準」及び「独立行政法人会計基準注解」が設定され，同年8月には「『独立行政法人会計基準』及び『独立行政法人会計基準注解』に関するＱ＆Ａ」が取りまとめられた。その後，特殊法人等の独立行政法人化に対応すべく平成15年3月に一連の改訂が行われ，多種多様な業務を行う独立行政法人のすべてに対応した包括的・網羅的な基準となって現在に至っている。

この独立行政法人の会計基準は，企業会計をベースとしながらも，独立行政法人の特殊性を反映させたいわゆる「独立行政法人固有の会計処理」が多く規定されていることから，いささか難解な点も見受けられ，会計実務面上，その解釈・対応に多くの時間を割かざるを得なかった。

本書は，新たに「あずさ監査法人」として生まれ変わった弊法人のパブリックセクター本部のメンバーが，独立行政法人制度発足時から設立・運営・監査の各局面での関わりのなかで，財務会計面において蓄積された数多くの経験を踏まえ，単なる基準の説明にとどめず，基準策定の背景や実務的対応にも配慮し，なるべく平易に独立行政法人会計を理解してもらうことを主眼において作成したものである。章立てを多くし，独立行政法人が作成を求められる財務諸表の体系に沿った構成とすることで，独立行政法人の会計制度を概括的に整理した解説書となっている。

本書が，今まで独立行政法人の会計実務に携わっている方々や，今後独立行政法人の会計・経理に関わる方々にとって多少でも有用な書となり，国民に対してわかりやすい有用な財務情報を提供するための一助となれば幸いである。

平成16年１月

監修者代表	パブリックセクター本部長	内山英世
監修者	代表社員	泉澤俊一
同	代表社員	田中輝彦
同	代表社員	佐々誠一
同	代表社員	柳澤秀樹
同	代表社員	森　俊哉
同	社員	武久善栄
同	シニアマネジャー	佐久間清光
同	シニアマネジャー	蕗谷竹生
同	マネジャー	金子　靖
同	マネジャー	金　仁石
同	マネジャー	前田貴史

目　次

第2章　貸借対照表　19

第3章 損益計算書 137

第5章 純資産変動計算書 239

第6章 行政コスト計算書 245

第7章 キャッシュ・フロー計算書 263

第8章 その他開示書類 277

第9章 外貨建取引 349

〈会計基準等の略称〉

基準等の正式名称	略称
独立行政法人会計基準	基準
独立行政法人会計基準注解	注解または注
「独立行政法人会計基準」及び「独立行政法人会計基準注解」に関するQ＆A	Q&Aまたは Q
固定資産の減損に係る独立行政法人会計基準	減損基準
固定資産の減損に係る独立行政法人会計基準注解	減損基準注
「固定資産の減損に係る独立行政法人会計基準」及び「固定資産の減損に係る独立行政法人会計基準注解」に関するQ＆A	減損Q&Aまたは減損Q
独立行政法人通則法	通則法
独立行政法人の財務報告に関する基本的な指針	基本的な指針
資産除去債務に関する会計基準	ARO基準
資産除去債務に関する会計基準の適用指針	ARO適用指針

◀財務諸表項目別の索引▶

1．貸借対照表

引当金	第２章　4(3)①引当金	96
賞与引当金	第２章　4(3)③賞与引当金	102
リース債務	第２章　3(5)リース会計	70
資産見返運営費交付金	第４章　1運営費交付金	150
資産見返補助金等	第４章　3補助金等	173
資産見返寄附金	第４章　4寄附金	180
建設仮勘定見返運営費交付金	第４章　1運営費交付金	150
建設仮勘定見返施設費	第４章　2施設費	168
建設仮勘定見返補助金等	第４章　3補助金等	173
債券	第２章　4(2)借入金・債券	93
債券発行差額（－）	第２章　4(2)借入金・債券	93
長期借入金	第２章　4(2)借入金・債券	93
退職給付引当金	第２章　4(3)④退職給付引当金	106
法令に基づく引当金	第２章　4(3)⑤その他引当金等	117
責任準備金	第２章　4(3)⑤その他引当金等	117
資産除去債務	第２章　4(4)資産除去債務	119
(純資産項目)		
資本金	第２章　5純資産 第４章　5不要財産に係る国庫納付等 第４章　6(7)現物出資に係る会計処理	134 189 231
資本剰余金	第２章　5純資産 第４章　1運営費交付金 第４章　2施設費 第４章　3補助金等 第４章　4寄附金 第４章　5不要財産に係る国庫納付等	134 150 168 173 180 189
減価償却相当累計額（－）	第４章　6(1)特定の償却資産に係る費用相当額の会計処理	213
減損損失相当累計額（－）	第２章　3(6)減損会計	77
利息費用相当累計額（－）	第２章　4(4)資産除去債務	119
承継資産に係る費用相当累計額（－）	第４章　6(2)特定の承継資産に係る費用相当額の会計処理	215

賞与引当金見返に係る収益	第２章　4(3)③賞与引当金	102
退職給付引当金見返に係る収益	第２章　4(3)④退職給付引当金	106
資産見返運営費交付金戻入	第４章　1運営費交付金	150
資産見返補助金等戻入	第４章　3補助金等	173
資産見返寄附金戻入	第４章　4寄附金	180
固定資産売却益	第４章　5不要財産に係る国庫納付等 第４章　6(3)固定資産の除・売却の会計処理	189 218
法人税，住民税および事業税 法人税等調整額	第３章　コラム「税効果会計」	148
目的積立金取崩額	第４章　6(4)目的積立金に係る会計処理	225

第１章

独立行政法人の会計制度

1 独立行政法人制度

〈関連する基準等〉

〈基　準〉第１～７
〈注　解〉注１～５
〈Q & A〉 Q 0－1，2－1，4－1

(1) 制度概要および沿革

独立行政法人制度は，わが国における行政改革，中央省庁等改革の流れのなかで，平成９年12月の行政改革会議最終報告で初めてその創設に関する基本的方向性や制度骨格が示された。

そのなかで，「国民のニーズに即応した効率的なサービスの提供などを実現する，という行政改革の基本理念を実現するため，政策の企画立案機能と実施機能とを分離し，事務・事業の内容・性質に応じて最も適切な組織・運営の形態を追求するとともに，実施部門のうち一定の事務・事業について，事務・事業の垂直的減量を推進しつつ，効率性の向上，質の向上および透明性の確保を図るため，独立の法人格を有する『独立行政法人』を設立する」と述べられ，その後，中央省庁等改革基本法（平成10年法律第103号）の成立を経て，中央省庁等改革推進本部を中心に独立行政法人制度に関する具体的な細目設計や，独立行政法人に移行する国の事務・事業の選定が行われた。

そのうえで，独立行政法人に適用される共通の法律事項を定めた通則法や，個別の名称・目的・業務の範囲などを定めた個別法が順次成立し，平成13年４

月から，まずは57の独立行政法人が設立された。

また，平成13年12月に特殊法人等改革推進本部で策定された「特殊法人等整理合理化計画」に基づき平成15年10月以降，特殊法人等が独立行政法人に移行したこと等により，平成17年10月に113法人を数えるまでに達したが，その後の統廃合等により，平成31年４月１日現在87法人となっている（総務省ホームページ　独立行政法人一覧)。

(2)　独立行政法人制度の特徴

中央省庁等改革基本法第36条第１項

政府は，国民生活及び社会経済の安定等の公共上の見地から確実に実施されることが必要な事務及び事業であって，国が自ら主体となって直接に実施する必要はないが，民間の主体にゆだねた場合には必ずしも実施されないおそれがあるか，又は一の主体に独占して行わせることが必要であるものについて，これを効率的かつ効果的に行わせるにふさわしい自律性・自発性及び透明性を備えた法人（以下「独立行政法人」という。）の制度を設けるものとする。

上記の条文からもわかるように，独立行政法人制度には，公共性，自主性，透明性という３つの理念が内在している。

すなわち，独立行政法人は，公共的な性格を有し，利益の獲得を目的とせず，独立採算制を前提としないなどの特殊性を有している。また，国民の需要に即応した効率的な行政サービスの提供を実現し，その業務実施のための経営資源に関する財務情報を国民に対して開示する責任を負うものと位置付けられる。

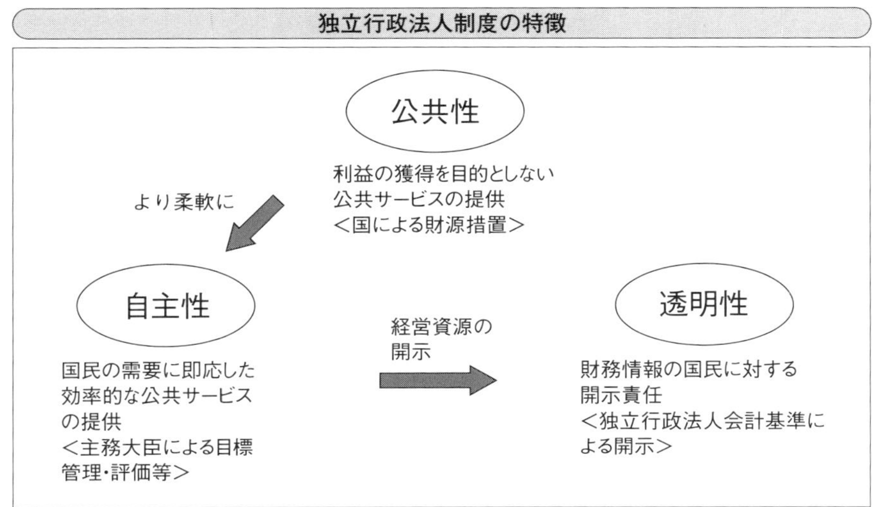

(3)　主要な仕組み

独立行政法人制度の特徴を踏まえて，独立行政法人が政策実施機能を発揮して最大限の成果を上げることができるように，以下の仕組みが設けられている。

〔PDCAサイクルが機能する目標・評価の仕組み〕

主務大臣のもとで政策のPDCAサイクルを十分に機能させるため，主務大臣を主体とした一貫性のある目標設定と評価が行われる仕組みを設けている。また，主務大臣が定めた目標の達成状況については独立行政法人の長が説明責任を負うなど，業務の透明性を確保するための仕組みも設けられている。

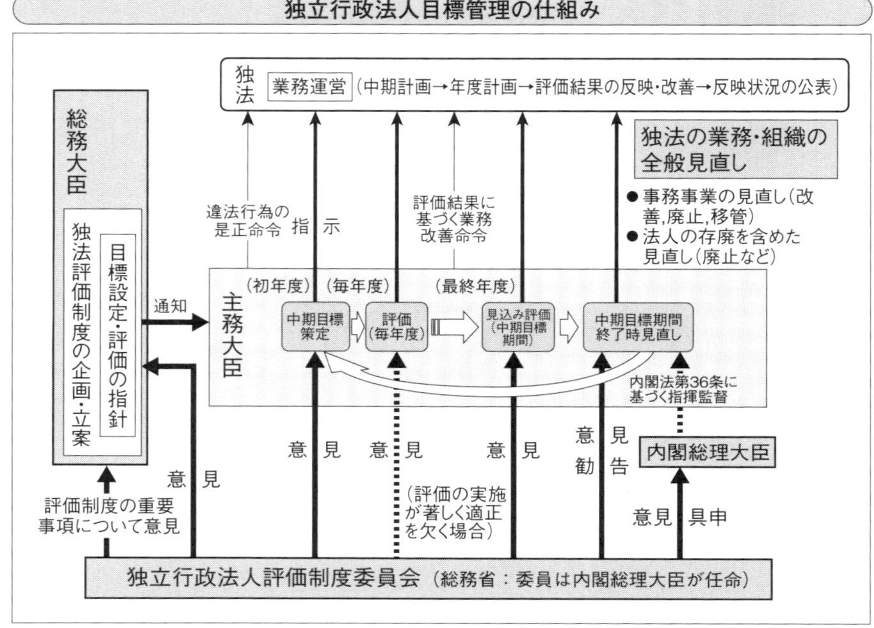

（出典：総務省ホームページ）

(4) 業務の特性を踏まえた独立行政法人の分類

独立行政法人が行う事務・事業にはさまざまなものがあるが，制度の発足時に特段の法人分類は設けられなかったため，すべての独立行政法人に一律の制度を適用する仕組みとなっていた。この点，独立行政法人の政策実施機能の強化を図り，適切なガバナンスを構築すべく，平成26年の通則法改正により独立行政法人の事務・事業の特性に応じた分類が設けられた。

具体的には，目標管理の仕組みのあり方，業務運営上の法人の裁量と国の関与度合いおよび業務の停滞が及ぼす影響度合い等をもとに，中期目標管理法人，国立研究開発法人および行政執行法人の３つに分類されることとなった。

独立行政法人の分類	
中期目標管理法人	公共上の事務・事業を中期的（３～５年）な目標・計画に基づき行うことにより，多様で良質なサービスの提供を通じて公共の利益を増進することを目的とする法人
国立研究開発法人	研究開発に係る業務を主要な業務として，中長期的（５～７年）な目標・計画に基づき行うことにより，我が国の科学技術の水準の向上を通じた国民経済の発展その他の公益に資するため研究開発の最大限の成果を確保することを目的とする法人
行政執行法人	国の行政事務と密接に関連した国の相当な関与のもとに確実に執行することが求められる事務・事業を，単年度ごとの目標・計画に基づき行うことにより，正確・確実に執行することを目的とする法人

2　独立行政法人会計制度

(1)　制度概要

独立行政法人通則法第37条

独立行政法人の会計は，主務省令で定めるところにより，原則として企業会計原則によるものとする。

独立行政法人通則法第38条第１項

独立行政法人は，毎事業年度，貸借対照表，損益計算書，利益の処分又は損失の処理に関する書類その他主務省令で定める書類及びこれらの附属明細書（以下「財務諸表」という。）を作成し，当該事業年度の終了後三月以内に主務大臣に提出し，その承認を受けなければならない。

独立行政法人通則法第38条第２項

独立行政法人は，前項の規定により財務諸表を主務大臣に提出するときは，これに主務省令で定めるところにより作成した当該事業年度の事業報告書及び予算の区分に従い作成した決算報告書並びに財務諸表及び決算報告書に関する監査報告（次条第一項の規定により会計監査人の監査を受けなければならない独立行政法人にあっては，監査報告及び会計監査報告。以下同じ。）を添付しなければならない。

独立行政法人通則法において，「独立行政法人の会計は，原則として企業会計原則によるものとする。」とされている。そのため，官庁会計における単式簿記による現金主義とは異なり，独立行政法人会計では企業会計と同様に複式簿記による発生主義を採用することとなる。

また，独立行政法人会計制度上は，財務報告書類として，貸借対照表や損益計算書等の財務諸表に加えて，事業報告書や決算報告書の作成および公表が求められる点にも留意する必要がある。

(2) 独立行政法人会計基準の設定

前記のとおり，独立行政法人の会計は，原則として企業会計原則によるものとされている。この点，企業会計原則は，株式会社等の営利企業を直接の適用対象とすることを前提としているが，独立行政法人と営利企業とでは主に以下の点で制度の前提や財務構造等に違いがある。

- 独立行政法人は公共的な性格を有し，利益の獲得を目的とせず，独立採算制を前提としない。
- 独立行政法人は政策の実施主体であり，政策の企画立案の主体としての国と密接不可分の関係にあることから独立行政法人独自の判断では意思決定が完結しえない場合が存する。
- 独立行政法人には，毎事業年度における損益計算上の利益（剰余金）の獲得を目的として出資する資本主を制度上予定していない。
- 独立行政法人に対する動機付けの要請と財政上の観点の調整を図る必要がある。

そのため，企業会計原則を制度の前提等が異なる独立行政法人にそのままの形で適用すると，本来伝達すべき会計情報が伝達されない，あるいはゆがめられた形で提供されることになりかねない。

そこで，独立行政法人の制度の前提や財務構造等を考慮した会計処理や企業会計原則では想定されていない会計処理等について，多数の独立行政法人に共通する事項を包括的かつ詳細に定めるべく，平成12年２月16日に「独立行政法人会計基準」および「独立行政法人会計基準注解」（以下「基準」および「注解」という）が設定された。

独立行政法人は他に合理的な理由がない限り，この基準および注解に従う必要があるが，ここに定められていない事項については，一般に公正妥当と認められる企業会計原則に従うことになる。なお，基準および注解の趣旨を踏まえる限りにおいては，主務省令において個別の独立行政法人の特殊性に基づく会計処理を定めることを排除するものではない。

(3)　独立行政法人会計基準の改訂

独立行政法人会計基準は，国の機関から移行し，主に研究開発や検査などの業務を行う法人を念頭に設定されたが，平成15年10月以降に独立行政法人となった法人は特殊法人から移行した法人が多く，公共事業の実施，保険・共済事業のための資金運用，資金供給目的で民間企業などに対する出資，独立採算による業務など，多種多様な業務が実施されており，そのために国から多様な財源措置が行われている。

そこで，先行の独立行政法人では想定されなかった会計事象等に対応し，想定しうるすべての独立行政法人の会計処理に必要な会計基準を包括的・網羅的に整備するため，平成15年３月３日に基準および注解の改訂が行われた。その後も企業会計の変化や独立行政法人の会計制度を取り巻く環境の変化等に応じて必要な改訂が行われている。

これまでの改訂の概要は次の表のとおりである。

独立行政法人会計基準の改訂経緯

改訂時期	主な改訂内容
平成15年３月３日	・特殊法人等からの移行に備えて以下の項目について企業会計の最新の基準の考え方を可能な限り取込み ①　有価証券の評価基準および評価方法 ②　販売用不動産の評価基準および評価方法 ③　貸倒引当金の計上方法 ④　外貨建取引の会計処理 ⑤　退職給付引当金の計上方法 ・国からの財源措置の多様化等を踏まえて以下の会計処理を新たに整備 ①　補助金等に係る会計処理 ②　国の財源措置が事後に行われる場合の会計処理 ③　法令により計上が要請されている引当金または準備金に係る会計処理 ・連結財務諸表に関する基準を新たに設定

平成17年6月29日	・減損会計の導入（「固定資産の減損に係る独立行政法人会計基準」および「固定資産の減損に係る独立行政法人会計基準注解」の設定）
平成19年11月19日	・会社計算規則に規定する計算関係書類に対応するため，以下の項目について企業会計の最新の基準の考え方を可能な限り取込み ① 貸借対照表の表示区分の見直し ② 金銭債務の評価方法 ③ 販売用不動産の評価基準および評価方法 ・独立行政法人における説明責任を一層推進させるための開示内容の充実 ① セグメント情報 ② 運営費交付金の収益化基準 ③ 関連公益法人等の情報
平成22年3月30日	・以下の項目について企業会計の最新の基準の考え方を可能な限り取込み ① 金融商品および賃貸等不動産の時価等の開示に関する注記 ② 資産除去債務の会計処理 ③ 連結財務諸表作成時の独立行政法人および持分法適用会社の会計処理の統一 ④ 連結損益計算書における表示区分の追加 ・企業会計での所有権移転外ファイナンス・リースの賃貸借取引に準ずる会計処理の廃止に伴う所要の見直し
平成22年10月25日	・不要財産の国庫納付等に係る会計処理 ・資産除去債務に係る特定の除去費用等の費用計上時における会計処理
平成23年6月28日	・非特定償却資産の減損の会計処理の見直し
平成27年1月27日	・セグメント情報の開示の見直し（一定の事業等のまとまりごとの区分に基づくセグメント情報の開示と開示の拡充） ・運営費交付金の収益化基準の見直し（原則として業務達成基準） ・企業会計の改正を踏まえた退職給付会計に係る改訂 ・注記および附属明細書の拡充
平成30年9月3日	・行政コスト計算書の新設（行政サービス実施コスト計算書の廃止） ・純資産変動計算書の新設 ・財源が措置されている引当金に係る会計処理の変更（引当金を計上して見返の資産を計上するとともに，対応する費用および収益を損益計算書で認識） ・特定の承継資産に係る費用相当額の会計処理の新設

コラム

『30秒でわかる「過年度遡及」』

過年度遡及とは，会計方針を変更する場合に，新たな会計方針を過年度から適用していたかのように遡って会計処理することや，過年度の決算に誤りが発覚した場合に，これを過年度に遡って訂正することをいう。企業会計基準では，平成23年4月1日以後開始する事業年度より企業会計基準第24号「会計上の変更及び誤謬の訂正に関する会計基準」が適用され，過年度遡及の考え方を採用している。他方，独立行政法人会計基準では，平成23年6月改訂時に導入の必要性が検討されたものの，結果的に過年度遡及の会計基準は導入されずに現在に至っている。

過年度遡及の考え方が適用されると，会計方針を変更する場合や過年度の決算に誤りがあった場合に過年度に遡った処理が必要となるため，実務上の煩雑さが懸念される。しかしながら，先述のとおり独立行政法人会計基準は過年度遡及の考え方を採用していないため，独立行政法人の会計実務では過年度遡及について特段意識する必要はないといえる。

ただし，連結財務諸表を作成する法人では，関係会社の決算において過年度財務諸表の遡及修正が行われている場合が想定される。この点，過年度財務諸表の遡及修正を行わないとする取扱いは独立行政法人固有の会計処理に当たるため，企業会計基準を適用している関係会社の会計処理を修正する必要はない。そのため，連結財務諸表の作成にあたっては，当該関係会社の遡及修正後の決算数値をそのまま利用する点に注意する必要がある。

参考：企業会計基準と独立行政法人会計基準の過年度遡及の違い

◆ 企業会計基準　　遡及修正する

◆ 独立行政法人会計基準　　遡及修正しない
ー(期首時点での仕訳はなし)
⇨ 変更の影響は，当年度以降の財務諸表において認識する

3 独立行政法人の財務諸表の体系と構成要素

(1) 財務諸表の体系

独立行政法人の財務諸表の体系は，基準第42で以下のように定められている。

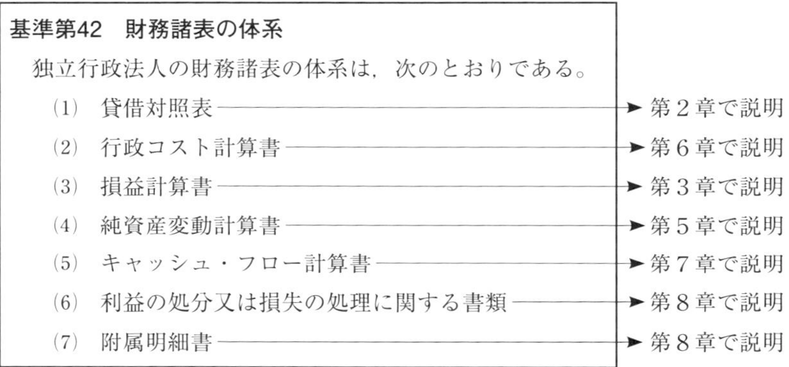
基準第42　財務諸表の体系

独立行政法人の財務諸表の体系は，次のとおりである。

(1) 貸借対照表 ――→ 第２章で説明
(2) 行政コスト計算書 ――→ 第６章で説明
(3) 損益計算書 ――→ 第３章で説明
(4) 純資産変動計算書 ――→ 第５章で説明
(5) キャッシュ・フロー計算書 ――→ 第７章で説明
(6) 利益の処分又は損失の処理に関する書類 ――→ 第８章で説明
(7) 附属明細書 ――→ 第８章で説明

PDCAサイクルの強化，自律的なマネジメントといったこれまでの独立行政法人改革の成果を十分に発揮するためには，国民その他の利害関係者が独立行政法人の財務報告をより一層活用することが求められていた。

このため，独立行政法人制度の根幹に立ち返った理論的・体系的な整理を行い，財務情報のみならず，非財務情報も含めた独立行政法人の「財務報告」のあり方を定めた「独立行政法人の財務報告に関する基本的な指針」（以下，「基本的な指針」という）が平成29年９月１日に公表された。

「基本的な指針」を踏まえ，平成30年９月３日の改訂基準では，独立行政法人の業績の適正な評価に資する情報を提供する観点から，独立行政法人が提供したサービスであるアウトプット情報と対比するインプット情報であるフルコスト情報の提供源として新たに行政コスト計算書を作成することとされ，これに伴い従来の行政サービス実施コスト計算書が廃止された。また，同改訂基準では，独立行政法人の財政状態および運営状況の関係を表すものとして新たに純資産変動計算書を作成することが必要となった。

旧基準および改訂基準の財務諸表は以下のとおりである。

旧基準
貸借対照表
損益計算書
キャッシュ・フロー計算書
利益の処分又は損失の処理に関する書類
行政サービス実施コスト計算書
附属明細書

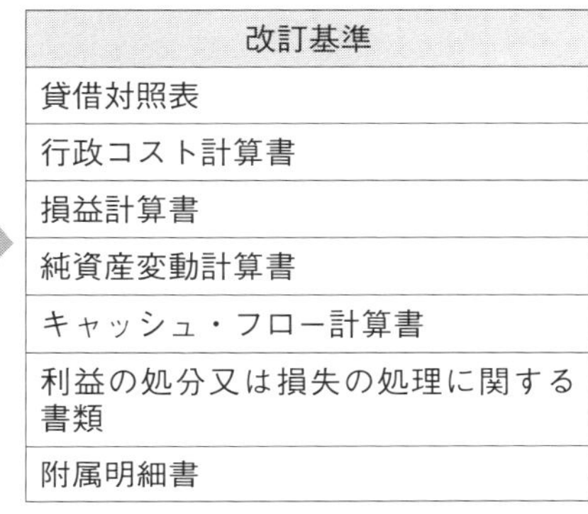

改訂基準
貸借対照表
行政コスト計算書
損益計算書
純資産変動計算書
キャッシュ・フロー計算書
利益の処分又は損失の処理に関する書類
附属明細書

なお，法人によっては上記のほか，次の書類も作成することになっている。

● 勘定別および法人単位財務諸表（詳細は第10章で説明）

法律の規定により，区分して経理し，区分した経理単位（以下「勘定」という）ごとに財務諸表の作成が要請されている独立行政法人にあっては，それぞれの勘定ごとの財務諸表（勘定別財務諸表）と，独立行政法人全体の財務諸表（法人単位財務諸表）を作成しなければならない（基準第100）。

● 連結財務諸表（詳細は第11章で説明）

民間企業などに対する出資を行っている独立行政法人については，自らとその出資先の会社等（以下「関係法人」という）を公的な資金が供給されている１つの会計主体として捉え，独立行政法人が関係法人集団（独立行政法人および関係法人の集団をいう。以下同じ）の財政状態および運営状況を総合的に報告するために連結財務諸表を作成しなければならない（基準第105）。

(2) 財務諸表の作成目的

独立行政法人の作成する財務諸表それぞれの作成目的は次のとおりである。

財務諸表の作成目的

財務諸表	作　成　目　的
貸借対照表 （基準第44）	独立行政法人の財政状態を明らかにするため，貸借対照表日におけるすべての資産，負債及び純資産を記載し，国民その他の利害関係者にこれを正しく表示するものでなければならない。
行政コスト計算書 （基準第45）	行政コスト計算書は，独立行政法人の運営状況を明らかにするため，一会計期間に属する独立行政法人のすべての費用とその他行政コストとを記載して行政コストを表示しなければならない。 行政コスト計算書は，行政コストの状況を表すとともに，フルコスト情報の提供源となる。
損益計算書 （基準第46）	損益計算書は，独立行政法人の運営状況を明らかにするため，一会計期間に属する独立行政法人のすべての費用とこれに対応するすべての収益とを記載して当期純利益を表示しなければならない。 損益計算書は，損益の状況を表すとともに，通則法第44条にいう利益又は損失を確定するため，当期純利益に必要な項目を加減して，当期総利益を表示しなければならない。
純資産変動計算書 （基準第47）	純資産変動計算書は，独立行政法人の財政状態と運営状況との関係を表すため，一会計期間に属する独立行政法人のすべての純資産の変動を記載しなければならない。
キャッシュ・フロー計算書 （基準第48）	キャッシュ・フロー計算書は，独立行政法人の一会計期間におけるキャッシュ・フローの状況を報告するため，キャッシュ・フローを一定の活動区分別に表示しなければならない。
利益の処分又は損失の処理に関する書類 （基準第49）	利益の処分又は損失の処理に関する書類は，独立行政法人の当期未処分利益の処分又は当期未処理損失の処理の内容を明らかにするために作成しなければならない。
附属明細書 （基準第79）	独立行政法人は，貸借対照表，行政コスト計算書及び損益計算書等の内容を補足するため，附属明細書を作成しなければならない。

(3)　財務諸表の全体像

独立行政法人の財務諸表は，次のように相互に関連している。

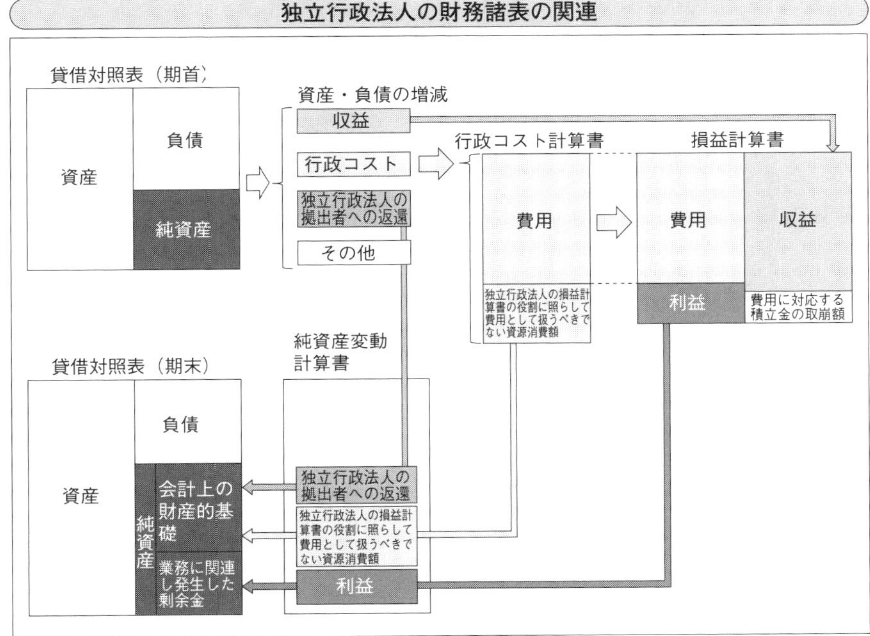

出典：第5回独立行政法人評価制度委員会　会計基準等部会（平成29年8月30日）【資料3】詳細版_独立行政法人の財務報告に関する基本的な指針（概要）（案）p.10

(4)　財務諸表の構成要素

財務諸表は，独立行政法人の財務報告において，財政状態および運営状況の適切な把握に資する情報を提供するものと位置付けられている。そして，財務諸表では，独立行政法人の取引その他の事象が及ぼす財務上の影響に関する情報が，共通の特徴を有する単位，すなわち財務諸表の構成要素に分類して提供されることとなる。そこで，「基本的な指針」では，先に述べた独立行政法人の財務諸表の役割および体系，その背後にある会計観を踏まえて，貸借対照表，行政コスト計算書，損益計算書および純資産変動計算書に着目して，次のとおり財務諸表の構成要素を整理している。

財務諸表の構成要素

財務諸表	構成要素	内　　容
貸借対照表	資産	独立行政法人の資産とは，過去の事象の結果として独立行政法人が支配している現在の資源であり，独立行政法人のサービス提供能力または経済的便益を生み出す能力を伴うものをいう。
貸借対照表	負債	独立行政法人の負債とは，過去の事象の結果として独立行政法人に生じている現在の義務であり，その履行により独立行政法人のサービス提供能力の低下または経済的便益を減少させるものをいう。
貸借対照表	純資産	独立行政法人の純資産とは，資産から負債を控除した額に相当するものであり，独立行政法人の会計上の財産的基礎および業務に関連し発生した剰余金から構成されるものをいう。
行政コスト計算書	行政コスト	独立行政法人の行政コストとは，サービスの提供，財貨の引渡しまたは生産その他の独立行政法人の業務に関連し，資産の減少または負債の増加をもたらすものであり，独立行政法人の拠出者への返還により生じる会計上の財産的基礎が減少する取引を除いたものをいう。 独立行政法人の行政コストは以下の性格を有する。 ・独立行政法人がアウトプットを産み出すために使用したフルコスト ・国民の負担に帰せられるコストの算定基礎を示す指標
損益計算書	費用	独立行政法人の費用とは，サービスの提供，財貨の引渡しまたは生産その他の独立行政法人の業務に関連し，資産の減少または負債の増加をもたらすものであり，独立行政法人の会計上の財産的基礎が減少する取引を除いたものをいう。
損益計算書	収益	独立行政法人の収益とは，サービスの提供，財貨の引渡しまたは生産その他の独立行政法人の業務に関連し，資産の増加または負債の減少をもたらすものであり，独立行政法人の会計上の財産的基礎が増加する取引を除いたものをいう。
損益計算書	利益	独立行政法人の利益とは，費用と収益との差額に，費用に対応する積立金の取崩額を加えたものをいう。 独立行政法人の利益は，財務面の経営努力の算定基礎を示す指標としての性格を有する。

コラム

『30秒でわかる「発生主義」』

発生主義とは，現金の入出金の有無にかかわらず，サービスの提供や財貨の引渡しといった経済的価値の増加や減少を伴う取引の発生に応じて費用および収益を認識する会計処理方法をいう。独立行政法人会計基準では，企業会計と同様に基本的に発生主義が採用されている。

これに対して官庁会計では，現金の入出金に応じて取引を認識する現金主義を採用している。この方法は，実際に現金の入出金があった時点で会計処理を行うため確実性が高く，また取引認識時点を客観的かつ容易に把握できるというメリットがある。

ただし，信用取引による債権および債務が多くなると，すでに経済的価値の増加や減少を伴う取引が生じていても，現金主義では現金の入出金があるまで取引が認識されないため，法人の業務運営の状況を適時に認識することができなくなる。また，固定資産を購入した場合に，発生主義では減価償却により固定資産の使用期間を通じて費用化することで，使用価値の減少分を期間損益計算に反映できるが，現金主義では支払時の一時費用として処理されるため，適正な期間損益計算が困難となる。

このような現金主義の限界を克服し，財政状態および運営状況を適切に開示する

参考：発生主義と現金主義のイメージ

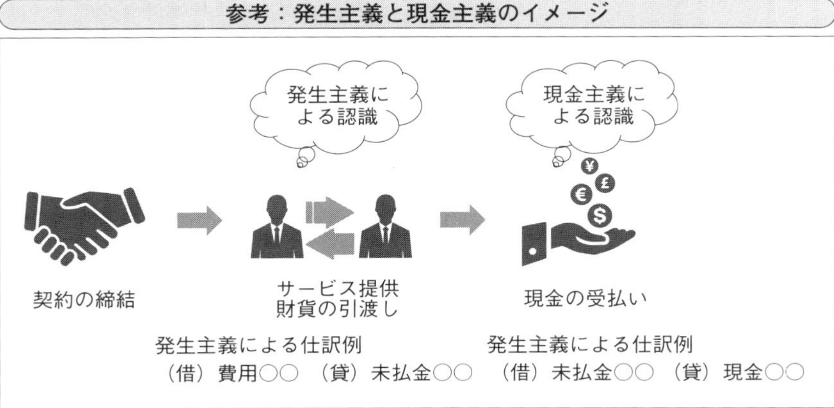

観点から，独立行政法人会計基準は発生主義を採用している。発生主義による会計処理を適切に行うためには，経済的価値の増加や減少を伴う取引の発生が具体的にどの時点になるのか明確にしておく必要がある点に注意する必要がある。

コラム

『30秒でわかる「独立行政法人の決算業務」』

決算とは，一事業年度の運営状況と事業年度末の財政状態とを明らかにするために行う一連の手続のことをいう。具体的には資産の実査・棚卸や時価評価，固定資産の減価償却や減損の検討および各種引当金の見積りといった決算整理手続を行い，各勘定残高の帳簿を締め切って残高を確定させる。

また，勘定残高の確定後に財務諸表をはじめとする決算書類一式を作成し，会計監査や監事監査を経て決算書類を主務大臣に提出することになる。通常は，これら決算整理手続から決算書類の主務大臣提出までの一連の作業を決算業務として総称する。

独立行政法人の決算スケジュールの概要は以下のとおりである。３月31日の決算日から６月30日にかけて，決算整理手続から主務大臣提出までの一連の決算業務を完結させる必要があるため，あらかじめ個々の決算業務の作業分担や作業スケジュールを明確化して効率よく決算を進めることが要求される。また，実務においては会計監査の過程で決算業務の修正が必要となることもあるため，会計監査人とも決算スケジュールを共有し，監査資料の提出時期や監査スケジュールについて事前に合意しておくことも重要である。

参考：独立行政法人の決算スケジュール

決算スケジュール/業務内容	３月	４月	５月	６月
決算整理手続				
決算書類作成				
監事監査および会計監査				
主務大臣への提出				

具体的な決算整理手続は各組織の事業内容等に応じて異なるが，通常想定される主なものは次表のとおりである。

勘定科目	決算整理手続
現金・預金	現物実査・残高証明書の入手
有価証券	現物実査，時価による評価額の計上
受取手形	現物実査，貸倒見積額の引当金計上
売掛金	残高確認書の入手，貸倒見積額の引当金計上
未収入金・貸付金	
たな卸資産	実地棚卸，時価による評価損の計上
有形・無形固定資産	現物実査，減価償却の実施，減損の検討
引当金	見積額算定データによる計上
未払金	請求書に基づき確定額計上
未払税金	当期利益に基づき概算計上
収益・費用経過勘定	時の経過に基づき按分計上

第2章

貸借対照表

1 貸借対照表の目的と表示

〈関連する基準等〉

〈基　準〉第８，14，18，44，57，58
〈注　解〉注６，７，11，
〈Ｑ＆Ａ〉Ｑ８－１，８－２，８－２－２，９－１

(1) 貸借対照表の目的

貸借対照表は，独立行政法人の財政状態を示す書類であり，基準では，その目的について以下のように規定している。

> **第44　貸借対照表の作成目的**
> 貸借対照表は，独立行政法人の財政状態を明らかにするため，貸借対照表日におけるすべての資産，負債及び純資産を記載し，国民その他の理解の利害関係者にこれを正しく表示するものでなければならない。

(2) 貸借対照表の表示

貸借対照表は，資産の部，負債の部および純資産の部の３つの区分で表示することとされている。

また，貸借対照表の標準的な様式は基準第58に示されているとおりである。

貸借対照表の標準的な様式（基準第58）

貸借対照表
（令和○○年３月31日）

資産の部			
Ⅰ　流動資産			
現金及び預金		×××	
有価証券		×××	
受取手形	×××		
貸倒引当金	×××	×××	
売掛金	×××		
貸倒引当金	×××	×××	
たな卸資産		×××	
前渡金		×××	
前払費用		×××	
未収収益		×××	
賞与引当金見返		×××	
・・・		×××	
流動資産合計			×××
Ⅱ　固定資産			
１　有形固定資産			
建物	×××		
減価償却累計額	×××		
減損損失累計額	×××	×××	
構築物	×××		
減価償却累計額	×××		
減損損失累計額	×××	×××	
機械装置	×××		
減価償却累計額	×××		
減損損失累計額	×××	×××	
船舶	×××		
減価償却累計額	×××		
減損損失累計額	×××	×××	
車両運搬具	×××		
減価償却累計額	×××		
減損損失累計額	×××	×××	
工具器具備品	×××		
減価償却累計額	×××		
減損損失累計額	×××	×××	
土地	×××		
減損損失累計額	×××	×××	
建設仮勘定		×××	
・・・		×××	
有形固定資産合計		×××	

2　無形固定資産				
特許権		×××		
借地権		×××		
・・・		×××		
無形固定資産合計		×××		
3　投資その他の資産				
投資有価証券		×××		
関係会社株式		×××		
長期貸付金		×××		
関係法人長期貸付金		×××		
長期前払費用		×××		
繰延税金資産		×××		
未収財源措置予定額		×××		
退職給付引当金見返		×××		
・・・		×××		
投資その他の資産合計		×××		
固定資産合計			×××	
資産合計				×××
負債の部				
Ⅰ　流動負債				
運営費交付金債務		×××		
預り補助金等		×××		
預り寄附金		×××		
短期借入金		×××		
買掛金		×××		
未払金		×××		
未払費用		×××		
未払法人税等		×××		
前受金		×××		
預り金		×××		
前受収益		×××		
引当金		×××		
賞与引当金	×××			
（何）引当金	×××			
・・・	×××	×××		
資産除去債務		×××		
・・・		×××		
流動負債合計			×××	
Ⅱ　固定負債				
資産見返負債				
資産見返運営費交付金	×××			
資産見返補助金等	×××			

資産見返寄附金	×××			
建設仮勘定見返運営費交付金	×××			
建設仮勘定見返施設費	×××			
建設仮勘定見返補助金等	×××	×××		
長期預り補助金等		×××		
長期預り寄附金		×××		
（何）債券		×××		
債券発行差額（－）		－×××		
長期借入金		×××		
繰延税金負債		×××		
引当金		×××		
退職給付引当金	×××			
（何）引当金	×××			
・・・	×××	×××		
資産除去債務		×××		
・・・		×××		
固定負債合計			×××	
負債合計				×××
純資産の部				
Ⅰ　資本金				
政府出資金		×××		
地方公共団体出資金		×××		
（何）出資金		×××		
資本金合計			×××	
Ⅱ　資本剰余金				
資本剰余金		×××		
その他行政コスト累計額		－×××		
減価償却相当累計額（－）		－×××		
減損損失相当累計額（－）		－×××		
利息費用相当累計額（－）		－×××		
承継資産に係る費用相当累計額（－）		－×××		
除売却差額相当累計額（－）		－×××		
民間出えん金		×××		
資本剰余金合計			×××	
Ⅲ　利益剰余金（又は繰越欠損金）				
前中期目標期間繰越積立金		×××		
（何）積立金		×××		
積立金		×××		
当期未処分利益		×××		
（又は当期未処理損失）				
（うち当期総利益（又は当期総損失）×××）				
利益剰余金（又は繰越欠損金）合計			×××	

Ⅳ　評価・換算差額等			
その他有価証券評価差額金	×××		
・・・	×××		
評価・換算差額等合計		×××	
純資産合計		×××	
負債純資産合計			×××

(3)　流動・固定分類

資産の部を流動資産および固定資産に，負債の部を流動負債および固定負債に区分することとされている。

流動資産・流動負債とされる資産・負債は，通常の業務活動の取引により発生した資産・負債，または，貸借対照表日の翌日から起算して入金・支払の期限が１年以内に到来するものである。

一般に，流動固定の判断を，通常の業務活動の取引により発生したか否かで判定する基準を「正常営業循環基準」といい，貸借対照表日の翌日から起算して入金・支払の期限が１年以内か否かで判定する基準を「１年基準」という。

ある資産（または負債）を流動資産（または流動負債）とするか否かを判断するときには，まず，正常営業循環基準により判定し，項目が独立行政法人の通常の業務活動から発生するものならば流動項目とし，それ以外のものは，１年基準により流動項目に属するか，固定項目に属するかを判定する（注８）。

なお，注８では，流動資産・流動負債について例示列挙しているが，各法人で勘定科目マニュアルを作成するなどして，流動資産・流動負債に該当するか否かについて個別具体的に検討する必要がある。

注解注８における流動固定の区分

項　　目	流 動 区 分	固 定 区 分
通常の業務活動により発生した債権債務（受取手形，売掛金，前渡金，買掛金，前受金等）	原則	（例外）破産債権，再生債権，更生債権およびこれに準ずる債権で１年以内に回収されないことが明らかなもの

通常の業務活動以外によって発生した債権債務（未収金，未払金等）	１年以内に入金または支払の期限が到来するもの	入金または支払の期限が１年を超えて到来するもの
借入金	１年以内に支払の期限が到来するもの	支払の期限が１年を超えて到来するもの
差入保証金	１年以内に入金の期限が到来するもの	入金の期限が１年を超えて到来するもの
現金および預金	原則	（例外）期限が１年を超えて到来する預金
有価証券	売買目的有価証券および１年以内に満期の到来する国債，地方債，政府保証債その他の債券	左記以外
製品，半製品，原材料，仕掛品等のたな卸資産	原則	—
独立行政法人がその業務目的を達成するために所有し，かつ，その加工または販売を予定しない財貨	—	原則

2　流動資産

(1)　流動資産の分類

〈関連する基準等〉

〈基　準〉第９
〈Ｑ＆Ａ〉Ｑ９－１，９－２，９－３

基準では，流動資産を以下のように規定している。

第９　流動資産
次に掲げる資産は，流動資産に属するものとする。
(1)　現金及び預金。ただし，貸借対照表日の翌日から起算して一年以内（以下この章において「一年以内」という。）に期限の到来しない預金を除く。

(2) 有価証券で，「第27　有価証券の評価基準及び評価方法」において定める売買目的有価証券及び一年以内に満期の到来するもの
(3) 受取手形（独立行政法人の通常の業務活動において発生した手形債権をいう。ただし，破産債権，再生債権，更生債権その他これらに準ずる債権で一年以内に回収されないことが明らかなものを除く。以下同じ。）
(4) 売掛金（独立行政法人の通常の業務活動において発生した未収入金をいう。ただし，破産債権，再生債権，更生債権その他これらに準ずる債権で一年以内に回収されないことが明らかなものを除く。以下同じ。）
(5) 製品，副産物及び作業くず
(6) 半製品
(7) 原料及び材料（購入部分品を含む。）
(8) 仕掛品及び半成工事
(9) 商品（販売の目的をもって所有する土地，建物その他の不動産（以下「販売用不動産」という。）を含む。以下同じ。）
(10) 消耗品，消耗工具，器具及び備品その他の貯蔵品で相当価額以上のもの
(11) 前渡金（原材料，商品等の購入のための前渡金をいう。ただし，破産債権，再生債権，更生債権その他これらに準ずる債権で一年以内に回収されないことが明らかなものを除く。以下同じ。）
(12) 前払費用で一年以内に費用となるべきもの
(13) 未収収益で一年以内に対価の支払を受けるべきもの
(14) 賞与引当金見返（「第88　賞与引当金に係る会計処理」により計上される賞与引当金見返をいう。以下同じ。）
(15) その他

(2) 現金及び預金

〈関連する基準等〉

〈基　準〉第9

① 現金及び預金の意義

貸借対照表上の「現金及び預金」に含まれる会計処理上の勘定科目としては，現金・小口現金・普通預金・当座預金・通知預金などがある。

また，勘定科目としての現金に含まれるものには，私たちが日常使っているお金（紙幣・硬貨）のほか，以下のものも含まれる。

イ．他人振出小切手

ロ．送金小切手…銀行経由の送金手段として銀行が交付する小切手

ハ．郵便為替証書…郵便局が送金者の依頼に基づいて交付する証書

ニ．株式配当金領収証…株主への配当金の銀行払込通知書

ホ．支払期限到来後の公社債の利札

ヘ．その他（トラベラーズチェックなど）

なお，未渡小切手は預金として処理する。また，注８に記載のとおり，「現金及び預金」には１年基準を採用しているため，満期まで１年を超えている預金は「長期性預金」勘定を用いて会計処理を行い，貸借対照表上は「投資その他の資産」に分類することになる。

②　現金及び預金の会計処理

ａ．現　　金

〔現金過不足〕

現金勘定は，日々の取引に基づき仕訳が起こされ，総勘定元帳などの関係帳簿に転記される。その結果として把握された現金の帳簿残高と実際有高とは常に一致することが望ましいが，さまざまな理由から両者に差異が生ずる場合がある。この原因としては，記帳漏れや紛失・盗難などが考えられる。

ある時点の帳簿上の現金残高を確定するために，また内部管理上の目的からも，現金の帳簿残高と実際有高とは定期的に照合することが必要である。その際に両者に生じた差額を一時的に処理する未決算勘定が「現金過不足」勘定である。決算期末までには適切な本来の勘定科目に振り替えることが必要である。

具体的には，次のように会計処理を行っていくことになる。

ある一定時点の現金の帳簿残高と実際有高が一致しなかった場合には(a)，続いて差異の発生した原因が判明した場合には(b)，差異の発生した原因が判明しなかった場合には(c)の会計処理が実施され，最終的に現金過不足勘定の残高が残らないように処理されることとなる。

(a)　現金過不足が発生したとき

これは，現金の実際有高が帳簿残高を下回っている場合で，その差異の発生原因が不明である間の会計処理である。ちなみに，現金の実際有高が帳簿残高を上回っている場合は，以下の仕訳の借方と貸方を逆にした仕訳になる。

(借方) 現金過不足	XX	(貸方) 現　　　金	XX

(b)　現金過不足の発生した原因が判明したとき

現金過不足の発生した原因が判明し，「現金過不足」を本来のあるべき勘定へ振り替える会計処理である。たとえば，現金過不足の発生した原因が，消耗品購入の処理漏れであることが判明した場合には，以下のように仕訳を行う。以下の仕訳と(a)の仕訳をあわせて考えると，「現金過不足」は貸借で相殺され，消耗品を現金で購入した会計処理と同様の結果となる。

(借方) 消　耗　品　費	XX	(貸方) 現金過不足	XX

(c)　現金過不足の発生した原因が判明しなかった場合（決算時）

現金過不足が発生した原因が判明しなかった場合，「現金過不足」は未決算勘定なので「雑損」などの本勘定に振り替える会計処理が必要である。ちなみに，現金過不足が貸方に残っている場合（現金の実際有高が帳簿残高を上回っている場合）には，以下の仕訳の借方と貸方を逆にして「雑損」を「雑益」に代えて会計処理することになる。

(借方) 雑　　　損	XX	(貸方) 現金過不足	XX

b．預　　金

〔預金の意義および範囲〕

預金には当座預金，普通預金，通知預金，定期預金，外貨預金，郵便貯金などがあり，通常は各預金ごとの勘定科目を設けて会計処理を行う。なお，譲渡性預金は有価証券として会計処理される。

当座預金は銀行との当座取引契約に基づいて預ける預金で，主に決済専用に設ける無利息の銀行預金のことである。口座を開設すると小切手帳がもらえ，小切手を振り出すことによって，代金の支払を行うことができる。

通知預金は，預金を引き出す数日前に通知をする必要があるものの，短期で預け入れる場合には，ほかの預金よりも高い率の利息を受け取ることができる預金である。

c．仮 払 金

仮払金とは，費用の概算払いなど相手勘定または金額が不確定なまま，現金・小切手などによる金銭の支出を行うために一時的に処理される未決算勘定である。

仮払金の会計処理は，支出のあったときに「仮払金」として資産を計上し，精算してはじめて旅費交通費や会議費などの費用を認識することになる。仮払金は，適時に精算されるよう管理することが重要である。

(3) 有価証券

〈関連する基準等〉

〈基準〉第９，27，54
〈注解〉注20 ～ 23
〈Ｑ＆Ａ〉Q27-１～ 27-10

① 有価証券の意義と分類

会計上の有価証券は，国債証券，地方債証券，社債券，株券，証券投資信託の受益証券など金融商品取引法に定義する有価証券に加え，金融商品取引法上の有価証券に類似し，かつ活発な市場取引のあるもの（たとえば，譲渡性預金など）も含む。

基準では有価証券をその保有目的に応じて以下の４つの区分に分類している(基準第27第２項)。

有価証券の区分

区　　分	保　有　目　的
売買目的有価証券	時価の変動により利益を得ることを目的として保有する有価証券
満期保有目的の債券	国債，地方債等で満期まで所有することを目的とする債券
関係会社株式	他の会社の意思決定機関を支配または重要な影響を与えることを目的として保有する株式
その他有価証券	売買目的有価証券，満期保有目的の債券，関係会社株式以外の有価証券

a．満期保有目的の債券とその他有価証券との区分

<注22>満期保有目的の債券とその他有価証券との区分

1　その他有価証券とは，売買目的有価証券，満期保有目的の債券及び関係会社株式以外の有価証券であり，長期的な時価の変動により利益を得ることを目的として保有する有価証券や，政策的な目的から保有する有価証券が含まれることになる。

2　余裕資金等の運用として，利息収入を得ることを主たる目的として保有する国債，地方債，政府保証債，その他の債券であって，長期保有の意思をもって取得した債券は，資金繰り等から長期的には売却の可能性が見込まれる債券であっても，満期保有目的の債券に区分するものとする。

〔企業会計との相違点について〕

企業会計の基準である「金融商品に関する会計基準」では，満期保有目的の債券は償還期限まで所有する意思がある債券のみが対象となるのに対して，独立行政法人会計においては，長期的には売却の可能性が見込まれる債券であっても長期保有の意思をもって取得した債券は，満期保有目的の債券に区分される。

これは資金の運用は法令で定める運用範囲の枠内で独立行政法人に委ねられていることから，運用目的で保有する有価証券についてはその評価差額を損益

計算書に適切に反映する必要があると考え，その他有価証券への区分は限定的なものとして取り扱われる必要があるためとされている（Q27-1）。

b．満期保有目的の債券の保有目的の変更について

<注23>満期保有目的の債券の保有目的の変更について

満期保有目的の債券を償還期限前に売却した場合には，次に掲げる場合を除き当該売却した債券と同じ事業年度に購入した残りの満期保有目的の債券の全てについて，保有目的の変更があったものとして売買目的有価証券に振り替えなければならない。

(1) 満期保有目的の債券を購入した中期目標期間後の中期目標期間において，中期計画上の資金計画において，満期保有目的の債券の売却収入を財源とした事業計画が策定されている場合であって，当該事業計画に従って売却した場合

(2) 満期保有目的の債券を購入した中期目標期間後の中期目標期間において，金利情勢の変化に対応して，より運用利回りの高い債券に切り換えるため，又は独立行政法人が定める信用上の運用基準に該当しなくなったことに伴い，運用基準に該当する他の債券に切り換えるために売却した場合

満期保有目的の債券を当初の目的に反して売却した場合は，例外的に認められている場合を除き，売却した債券のみでなく，売却した債券と同じ事業年度に購入したほかの債券の区分にも影響を与えることになる。ただし，政府等からの資金返還の要請に応じるため，次年度において償還期限前に売却することとされた満期保有目的の債券については，その他有価証券に振り替えた上で，各債券の償還期限にかかわらず，流動資産に有価証券として一括表示することとなると考えられる（Q27-8）。

② 有価証券の購入・売却の会計処理

a．有価証券の購入時の会計処理

基準第27　有価証券の評価基準及び評価方法

1　有価証券の取得原価は，購入代価に手数料等の付随費用を加算し，これに平均原価法等の方法を適用して算定した金額とする。

通常，有価証券の購入時には手数料などを支払うが，購入代価に手数料などの付随費用を加えた金額が取得原価となる。

有価証券の取得原価　＝　購入代価　＋　取得に要した付随費用

b．有価証券の売却時の会計処理

通常，有価証券は時価が変動する性質があることから，取得した時点により購入単価が異なる。有価証券を売却したときに，異なる単価で取得した有価証券のうち，どの単価を払出単価とするかを売却者の意思に委ねると，売却損益の計算に恣意性が介入する危険性がある。このため，基準第27では払出単価の計算方法を平均原価法等の方法と規定している。平均原価法には総平均法，移動平均法などがあるが，有価証券では，通常，移動平均法を採用する。

③　有価証券の評価

有価証券の評価方法は保有目的に従い４つに区分された売買目的有価証券，満期保有目的の債券，関係会社株式，その他有価証券の各種類ごとに異なる。

a．売買目的有価証券の評価

基準第27　有価証券の評価基準及び評価方法

２　(1)　売買目的有価証券

時価の変動により利益を得ることを目的として保有する有価証券は，時価をもって貸借対照表価額とし，評価差額は当期の損益として処理する。

時価の変動によって利益を得ることを目的として保有する有価証券については，財務活動の成果として期末時点の時価が有用な情報であるため，期末時点の時価をもって貸借対照表価額とすることとされている。

また，売買目的有価証券は売却することについて事業遂行上等の制約がないものと考えられることから，その評価差額は当期の損益として処理することとされている。

＜注20＞時価について

時価とは，公正な評価額をいい，市場において形成されている取引価格，気配又は指標その他の相場に基づく価額をいう。市場において形成されている取引価格，気配又は指標その他の相場がない場合には，合理的に算定された価額を公正な評価額とする。

（設例２－２－１）

【問題】

売買目的有価証券Ａ株式の期末評価前の帳簿価額は200千円（保有株式数100株単価@2,000円／株）であった。

以下の場合に，必要となる仕訳を作成しなさい。

(1) Ａ株式の期末時点の時価が@2,500円／株である場合

(2) Ａ株式の期末時点の時価が@1,500円／株である場合

【解答】（単位：千円）

	単価（円/株）	評価額（千円）	評価差額（千円）
期末時点(1)	2,500	250	＋50
期末時点(2)	1,500	150	△50

(1) 期末の仕訳（３月31日）

（借方）有　価　証　券　50　（貸方）有価証券運用益　50

(2) 期末の仕訳（３月31日）

（借方）有価証券運用損　50　（貸方）有　価　証　券　50

ｂ．満期保有目的の債券の評価

基準第27　有価証券の評価基準及び評価方法

２　(2)　満期保有目的の債券

満期まで所有する意図をもって保有する国債，地方債，政府保証債，その他の債券は，取得原価をもって貸借対照表価額とする。ただし，債券を債券金額より低い価額又は高い価額で取得した場合において，取得価額と債券金額との差額の性格が金利の調整と認められるときは，償却原価法に基づいて算定された価額を

もって貸借対照表価額としなければならない。

満期保有目的の債券については，時価が算定できる債券であっても，満期まで保有することによる約定利息および元本の受取りを目的としており，満期までの間の価格変動リスクを，会計上は反映する必要がない。このため，満期保有目的の債券は，取得原価と債券金額（額面）が同じ場合は取得原価で評価し，債券を債券金額より低い価額または高い価額で取得した場合において，取得価額と債券金額との差額の性格が金利の調整と認められるときは，償却原価法に基づく価額を評価額とする（減損処理を除く）。

<注21>償却原価法について

償却原価法とは，債券を債券金額より低い価額又は高い価額で取得した場合において，当該差額に相当する金額を償還期に至るまで毎期一定の方法で貸借対照表価額に加減する方法をいう。なお，この場合には，当該加減額を受取利息に含めて処理する。

償却原価法には，利息法と定額法の２つの方法があり，原則として利息法によるものとされているが，継続適用を条件として簡便法である定額法を採用することができる。

利息法とは，債券のクーポン受取総額と金利調整差額の合計額を，債券の帳簿価額に対し一定率となるように，複利をもって各期の損益に配分する方法をいい，その配分額とクーポン計上額との差額を帳簿価額に加減する方法をいう（金融商品会計に関する実務指針第70項(1)）。

定額法とは，債券の金利調整差額を取得日から償還日までの期間で除して各期の損益に配分する方法をいい，その配分額を帳簿価額に加減する方法をいう（金融商品会計に関する実務指針第70項(2)）。

利息法のイメージ

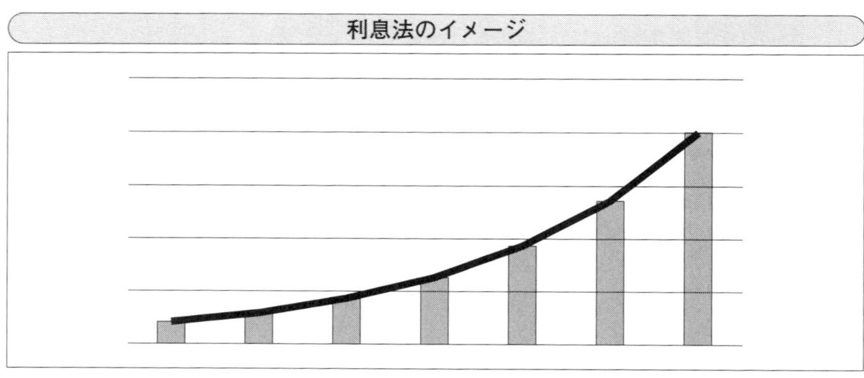

定額法のイメージ

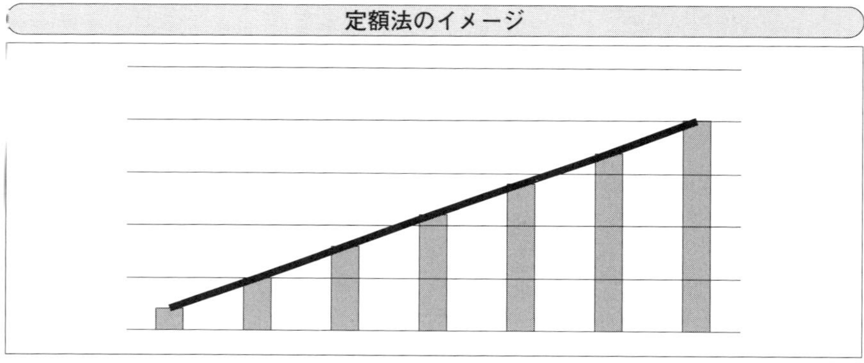

（設例２－２－２）

【問題】

×１年４月１日に既発のＢ社社債（満期保有目的の債券）を9,400千円で取得した（取得原価と債券額面との差額はすべて金利の調整部分である。

Ｂ社社債の内容

額面：10,000千円

満期：×４年３月31日

クーポン利子率：年利６％

利払日：毎年９月末日および３月末日の年２回

実効利子率は以下の式からｒ＝8.3％と算定された（単位：千円）。

$$\frac{300}{1+r\times 1/2}+\frac{300}{(1+r\times 1/2)^{2}}+\cdots+\frac{10{,}300}{(1+r\times 1/2)^{6}}=9{,}400$$

⑴　償却原価法の利息法によった場合の取得時，×１年９月30日，期末日×２年３月31日に必要となる仕訳を作成しなさい。

⑵　償却原価法の定額法によった場合の取得時，×１年９月30日，期末日×２年３月31日に必要となる仕訳を作成しなさい。

【解答】（単位：千円）

⑴　償却原価法の利息法の場合

各利払日における利息および償却原価の計算法は以下のとおりである。

年月日	クーポン受領額	利息配分額	金利調整差額の償却額	償却原価（帳簿価額）
×1/4/1	—	—	—	9,400
×1/9/30	＊１　300	＊２　390	＊３　90	＊４　9,490
×2/3/31	300	＊５　394	94	9,584
×2/9/30	300	398	98	9,682
×3/3/31	300	402	102	9,784
×3/9/30	300	406	106	9,890
×4/3/31	300	410	110	10,000
合計	1,800	2,400	600	—

＊１　債券金額10,000千円×６％×６ヶ月÷12ヶ月
＊２　9,400千円×8.3％×６ヶ月÷12ヶ月
＊３　390千円－300千円
＊４　9,400千円＋90千円
＊５　9,490千円×8.3％×６ヶ月÷12ヶ月

取得時×１年４月１日の仕訳

（借方）投資有価証券　9,400　（貸方）現金預金　9,400

×１年９月30日の仕訳

（借方）投資有価証券　90　（貸方）受取利息　390
　　　　現金預金　300

期末日×２年３月31日の仕訳

（借方）投資有価証券　94　（貸方）受取利息　394
　　　　現金預金　300

⑵　償却原価法の定額法の場合

年月日	クーポン受領額	金利調整差額の償却額	償却原価（帳簿価額）
×1/4/1	—	—	9,400
×1/9/30	＊1　300	—	9,400
×2/3/31	300	＊2　200	＊3　9,600
×2/9/30	300	—	9,600
×3/3/31	300	200	9,800
×3/9/30	300	—	9,800
×4/3/31	300	200	10,000
合計	1,800	600	—

＊1　債券金額10,000千円×6％×6ヶ月÷12ヶ月
＊2　（10,000千円－9,400千円）×12ヶ月÷36ヶ月
＊3　9,400千円＋200千円

取得時×1年4月1日の仕訳

（借方）投資有価証券　9,400　（貸方）現金預金　9,400

×1年9月30日の仕訳

（借方）現金預金　300　（貸方）受取利息　300

期末日×2年3月31日の仕訳

（借方）投資有価証券　200　（貸方）受取利息　500
　　　　現金預金　300

c．関係会社株式の評価

基準第27　有価証券の評価基準及び評価方法

2　(3)　関係会社株式

関係会社株式は，取得原価をもって貸借対照表価額とする。ただし，当該会社の財務諸表を基礎とした純資産額に持分割合を乗じて算定した額が取得原価よりも下落した場合には，当該算定額をもって貸借対照表価額とし，評価差額は当期の費用として処理するとともに，翌期首に取得原価に洗い替えなければならない。

関係会社株式は，事業投資と同様の性格として考え，時価の変動は財務活動

の成果としては捉えず，原則として取得原価により評価される。

ただし，関係会社の財務諸表を基礎とした純資産額（純資産の部の合計金額）に持分割合を乗じて算定した額が取得原価よりも下落した場合には，当該算定額をもって貸借対照表価額とし，差額は当期の損失に計上する（評価差額は翌期首に取得原価に洗い替える）。この場合に下落割合は考慮する必要はない（Q27-3）。

関係会社株式の貸借対照表価額

取得原価と純資産額×持分割合との関係	貸借対照表価額	評価差額の処理
取得原価≦純資産額×持分割合	取得原価	―
取得原価＞純資産額×持分割合	純資産額×持分割合	当期の費用

（設例２-２-３）

【問題】

関係会社株式であるＣ社株式の取得原価は5,000千円（保有株式数100株）であった。

以下の場合に，必要となる仕訳を作成しなさい。

(1)　Ｃ社の直近の貸借対照表の純資産の部の合計が25,000千円（発行済株式総数が400株）である場合

(2)　Ｃ社の直近の貸借対照表の純資産の部の合計が10,000千円（発行済株式総数が400株）である場合

【解答】（単位：千円）

(1)　純資産額×持分割合

＝純資産の部の合計金額25,000千円×（保有株式数100株÷発行済株式総数400株）

＝6,250千円＞取得原価5,000千円

純資産額×持分割合が取得原価より大きいため，期末の仕訳は必要ない。

(2)　純資産額×持分割合

＝純資産の部の合計金額10,000千円×（保有株式数100株÷発行済株式総数400株）

＝2,500千円＜取得原価5,000千円

純資産額×持分割合が取得原価より小さいため，以下の仕訳が必要である。
（借方）関係会社株式評価損　2,500　（貸方）関係会社株式　2,500

d．その他有価証券の評価

基準第27　有価証券の評価基準及び評価方法
2 (4) その他有価証券
売買目的有価証券，満期保有目的の債券及び関係会社株式以外の有価証券は，時価をもって貸借対照表価額とし，評価差額はその全額を純資産の部に計上し，翌期首に取得原価に洗い替えなければならない。なお，純資産の部に計上されるその他有価証券の評価差額については，純資産の部に計上される他の剰余金と区分して記載しなければならない。

その他有価証券はただちに売却することを目的としているものではないため，時価と取得原価との評価差額を当期の損益に反映するのは適切でないとの考え方に基づき，評価差額はその全額を「その他有価証券評価差額金」として純資産の部に計上する（減損処理を除く）。

(設例２−２−４)

【問題】
その他有価証券Ｄ株式の取得原価は5,000千円であった。
期末時点でＤ株式の時価が7,500千円である場合に必要となる仕訳を作成しなさい（税効果会計は考慮しない）。
【解答】（単位：千円）
評価差額＝7,500千円（時価）−5,000千円（取得原価）
＝2,500千円
（借方）その他有価証券　2,500　（貸方）その他有価証券評価差額金　2,500

e．減損処理

基準第27　有価証券の評価基準及び評価方法

3　満期保有目的の債券及びその他有価証券のうち市場価格のあるものについて時価が著しく下落したときは，回復する見込みがあると認められる場合を除き，時価をもって貸借対照表価額とし，評価差額は当期の費用として処理しなければならない。

市場価格のない株式については，発行会社の財政状態の悪化により実質価額が著しく低下したときは，相当の減額をなし，評価差額は当期の費用として処理しなければならない。

取得原価より時価または実質価額が著しく下落し，かつ，回復する見込みがあると認められない場合には，保守主義の考え方に基づき評価差額は当期の費用として処理する。この「著しく下落したとき」に有価証券の帳簿価額を減額する処理を減損処理という。

Q27-5では「時価が著しく下落したとき」および「回復する見込みがあると認められる場合」の定義は，「金融商品会計に関する実務指針」の91項および92項に定められるところと規定されている。その内容は，おおむね以下のとおりである。

時価のある有価証券についての減損処理判断基準

下落率	減損処理適用の可否
50％以上	回復可能性があることを合理的に証明できない限り減損処理を行う。
30％以上～50％未満	著しい下落についての法人が設けた合理的な基準に該当する場合には，回復可能性があることを合理的に証明できない限り減損処理を行う。
30％未満	一般的には，時価の著しい下落には該当しない。

注：回復可能性があることとは，期末日後おおむね1年以内に時価が取得原価にほぼ近い水準まで回復する見込みのあることを合理的な根拠をもって予測できる場合をいう。

市場価格のない株式についての減損処理判断基準

実質価額の低下率	減損処理適用の可否
50%以上	原則，減損処理を行う。ただし，回復可能性が十分に裏付けられる場合は減損処理を行わないことができる。
50%未満	減損処理を適用しないことができる。

注：実質価額の算定にあたっては貸借対照表に計上されている資産などの計上額の妥当性を十分に検討し，また，貸借対照表日後に財政状態に重要な影響を及ぼす事象が発生している場合にはその事項も加味する必要がある。

〔設例2－2－5〕

【問題】

その他有価証券であるＥ社株式の取得原価は7,000千円（保有株式数1,000株，単価@7,000円／株）であった。

以下の場合に必要となる仕訳を作成しなさい。

(1)　Ｅ社株式の期末時価が単価@3,000円／株（回復可能性は認められないものとする）である場合

(2)　仮にＥ社株式が市場価格のない有価証券であって，Ｅ社の直近の貸借対照表の純資産の部の合計は16,000千円，発行済株式総数が8,000株である場合（回復可能性は認められないものとする）。

【解答】（単位：千円）

(1)　評価差額

＝（保有株式数1,000株×期末時価@3,000円/株）

－取得原価7,000千円＝△4,000千円

△4,000千円は取得原価に対して50％以上の下落であり，「著しく下落したとき」に該当し減損処理が必要である。

（借方）その他有価証券評価損　4,000　（貸方）その他有価証券　4,000

(2)　実質価額

＝純資産の部の合計金額16,000千円

×（保有株式数1,000株÷発行済株式総数8,000株）＝2,000千円

実質価額－取得原価＝△5,000千円となり，取得原価に対して50％以上の低下であり，「著しく低下したとき」に該当し減損処理が必要である。

（借方）その他有価証券評価損　5,000　（貸方）その他有価証券　5,000

④　有価証券の表示

有価証券の貸借対照表での表示および評価差額の表示を各分類別に示すと，以下のとおりである。

上記のほか，関係会社の発行する株式以外の有価証券（たとえば債券等）があった場合は，「その他の関係会社有価証券」として投資その他の資産の区分に表示することになる。

有価証券の表示

区　分	貸借対照表の表示	評価差額の表示
売買目的有価証券	「有価証券」 （流動資産）	「有価証券運用損益」 （損益計算書）
満期保有目的の債券	(1)　1年以内に満期が到来する債券 「有価証券」 （流動資産） (2)　上記以外の債券 「投資有価証券」 （投資その他の資産）	償却原価法の場合： 「受取利息」 （損益計算書） 減損処理の場合： 「有価証券評価損」または 「投資有価証券評価損」 （損益計算書）
関係会社株式	「関係会社株式」 （投資その他の資産）	減損処理の場合： 「関係会社株式評価損」 （損益計算書）
その他有価証券	「投資有価証券」 （投資その他の資産）	減損処理の対象でない場合： 「その他有価証券評価差額金」 （貸借対照表） 減損処理の場合： 「投資有価証券評価損」 （損益計算書）

(4)　たな卸資産

〈関連する基準等〉

〈基　準〉第28
〈Q＆A〉Q28-1，28-2

①　たな卸資産の意義

「たな卸資産」は製品，半製品，原材料，仕掛品，商品等の総称である。具体的には，次のようなものが，たな卸資産に含まれる。

a．通常の営業過程において販売するために保有する財貨・用役（商品・製品）

b．販売を目的として現に製造中の財貨・用役（半製品・仕掛品）

c．販売目的の財貨・用役を生産するために短期間に消費される財貨（原材料・工場消耗品）

d．販売・一般管理活動において短期に消費される財貨（事務消耗品）

② たな卸資産の購入および払出しの会計処理

第28　たな卸資産の評価基準及び評価方法

1　製品，半製品，原材料，仕掛品，商品等のたな卸資産については，原則として購入代価又は製造原価に引取費用等の付随費用を加算し，これに個別法，先入先出法，平均原価法等のうちあらかじめ定めた方法を適用して算定した取得原価をもって貸借対照表価額とする。

2　ただし，時価が取得原価よりも下落した場合には時価をもって貸借対照表価額としなければならない。

3　なお，たな卸資産の評価方法は毎事業年度継続して適用しなければならず，みだりに変更してはならない。

a．たな卸資産の取得原価

たな卸資産の取得原価は，取得時の購入価格または製造原価に引取費用等の付随費用を加算する。付随費用としては，引取費用，関税，買入事務費，移管費，保管費などがあるが，重要性の乏しいものについてはこれを取得原価に含めないことができる。

たな卸資産は取得原価で計上するのが原則である。これを取得原価主義と呼ぶ。ただし，無償で取得したような場合は，公正な評価額をもって計上する。また，時価が取得価額よりも下落した場合には時価をもって評価するという低価法が適用されることに注意が必要である。

b．たな卸資産の会計処理

たな卸資産の会計処理には大きく分けて以下の３つの方法が考えられる。対象となる資産の金額的・質的重要性や受払管理のためのコストとベネフィットの比較考量などを通じて，最適な方法を採用することが必要である。

イ．資産計上方式

この方法は，取得時に資産計上し，使用時に資産の払出しの会計処理を行い，期末にはたな卸を行って，たな卸差額を把握し，たな卸減耗損の会計処理を行う方法である。会計処理はほかの方法より複雑で，また管理の手間もかかるが，期の途中であってもたな卸資産の残高が帳簿上で把握でき，かつ期中での払出量や，帳簿上の理論在庫量と実際のたな卸数量との差額である減耗なども管理できるため，重要性のあるたな卸資産に適用すべきである。

ロ．費用計上方式

この方法は，取得時に費用処理をして，期末にたな卸をした結果を帳簿に反映させる方法である。払出の会計処理を行わない分，資産計上方式よりは簡便的な方法といえる。資産計上方式でも費用計上方式でも作成される貸借対照表は同じものとなる。ただし，期中在庫金額の把握ができない，たな卸減耗の金額が把握できないなど，管理上のデメリットがある。

ハ．全額費用処理方式

この方法は，取得時に費用処理をして，その後は一切会計処理を行わない方法で，最も簡便的な方法といえる。しかし，ほかの２法と貸借対照表・損益計算書の金額が異なってくるため，あくまでも重要性の低いたな卸資産にのみ適用することとなる。

以上は，たな卸資産の会計処理方式であるが，これはまた，たな卸資産の受払管理方式とも関連している。たな卸資産の受払いを計算・記録する方法としては，継続記録法と，実地たな卸法がある。

たな卸資産の計算方法

計算方法	意　　義	対応する会計処理
継続記録法	受払簿を設けてたな卸資産の受入れ，払出しおよび残高について継続記録を行い，受払簿上であるべき払出数量，残高数量を明らかにする方法	資産計上方式
実地たな卸法	期末たな卸資産を実地に調査して残高数量を確かめ，これを期首繰越残高と当期受入数量との合計から差し引くことによって，期中払出数量を推定する方法	費用計上方式

c．たな卸資産の払出単価

異なる単価で購入した同種のたな卸資産があるときに，その払出原価あるいは期末残高の帳簿価額をいくらにするかが問題となる。基準第28では「個別法，先入先出法，平均原価法等のうちあらかじめ定めた方法を適用して算定した取得原価をもって貸借対照表価額とする」と定めている。

ここでは基準で認められている個別法・先入先出法・平均原価法について設例を用いて説明する。

（設例２-２-６）

【問題】

以下の取引について個別法・先入先出法・平均原価法を採用した場合のそれぞれの，資産の払出原価および期末在庫金額を計算しなさい。

(1)　4/10　@50円の消耗品を200個購入

(2)　6/10　@60円の消耗品を300個購入

(3)　7/22　@50円の消耗品を100個消費，@60円の消耗品を50個消費

【解答】

①　個別法

個別法とはたな卸資産の取得原価を取引ごとに記録し，払出しが行われるごとに，その払い出された個別のたな卸資産の取得時の単価をもって払出単価とするものである。

例題では7/22に@50円を100個，@60円を50個消費しているため，払出原価は

50円×100個＋60円×50個＝8,000円と計算される。

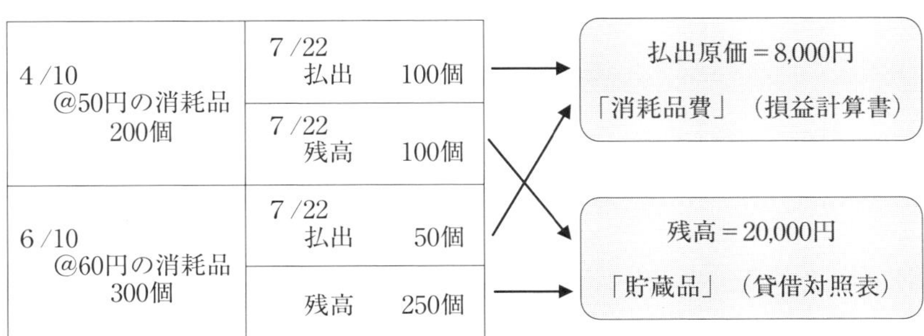

②　先入先出法

先入先出法とは，先に購入したたな卸資産から先に払い出したと仮定して払出単価の計算をする方法である。この方法を採用する場合には，どの単価のものをいくつ使ったかという個々に払い出されたたな卸資産の単価情報は不要である。

例題の場合，先入先出法では150個を先に購入した@50円のものから使用したと仮定する。あくまで仮定であるので，実際にどの単価のものを使っているかは，無関係である。

払出原価は，@50円×150個＝7,500円と計算される。

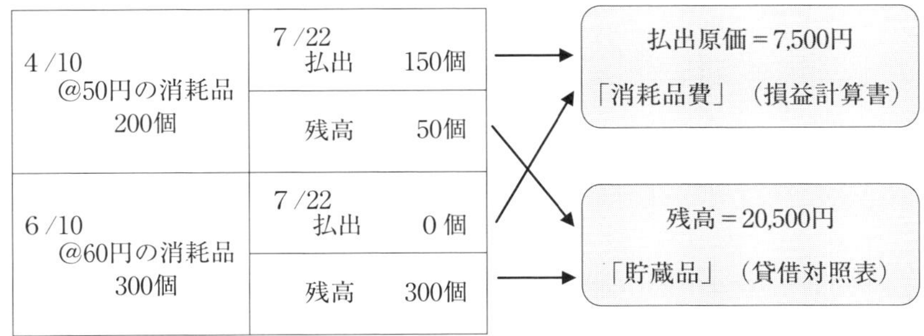

③　平均原価法

平均原価法は先に購入したものも，後に購入したものも，シャッフルされて平均的に払い出したと仮定して払出単価の計算をする方法である。この方法を採用した場合にも，先入先出法と同様に，どの単価のものをいくつ使ったかという個々のたな卸資産ごとの単価情報は不要である。

この方法では，払出時の平均単価を算出する。例題では@50円と@60円の消耗品の平均購入単価は，（@50円×200個＋@60円×300個）÷500個＝@56円と計算される。

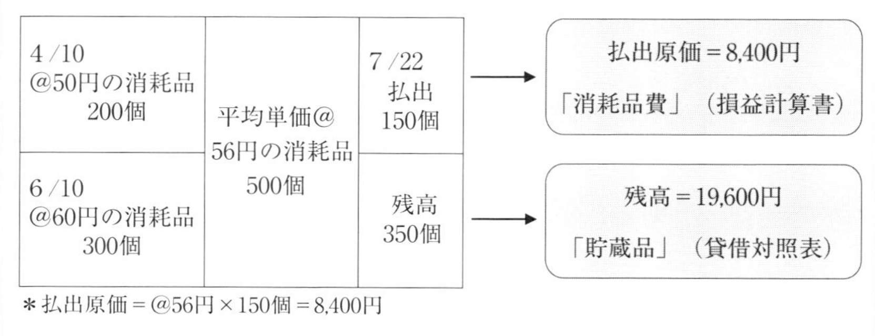

平均原価法は平均を算出するタイミングの違いから，移動平均法と総平均法の２種類に分類できる。どちらを採用するかによって，受払管理の方法も払出金額も異なることになる。

移動平均法とは購入のつど，平均単価を計算する方法である。購入直前のたな卸資産数量・たな卸資産金額と，購入したたな卸資産数量・たな卸資産金額を合計し，購入後のたな卸資産数量残高で除して平均単価を算出する。面倒なようであるが，たな卸資産の受払管理にコンピュータシステムを導入するような場合には，そのつど払出単価が自動的に計算され，期中でも払出原価を計算できるので便利な方法である。

一方，総平均法とは，月別あるいは期別の取得原価の平均単価を算出し，これをその期間の払出単価とする方法である。たとえば，月別の場合，当該種類のたな卸資産の前月末在庫と当月購入分の合計金額をその合計数量で除して平均単価を計算する。移動平均法より計算は簡単であるが，月末あるいは期末にならないと払出原価が計算できないことになる。

このように，たな卸資産の評価方法（払出単価の算出方法）にどの方法を使うかによって，たな卸資産の受払管理の方法や会計処理できるタイミングが異なり，さらには会計処理される金額も異なってくる。たとえば，さきほどの例題の結果を比較してみると，次のようになる。

	①個別法	②先入先出法	③平均原価法
消耗品費（損益計算書）	8,000	7,500	8,400
貯蔵品（貸借対照表）	20,000	20,500	19,600

また，基準第28では「たな卸資産の評価方法は毎事業年度継続して適用しなければならず，みだりに変更してはならない。」とされている。このため，どの方法を採用するかについては，さまざまな観点から事前に十分に検討して決定する必要がある。

ｄ．仕掛品に関する処理

仕掛品とは，通常は製造業において製造途中のたな卸資産の製造コストを集計する勘定科目である。しかし，独立行政法人の特性として，研究機関が多いことから，長期にわたる受託研究のような場合に，受託研究の途中段階までかかった費用を集計する科目として「仕掛品」が計上されることがある。

受託研究においては，研究の成果を引き渡した時点で収益を計上することになるので，その研究のためにすでに発生した費用があっても，収益を計上するまでは原価に計上することができない。これらの費用は，仕掛品という勘定科目を使っていったんたな卸資産に計上しておき，研究の成果を実際に引き渡した時点で，仕掛品を受託原価に振り替えることになる。これにより，受託収入と対応する受託原価が同じ会計期間に計上されることになる。したがって，受託研究プロジェクトごとに原価を集計する必要があるため，集計処理が会計帳簿と連動するように会計システムを構築することが重要である。

（設例２−２−７）

【問題】

受託研究プロジェクトＡについては，研究材料費の購入が900千円，外注費が30千円，その他経費が70千円発生したが，研究は全て終了し，報告書も納品した。受託価額は1,000千円で未入金である。受託研究プロジェクトＢについては，研究材料費の購入が300千円，外注費が20千円，その他経費が50千円発生したが，期末時点では研究が未完了となっている。貸借対照表と，損益計算書を作成しなさい。

【解答】（単位：千円）

① 原価発生時

（借方）	材料	900	（貸方）	現金預金	1,000
	外注費	70			
	その他経費	30			
（借方）	仕掛品A	1,000	（貸方）	材料	900
				外注費	70
				その他経費	30
（借方）	仕掛品B※	370	（貸方）	現金預金	370

※上記と同様（省略）。

② 研究完了，納品時点

（借方）	受託研究費A	1,000	（貸方）	仕掛品A	1,000
（借方）	未収入金	1,000	（貸方）	受託研究収入	1,000

貸借対照表

借方	貸方
未収入金 1,000	
仕掛品B 370	

損益計算書

借方	貸方
受託研究費 1,000	受託研究収入A 1,000

③ たな卸資産の期末評価と表示

決算においては，たな卸資産の数量および金額を確定して，その資産金額あるいは減耗損や評価損を財務諸表に開示するために，実地たな卸とたな卸資産の評価が重要な作業となる。

a．たな卸資産の数量の確定

期末におけるたな卸資産についての重要な作業として，まず数量を確定するための実地たな卸がある。実地たな卸とは期末のたな卸資産の数量の確定のため，保管されている在庫を実際にカウントすることである。

たな卸資産の会計処理で説明した「実地たな卸法」によっている場合に実地

たな卸が必要なのはいうまでもないが，「継続記録法」によっている場合でも必要である。なぜならば，継続記録法の場合，たな卸資産のあるべき数量は受払簿で把握できるが，それはあくまでも理論値であって，受払簿への記入誤り，盗難，紛失などにより，帳簿残高と実際有高とが違っていることがあるからである。両者が一致しないまま放置すると，受払簿の正確性が薄れ，その有用性も乏しくなる。差異の発生原因を調査のうえ，減耗と判断されたものについては，受払簿の数量を修正するとともに，次のように会計処理を行う。

(借方) たな卸減耗損*	×××	(貸方) たな卸資産	×××

＊たな卸減耗損＝単価×（期末帳簿たな卸数量－期末実地たな卸数量）

実地たな卸法によっている場合には，帳簿上の残高がないため，期末時の実地たな卸の結果を受けて，次のように会計処理を行う。

(借方) たな卸資産	×××	(貸方) 消耗品費	×××

この場合には，たな卸資産の減少を原因別に把握できないため，使用によって生じた費用と，減耗や盗難によって生じた損失とを区別できず，正確な記帳をすることができないことになる。

b．たな卸資産の期末評価

たな卸資産の数量が確定したら，その取得原価を計算する。数量に乗ずる単価は，たな卸資産の会計処理で説明したように，「個別法，先入先出法，平均原価法などのうちあらかじめ定めた方法を適用して算定した」単価になる。次に，独立行政法人会計基準では，たな卸資産の評価基準として，「低価法」を採用することとされているので，時価評価を行うことが必要である。

Q28-1

(1)　会計基準第28第2項で，「時価が取得原価より下落した場合には時価をもって貸借対照表価額としなければならない。」とあるが，ここでいう取得原価と比較すべき時価とは何か。

(2)　また，時価と比較するべき原価とは何か（低価基準の適用に際しては，「切放し法」と「洗替え法」のどちらを用いるのか。)。

A

1　会計基準では，たな卸資産について，時価と原価を比較し，いずれか低い方で評価をする低価基準の採用を強制している。低価基準を採用した場合の時価については，(ア)正味実現可能価額，(イ)再調達価額の二つの考え方がある。

2　正味実現可能価額とは事業年度末の売価からアフターコスト（製造加工費，一般管理費，販売費の合計額）を差し引いた価額で，売却した場合にはどれだけの資金に転換できるかという観点からの評価である。再調達価額は，当該たな卸資産の取得のため通常要する価額で，新たに取得するのにはどれぐらい掛かるかという観点からの評価である。

3　たな卸資産に対して低価基準を採用する場合，適用するべき時価について，通常，直接販売するたな卸資産，例えば商品については正味実現可能価額を，加工して販売するもの，例えば原材料や仕掛品については加工費の見積りの困難性もあって，再調達価額を採用している場合が多い。

4　時価と比較するべき原価については，取得価額を基礎に先入先出法や平均法等で算定された切下げ前の帳簿価額と時価に切下げ後の帳簿価額とが考えられ，前者を洗替え法，後者を切放し法という。それぞれ合理性があるが独立行政法人の損益計算の考え方からは，切放し法が望ましい。

時価が帳簿価額を下回るときは，以下の会計処理が必要である。

（借方）たな卸資産評価損　×××　（貸方）たな卸資産　×××

（設例２－２－８）

【問題】

期末時点での商品Ａの在庫数は1,000個で，取得原価の合計は1,200千円であった。時価については正味実現可能価額を採用しており，売価は１個当たり100円，アフターコストは１個当たり10円と見積られた。この場合，期末で必要となる仕訳を作成しなさい。

【解答】（単位：千円）

（借方）商品評価損　300　（貸方）商品Ａ　300

取得原価	時価	評価損
1,200千円	（100－10）×1,000＝900千円	300千円

④　販売用不動産

a．販売用不動産の意義

販売用不動産とは，販売することを目的として所有する土地，建物などの不動産のことをいう。これら不動産は，通常の利用を目的として所有する不動産と異なり，販売を目的として所有することから，商品や製品と同様にたな卸資産として扱う。

b．販売用不動産の評価方法

販売用不動産は，たな卸資産と同様に，「時価が取得原価よりも下落した場合には時価をもって貸借対照表価額としなければならない」（基準第28）とされている。

c．販売用不動産の時価

販売用不動産の時価の考え方については，当該資産が「通常の業務活動の循環過程にある資産」か否かで異なる。「通常の業務活動の循環過程」から外れていると認められる資産とは，たとえば，事業を中止しその後の方針が未定の資産や，経営状況等から相当期間売れ残っているような資産を意味している（Q28-２）。

通常の業務活動の循環過程にある資産	通常の業務活動の循環過程から外れていると認められる資産
販売見込額から販売経費等見込額を控除した（開発後販売する資産については，完成後販売見込額から造成・建設工事原価の今後発生見込額および販売等経費見込額を控除した）**正味実現可能価額**をもって時価とする。	事業の中止，相当の売れ残り等を前提とした，**決算日における公正な評価額**をもって時価とする。

3 固定資産

(1) 固定資産の分類

〈関連する基準等〉

〈基　準〉第10，25
〈Q＆A〉Q10-1，10-2

基準第10　固定資産
固定資産は，有形固定資産，無形固定資産及び投資その他の資産に分類される。

独立行政法人会計上の固定資産とは，「独立行政法人がその業務目的を達成するために所有し，かつ，その加工又は販売を予定しない財貨で，耐用年数が1年以上の財貨（Q10-1）」をいい，有形固定資産，無形固定資産および投資その他の資産に分類される。また，他の資産同様，原則として当該資産の取得原価を基礎として計上することとされている（基準第25，Q31-2）。

(2) 有形固定資産

〈関連する基準等〉

〈基　準〉第11，31，40，54，55
〈注　解〉注10，41
〈Q＆A〉Q10-1，10-2，11-1，31-1～31-7，40-1～40-5

① 有形固定資産の意義と分類

有形固定資産は，固定資産のうち，具体的な形態を有するものをいい，その価値の減少形態によって償却資産と非償却資産に大別される。

a．償却資産

建物，機械装置などの有形固定資産は，使用による減耗・摩耗，年数の経過に伴う老朽化あるいは機能的陳腐化によって価値が徐々に減少し（これを減価と呼ぶ)，やがて使用できない状態となる。会計上，このような資産の減価については，その資産の取得原価をその使用した期間に費用として割り振る「減価償却」という手続によって認識される（④「減価償却」参照)。使用などにより資産の減価が生じ，かつその減価を「減価償却」という手続によって会計上認識すべき固定資産が償却資産と呼ばれている。

b．非償却資産

有形固定資産のうち土地については，その使用あるいは利用によって価値が減少するものではない。また，建設途上の資産である建設仮勘定についても，建設完了後における使用開始時点から減価が始まると考えられる。

したがって，土地，建設仮勘定については，上述の減価償却手続が不要であり，このような固定資産が非償却資産と呼ばれている。

有形固定資産の具体例

種　類	具　体　例
建物	事務所・工場・倉庫・研究所・住宅・営業用の店舗等の建築物
建物附属設備	冷暖房設備・照明設備・昇降機など，建物が本来の機能を果たすために必要な附属設備
構築物	橋・煙突・軌道・坑道など土地に定着したもので，建物以外の土木設備または工作物
機械装置およびその附属設備	工作機械・化学装置等の機械装置およびクレーン，コンベヤーなどの附属設備
船舶および水上運搬具	タンカー，貨物船，はしけ，漁船
工具	金型・治具・測定，検査，切削などの工作用具で，耐用年数1年以上のもの
器具	医療機器・事務，通信機器などの計器，容器類で，耐用年数1年以上のもの
備品	事務机・事務椅子・キャビネット・応接セットなど現場作業以外で用いられるもの
土地	工場，事務所，社宅の敷地・運動場など

建設仮勘定	事業の用に供する有形固定資産を建設した場合における支出，当該建設の目的のために充当した材料，設備の建設のために支出した手付金もしくは前渡金

なお，供給途絶や価格高騰等の事態が生じた場合の安定供給を確保する目的で備蓄している資産は，将来売却されることが見込まれる場合であっても，備蓄資産として有形固定資産に属するものとする（注10）。

②　有形固定資産の取得の会計処理

基準第31　有形固定資産の評価

2　有形固定資産の取得原価には，原則として当該資産の引取費用等の付随費用を含めて算定した金額とする。

有形固定資産の取得形態は，大きく分けて，購入，自家建設（生産），現物出資，贈与に分類される（現物出資および贈与による取得については，第4章「独立行政法人固有の処理」を参照）。

a．購入による取得

有形固定資産を購入によって取得した場合には，購入代金に買取手数料・運送費・荷役費・据付費・試運転費など，購入後事業の用に供するまでに要した付随費用を加えて取得原価とする。なお，購入に際して値引きまたは割戻しがあった場合には，その額を購入代金から控除する形で計上する。

（設例２−３−１）

【問題】

工具を10,000千円で現金購入するとともに，引取運賃100千円および据付費200千円を現金で支払った。

このときに必要な仕訳を作成しなさい。

【解答】（単位：千円）

（借方）工具器具備品　10,300　（貸方）現　　　金　10,300

b．自家建設（生産）による取得

有形固定資産を自家建設（生産）によって取得した場合には，適正な原価計算に従って計算された製造原価あるいは工事原価を取得原価とする。

③　固定資産の計上基準

独立行政法人の貸借対照表における固定資産の計上基準については，金額的重要性が低い等の理由で，取得時に固定資産として計上せずに費用処理することが認められる場合がある（Q10-1，10-2）。

少額固定資産および耐用年数が1年未満の資産の取扱い

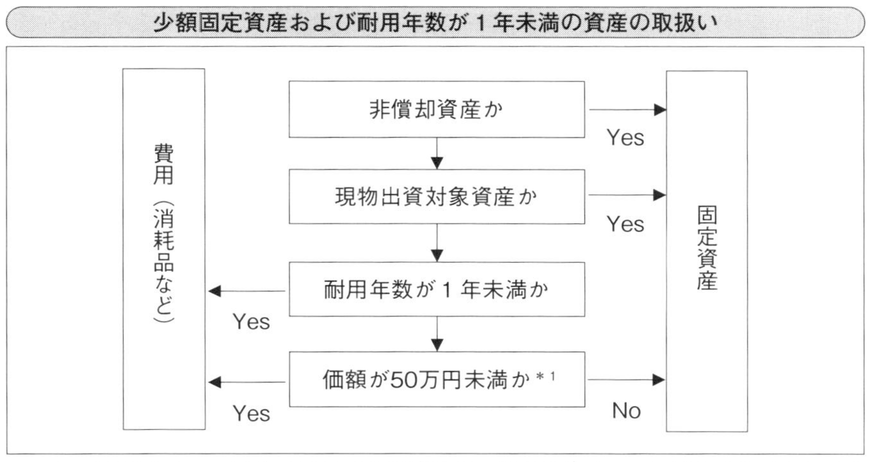

＊1　当該50万円の重要性に関する判断基準は，特段の事由のない場合の例示としてQ10-1に定められている。重要性の判断については，独立行政法人の業務の性格や当該資産の利用状況および管理状況等により法人ごとになされるべきとされている。

④　減価償却

a．減価償却の概念

建物，機械装置などの有形固定資産は，使用による減耗・摩耗，時の経過による老朽化などの物理的要因，あるいは技術革新などによる陳腐化などの機能的な要因によって，その価値が徐々に減少し，やがて使用できない状態となる。有形固定資産の価値の減少を会計上適切に認識するためには，有形固定資産の取得原価をその使用可能期間にわたり一定の規則的方法で配分する手続を行うことが必要となり，この固定資産の取得原価の配分手続が「減価償却」という概念になる。

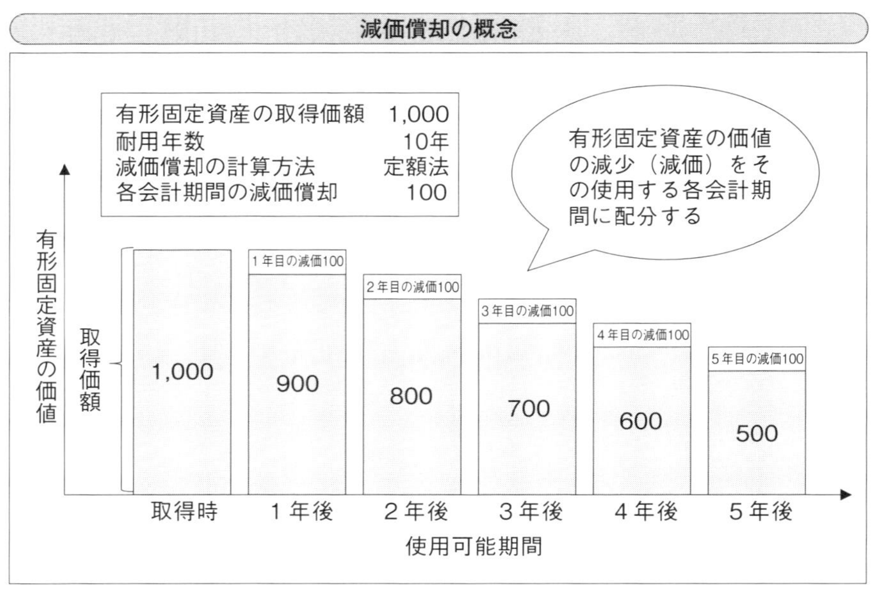

減価償却手続により，各会計期間の減価額を減価償却費として費用計上するとともに，資産価額を同額減少させる仕訳を行う。図を例にとると，以下のような仕訳になる。

<間接法（c．ロ．減価償却の記帳方法参照）による仕訳>			
（借方）減　価　償　却　費	100	（貸方）減価償却累計額	100

b．減価償却費計算における3つの要素

減価償却費を具体的に計算するには，イ．取得原価，ロ．耐用年数，ハ．残存価額の3つの要素が必要となる。

イ．取得原価

前記②「有形固定資産の取得の会計処理」を参照。

ロ．耐用年数

耐用年数とは，有形固定資産の取得原価を各事業年度に配分する場合の基礎となる有形固定資産の使用可能期間をいう。

独立行政法人において採用する耐用年数は，本来は自己の有形固定資産につき操業度の大小や技術革新の程度などの条件を勘案し，物理的減価および機能的減価を見積ったうえで自主的に決定すべきものである。しかし，客観的な指針として法人税法上の法定耐用年数を採用することも認められている（Q31-7，40-2）。ただし，当該耐用年数も実態とかけ離れたものである時は，妥当な耐用年数としなければならない点に留意が必要である。

なお，取得後の耐用年数の変更については，後記⑦「その他の論点」を参照のこと。

ハ．残存価額

残存価額とは，耐用年数到来時において予想されるその資産の売却価額または利用価額をいい，解体，撤去，処分などのために費用を要することが予想されるときは，その見積額を売却価額または利用価額から差し引いた額が残存価額となる。

残存価額についても耐用年数と同様に，本来は独立行政法人が個別資産について自主的にこれを見積る必要がある。しかし，従来の「取得価額の1割」という考え方を含め，次の法人税法上の考え方も認められている（Q31-7）。

- 平成19年4月以降に取得した減価償却資産については，償却可能限度額（取得価額の95%相当額）および残存価額を廃止し，耐用年数経過時に備忘価額まで償却する。
- 平成19年3月31日以前に取得した減価償却資産については，償却可能限度額まで償却した事業年度等の翌事業年度以後5年間で備忘価額まで均等償却する。

c．減価償却の計算

イ．減価償却方法

減価償却方法には，一般的には定額法および定率法の2つの方法があるが，定率法の採用は，基準上，独立採算の業務運営が行われている法人の製造業務に使用される機械装置等に限定されており（基準第40，Q40-3），独立行政法人においては，原則として定額法による償却計算が求められている。

定額法とは，固定資産の耐用期間中，毎期均等額の減価償却費を計上する方法であり，その算式は先に述べた3つの要素を用いて以下のとおりになる。

毎期の減価償却費 ＝（取得原価 － 残存価額）÷ 耐用年数

なお，年度途中で償却資産を取得した場合の初年度の減価償却計算は，原則として月割りまたは日割りで行うことが望ましいものとされている（Q40-1）。

ロ．減価償却費の記帳方法

減価償却費の記帳方法には，直接法と間接法という2つの処理方法がある。

直接法の場合には，減価償却費相当額を固定資産の帳簿価額から直接減額するのに対し，間接法の場合は，減価償却費相当額を固定資産の帳簿価額から直接控除せず，減価償却累計額を貸方に計上することで固定資産の取得価額から間接的に控除する方式がとられる。

なお，独立行政法人は，有形固定資産についてはその資産が属する科目ごとに間接法を，無形固定資産については直接法を採用することになる（基準第55）。

⑤　資本的支出と修繕費

使用中の固定資産にかかる追加支出が発生した場合の会計処理を行うにあたっては，資本的支出と修繕費の区分が問題になる。すなわち，固定資産にかかる支出は大きく分けて，固定資産の機能を維持するための支出と機能や資産価値を高める支出の2種類があると考えられ，前者の場合には収益的支出として修繕費として費用に計上し，後者の場合には資本的支出として固定資産に計上することが求められている。

資本的支出と修繕費

区分	資本的支出	修繕費（収益的支出）
意義	現有固定資産の機能向上，耐用年数の延長，資産価値を高めるような支出	現有固定資産の原状回復や機能維持のための支出

具体例	建物の増築，階段の設置，用途変更のための模様替え等の改造など	機械の定期的な修繕，壁の塗替え，床の取替え，沈下した土地の地盛など

資本的支出と収益的支出の区分は，個々の支出内容を勘案して個別に判断することが原則となるが，簡便的な方法として，法人税法上の取扱いに沿った処理が認められている（Q21-1）。

（参考）法人税法に準ずる方法における資本的支出と修繕費の判定

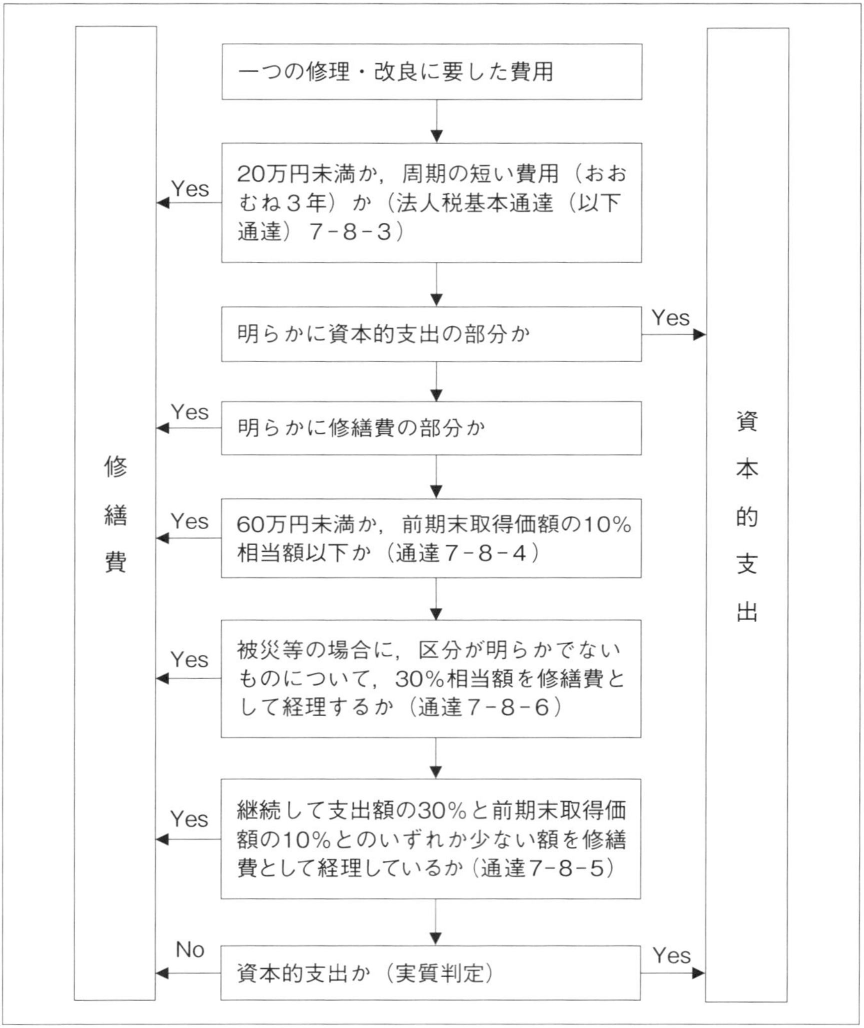

⑥　有形固定資産の評価と表示

a．有形固定資産の評価

基準第31　有形固定資産の評価

1　有形固定資産については，その取得原価から減価償却累計額及び減損損失累計額を控除した価額をもって貸借対照表価額とする。

2　（前述につき省略）

3　政府からの現物出資として受入れた固定資産及び特殊法人等から承継した固定資産については，個別法の現物出資又は権利義務承継の根拠規定に基づき評価委員が決定した価額を取得原価とする。

4　償却済の有形固定資産は，除却されるまで残存価額又は備忘価額で記載する。

有形固定資産の期末評価額は，原則として取得原価を基礎として決定する。

有形固定資産は使用を前提としているため，減価償却によって取得原価を耐用年数にわたって期間配分し，期末においては未償却原価をもって資産残高とする。

期末評価額 ＝ 取得原価 － 減価償却累計額 － 減損損失累計額

このとき，有価証券とは異なり，時価が取得原価より下落した場合においてもただちに評価減する必要はない（Q31-3）。

b．有形固定資産の表示

有形固定資産は，(1)建物（その附属設備を含む），(2)構築物，(3)機械及び装置（その附属設備を含む），(4)船舶（水上運搬具を含む），(5)車両その他の陸上運搬具，(6)工具，器具及び備品，(7)土地，(8)建設仮勘定，(9)その他，の区分に従って貸借対照表に表示する必要がある（基準第54）。

有形固定資産の貸借対照表の表示は，取得原価から減価償却累計額を控除する形で表示する。

減損が認識された固定資産（無形固定資産を除く）の貸借対照表における表示は，当該資産に対する減損損失累計額を，取得原価から間接控除する形式で表示する（減損基準第9-1）。

また，減価償却累計額および減損損失累計額には，損益計算書に計上された減価償却費および減損損失の累計額だけでなく，行政コスト計算書に計上された減価償却相当額および減損損失相当額の累計額が含まれる（注41，減損基準注11）。

貸借対照表（抜粋）

建物	10,000	
減価償却累計額	△5,000	
減損損失累計額	△1,000	4,000
⋮		
土地	9,000	
減損損失累計額	△5,000	4,000

⑦　その他の論点

a．耐用年数または残存価額の変更

従来，耐用年数の見積り違いそのほかの原因による，過年度の減価償却費の不足分を修正する臨時償却を行うことが認められていたが，企業会計の基準改正に合わせて独立行政法人においても，臨時償却の考え方が廃止された。

ただし，取得後の状況変化により，耐用年数または残存価額の現在の実態が当初設定したものと乖離している場合は，耐用年数または残存価額の変更が必要となる。過去に定めた耐用年数が，これを定めた時点での合理的な見積りに基づくものであり，それ以降の変更も合理的な見積りによるものであれば，当該変更の影響は，当事業年度およびその資産の残存耐用年数にわたる将来の期間で認識する。

一方，過去に定めた耐用年数または残存価額が，これを定めた時点での合理的な見積りに基づくものではなく，これを事後的に合理的な見積りに基づいたものに変更する場合，当該変更に伴う過年度の損益修正額は，原則として臨時損益として処理する（Q31-7，40-2）。

b．研究開発用に取得した固定資産について

平成15年改正の独立行政法人会計基準では，「研究開発費等に係る会計基準」を適用することとし，試験研究に係る機械装置等の固定資産について，従来の

資産計上から原則として費用処理することとされた。「研究開発費等に係る会計基準」に従う場合，固定資産は下記の図のように処理することになる（Ｑ８−１，Ｑ８−２参照)。また，改訂独立行政法人会計基準適用前に取得した資産については，従来の会計処理を継続適用することになるが，その旨注記する必要があるとされている（Ｑ８−２−２参照)。

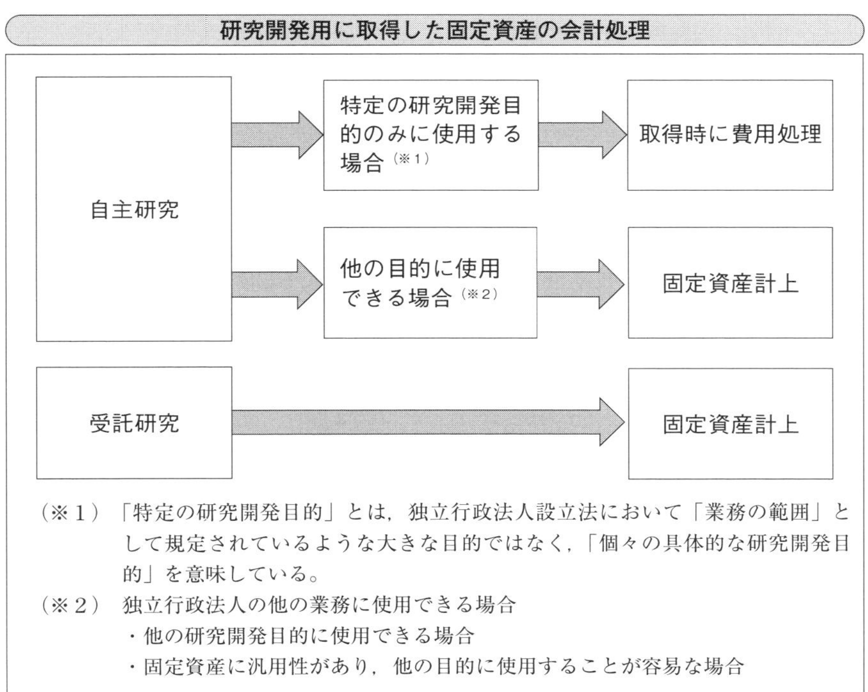

ｃ．償却終了後の資産について

償却終了後の資産の簿価が，資産計上基準以下の金額となっても，いったん固定資産として計上された資産は，償却終了後も，除却されるまで残存価額（たとえば，取得価額の10％）または備忘価額（たとえば１円）で固定資産に計上する必要がある（Q31−１)。

⑶　無形固定資産

〈関連する基準等〉

〈基　準〉第12，32，40，54，55
〈注　解〉注24
〈Q＆A〉Q32-1～32-5，55-1

①　無形固定資産の意義と分類

基準第12　無形固定資産
特許権，借地権，地上権，商標権，実用新案権，意匠権，鉱業権，漁業権，ソフトウェアその他これらに準ずる資産は，無形固定資産に属するものとする。

無形固定資産とは，固定資産のうち，具体的な形態を有さないものをいい，法律上の諸権利（法的資産）と経済上の優位性を表す資産の２つに大別される。

a．法律上の諸権利

基準第12にいう無形固定資産のうち，特許権，借地権，商標権，実用新案権，鉱業権，漁業権が法律上の諸権利を表す資産に該当する。

これらの資産は，現行の法制度のもとで認められる独占的使用権であり，法律を前提としてその資産性が認められる。なお，基準第12に定めるもののほか，著作権，地役権，電話加入権なども法律上の権利としての無形固定資産に該当する（Q32-5）。

b．経済上の優位性

基準第12にいう無形固定資産のうち，ソフトウェアが経済上の優位性を表す資産に該当する。ソフトウェアは，法律上の権利とは無関係であるが，その保有によってサービス提供能力または将来の経済的便益が期待されるものであるため，資産性が認められることとなる。

②　無形固定資産の取得の会計処理

無形固定資産の取得形態は，大きく分けて，購入，自己創設，現物出資，贈与に分類される（現物出資および贈与による取得については，第4章「独立行政法人固有の処理」を参照）。

a．購入による取得

無形固定資産を購入によって取得した場合には，有形固定資産と同様に購入代金に付随費用を加えて取得原価とする。

b．自己創設による取得

無形固定資産の自己創設にかかる会計処理は，企業会計と同様に「研究開発費等に係る会計基準」に従った処理が求められる。すなわち，研究開発費はすべて発生時に費用処理されることとなり，自己創設の工業所有権（特許権等）の取得原価は，特許印紙代や弁理士費用などの資産取得のための付随的支出に限定されることになる。したがって，特許印紙代などの納付が免除されており，かつ出願を弁理士に依頼しないなど，取得のための支出が発生しない場合には，無形固定資産の取得原価はゼロとして処理する。なお，資産管理の観点からは，補助簿等に記載して管理を行うことが必要と考えられる（Q32-1）。

無形固定資産の具体例

種　類	具　体　例
特許権	特許法に基づき登録することによって発明者に与えられる独占的，排他的権利
借地権	建物の所有を目的として他人の土地を利用するための地上権または賃借権
地上権	他人の土地に建物などを建てるため，土地を利用する権利
商標権	商標法に基づく登録商標に関する独占的，排他的権利
実用新案権	ある物品の形状，構造，組み合わせを従来のものとは異なる新しい視点で，実用的な効果を生み出すような創作にかかる権利
意匠権	物品の形状や模様を登録することにより，独占的，排他的に使用できる権利
鉱業権	鉱業法に基づき，一定の鉱区において鉱物を独占的，排他的に採取できる権利

漁業権	漁業法に基づき，一定の漁場において一定の漁業を独占的，排他的になしうる権利
電話加入権	加入電話の設置により公衆電気通信サービスを享受する権利
ソフトウェア	コンピュータを機能させるように指令を組み合わせて表現したプログラム等

③　無形固定資産の償却・評価と表示

a．無形固定資産の償却・評価

基準第32　無形固定資産の評価

無形固定資産については，当該資産の取得のために支出した金額から減価償却累計額及び減損損失累計額を控除した価額をもって貸借対照表価額とする。

無形固定資産についても，有形固定資産と同様，時の経過とともに減価する。したがって，無形固定資産については，独立行政法人の事業に貢献する期間（有効期間）にわたって取得原価を償却により費用化することとなる。ただし，法律上の権利のうち，電話加入権のように独占的使用権が永続するような資産については，償却を行わないこととなる。

償却方法は，法律上の権利については，法律が定めた有効年数にわたる定額法を，経済上の優位性を表す資産については，その資産の有効期間にわたる定額法を採用する（基準第40参照）。また，残存価額は，法人税法の基準に従い，通常はゼロとされる。なお，有形固定資産の場合と異なり，取得原価を直接控除する直接法による記帳が必要となる。

（設例２−３−２）

【問題】

特許権8,000千円を８年で償却する。

この場合に必要となる仕訳を作成しなさい。

【解答】（単位：千円）

（借方）減価償却費　1,000　（貸方）特許権　1,000

b．無形固定資産の表示

無形固定資産は，(1)特許権，(2)借地権（地上権を含む），(3)商標権，(4)実用新案権，(5)意匠権，(6)鉱業権，(7)漁業権，(8)ソフトウェア，(9)その他，の区分に従って貸借対照表に表示する必要がある（基準第54）。

ここでは有形固定資産の場合と異なり，減価償却累計額および減損損失累計額を取得原価から直接控除した金額で貸借対照表に表示する（基準第55第２項，減損基準第９第２項，減損基準注解11）。なお，有形固定資産と同様に，時価が取得原価より下落した場合において，ただちに評価減する必要はない（Q32-2参照）。

④　ソフトウェア

a．ソフトウェアの分類と会計処理

ソフトウェアとは，コンピュータを機能させるように指令を組み合わせて表現したプログラム等と定義される。ここでいう「等」には，システムの仕様書およびフローチャートなどの関連文書が含まれる。

ソフトウェアにかかる会計処理については，基準注解24に規定されており，その概要は以下のとおりである。

ソフトウェアの分類と会計処理

分　類	要　件	会計処理
外部に業務処理などのサービスを提供するためのソフトウェア	ソフトウェアを用いた法人外部へのサービス提供により，将来の収益獲得が確実であると認められることまたは独立行政法人のサービス提供能力の増加を伴う場合	適正な原価を集計したうえ，当該ソフトウェアの制作に要した費用に相当する額を無形固定資産として計上する
法人内利用目的（社内合理化など）のソフトウェア	完成品を購入した場合のように，その利用により将来の収益獲得または費用削減が確実であると認められる場合または独立行政法人のサービス提供能力の増加を伴う場合	取得に要した費用に相当する額を無形固定資産として計上する

機器組込みソフトウェア	機器とソフトウェアが相互に有機的一体として機能し，かつ，両者の経済的耐用年数の関連性が高いと認められること（※１）	当該機械装置などに含めて資産計上する
その他のソフトウェア		全額支出時に費用処理する

（※１）　機器とソフトウェアの価格が区分されているような場合や，ソフトウェアの交換が予定されているような場合には，この要件に該当するとは必ずしもいえず，その一体性の有無を改めて検討する必要がある（Q32-３）。

ソフトウェアを資産として計上するのは，将来の収益獲得が確実と認められる場合，費用削減が確実と認められる場合，または，独立行政法人のサービス提供能力の増加を伴う場合に限られる。このため，収益獲得，費用削減またはサービス提供能力の増加を伴うことが確実と認められる以前に発生した原価は費用として計上される（Q32-４）。

ｂ．ソフトウェアの減価償却方法

ソフトウェアの減価償却方法については，定額法によるべき旨が基準第40に記載されている。しかしながら，耐用年数については，基準やQ＆A上で明文規定が存在していないため，民間企業が準拠すべき会計制度委員会報告第12号「研究開発費及びソフトウェアの会計処理に関する実務指針」（最終改正平成26年11月28日　日本公認会計士協会）の規定に従った処理を行うことになる。同実務指針上，ソフトウェアの耐用年数は「当該ソフトウェアの利用可能期間によるべきであるが，原則として５年以内の年数とし，５年を超える年数とするときには，合理的な根拠に基づくことが必要である」とされていることから，独立行政法人も原則として５年以内の一定の年数を耐用年数とすることが求められる。

なお，残存価額については，法人税法の基準に従いゼロとすることが一般的であると考えられる。

⑷　投資その他の資産

〈関連する基準等〉

〈基　準〉第8，13，55
〈注　解〉注7

①　投資その他の資産の意義と分類

投資その他の資産とは，固定資産のうち有形固定資産または無形固定資産以外の長期資産をいい，投資とその他の資産に大別される。

投資は，他法人の支配統制，余裕資金の長期的利殖，法人内部者への長期的融資などの目的のために支出された財務・金融的な資産項目を指す。

その他の資産は，投資以外の長期性資産がその他の資産に該当する。

投資その他の資産の具体例

分類	種　類	具　体　例
投資	投資有価証券	売買目的有価証券および1年以内に満期の到来する国債，地方債，政府保証債そのほかの債券以外の有価証券で，関係会社有価証券以外のもの
	関係会社株式	関係会社（特定関連会社および関連会社）の発行する株式
	その他の関係会社有価証券	関係会社（特定関連会社および関連会社）の発行する債券等株式以外の有価証券
	長期貸付金	貸借対照表日の翌日から起算して，1年を超えて弁済期限が到来する貸付金のうち，役員，職員，関係法人に対するもの以外の貸付金
	役員または職員に対する長期貸付金	貸借対照表日の翌日から起算して，1年を超えて弁済期限が到来する貸付金のうち，役員，職員に対するもの
	関係法人長期貸付金	貸借対照表日の翌日から起算して，1年を超えて弁済期限が到来する貸付金のうち，関係法人に対するもの

その他の資産	破産債権，再生債権，更生債権その他これに準ずる債権	破産法，会社更生法，民事再生法などの法的手続その他の事由により，貸借対照表日の翌日から起算して１年以内に回収する見込みのない債権
	長期前払費用	費用化するまでに貸借対照表日の翌日から起算して１年を超える期間を要する前払費用
	繰延税金資産	将来の会計期間において回収が見込まれる一時差異などにかかる税金の額
	未収財源措置予定額	独立行政法人の業務運営費用のうち，後年度において財源措置が予定される金額

②　投資その他の資産の表示

投資その他の資産は，(1)投資有価証券，(2)関係会社株式，(3)その他の関係会社の有価証券，(4)長期貸付金，(5)役員，職員および関係法人に対する長期貸付金，(6)破産債権，再生債権，更生債権その他これらに準ずる債権，(7)長期前払費用，(8)繰延税金資産，(9)未収財源措置予定額，(10)その他，の区分に従って貸借対照表に表示する必要がある。

投資その他の資産の表示にあたっては，企業会計において適用される「正常営業循環基準」および「１年基準」という２つの流動・固定分類の考え方に留意する必要があり，この考え方に基づき，流動資産と固定資産の区分の基準が定められている。

③　繰延資産

独立行政法人においては，企業会計と異なり，繰延資産については計上することができない（基準第８第３項，注７）。

(5)　リース会計

①　リース取引の概要

リースとは，法人が使用する固定資産を直接購入するのではなく，購入自体はリース会社が行い，法人はその固定資産の使用に応じて，リース会社に対価を支払う取引である（次図参照）。レンタルと類似しているが，レンタルは通常契約期間が短期間（日，週など）であるのに対して，リース契約の期間は一般に長期間（5年間など）となるケースが多い。

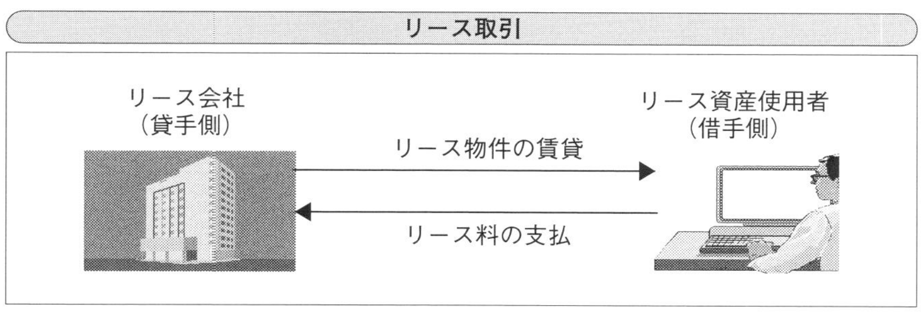

リース取引は，使用する法人が直接固定資産の購入を行わないため，同一の固定資産を直接購入する場合と比較して，初期段階での資金負担が軽減されるというメリットがある。また，リース資産であっても一定の現物管理は必要だが，自己所有資産とは違うため，比較して管理が容易な面もある。なお，リース料の金額は，大まかには，下図のような構成を基本として算定される。

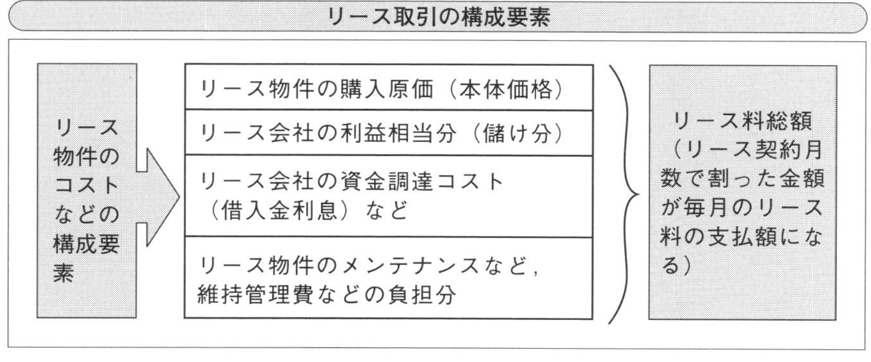

② リース取引の会計処理

〈関連する基準等〉

〈基　準〉第33
〈注　解〉注25
〈Q＆A〉Q33-1～33-5，81-11

a．ファイナンス・リース取引の判定基準

リース取引の会計処理を行うにあたっては，まず当該取引がファイナンス・リース取引とオペレーティング・リース取引のどちらに当たるのかを判定する必要がある。

注25において，ファイナンス・リース取引は，下記の２つの要件を満たすものとされ，それ以外はオペレーティング・リース取引であるとされている。

●ノンキャンセラブル＝リース契約に基づくリース期間内の中途において当該契約を解約することができないリース取引またはこれに準ずるリース取引（※1）

（※1）ここでいう「解約することができない」とは，法的形式上解約不能である場合のみならず，法的形式上解約可能であっても，解約に際し相当の違約金（規定損害金など）を支払わなければならない等の理由から，事実上解約不能と認められる場合も含まれる（Q33-2）。

●フルペイアウト＝借手が当該契約にもとづき使用する物件からもたらされる経済的便益を実質的に享受することができ，かつ，当該リース物件の使用に伴って生じるコストも実質的に負担するリース取引（※2）

（※2）ここでは「当該リース物件を自己所有するならば得られると期待されるほとんどすべての経済的利益を享受することができ，かつ，当該リース物件の取得価額相当額，維持管理などの費用，陳腐化によるリスクなどのほとんどすべてのコスト（前頁の図を参照）を負担する」ことである。

なお，上記の具体的な判定基準を次の表に示す。

例	判定
解約不能のリース期間中のリース料総額の現在価値が，当該リース物件を借手が現金で購入すると仮定した場合の合理的見積金額のおおむね90%以上である。または解約不能のリース期間が，当該物件の経済的耐用年数のおおむね75%以上である	ファイナンス・リース取引
上記以外のリース取引	オペレーティング・リース取引

独立行政法人は，複数年にわたるリース契約が可能だが，従来慣行などにより単年度契約方式をとっており，かつ契約解除などの制約条項も記載されていないようなリース契約が発生する場合も考えられる。そのような場合であっても法形式に関係なく，基準でいうファイナンス・リース取引であるか否かを上記要件に照らして判定することになる（Q33-2）。

また，契約期間の長短で形式的に行うべきものでもなく，あくまでも上記要件に照らして判定することになる（Q33-3）。

b．会計処理および表示

イ．ファイナンス・リース取引

基準は「通常の売買取引に係る方法に準じた会計処理」，すなわち，法人がリース会社からそのリース物件を固定資産として直接購入した場合と同様の会計処理を行うことを要求している。これは，法的形式はリース契約であるものの，その取引の経済的実態を考慮すると，その物件を固定資産として直接購入したものと実質的には同じであるとの考えによるものである。

なお，主な会計処理等については「リース取引に関する会計基準」（企業会計基準第13号）および「リース取引に関する会計基準の適用指針」（企業会計基準適用指針第16号）によることとなる。

ロ．オペレーティング・リース取引

賃貸借取引と同様に，リース料支払のつど，費用処理をすればよいことになる。ただし，リース期間の中途においてその契約を解除することができるもの以外のオペレーティング・リース取引については，契約に基づく未払債務残高を注記により開示することが求められている。

なお，会計処理として，売買処理，賃貸借処理のいずれの方法によった場合であっても，運営費交付金を財源としてリース料を支払う場合には，その支払額が収益化（詳しくは第４章1「運営費交付金」を参照）されることになる（Q81-11）。

c．ファイナンス・リース取引の会計処理の設例

（設例２－３－３）

【問題】

以下の前提条件において，リース取引に関して必要な仕訳を作成しなさい。

〈前提条件〉

(1) 解約不能のリース期間　５年

(2) 借手の見積現金購入価額　48,000千円

（貸手のリース物件の購入価額はこれと等しいが，借手において当該価額は明らかではない）

(3) リース料

月額　1,000千円　支払は半年ごと（各半期の期末に支払う）

リース料総額　60,000千円

(4) リース物件（機械装置）の経済的耐用年数　８年

(5) 借手の減価償却方法　定額法

(6) 借手の追加借入利子率　年８％

ただし，借手は貸手の計算利子率を知りえない。

(7) 貸手の見積残存価額は０である。

(8) 決算日　３月31日

(9) リース料の財源は運営費交付金である。

【解答】

１．ファイナンス・リース取引の判定

・現在価値による判定

貸手の計算利子率は不明なため，借手の追加借入利子率年８％を用いてリース料総額を現在価値に割り引くと，

6,000/（1＋0.08×1/2）＋6,000/（1＋0.08×1/2）^{2}＋…

＋6,000/（1＋0.08×1/2）^{10}＝48,665千円

現在価値48,665千円/見積現金購入価額48,000千円＝101％＞90％

・経済的耐用年数による判定

リース期間5年/経済的耐用年数8年＝62.5％＜75％

以上より当該リース取引は，現在価値基準によりファイナンス・リース取引に該当する。

2．リース資産の取得価額，リース債務の計上額の算出

・リース料総額の現在価値より借手の見積現金購入価額の方が低い額であるため，48,000千円がリース資産およびリース債務の計上価額となる。この場合に，利息相当額の算定に必要な利子率の計算は次のとおりである。

6,000/（1＋r×1/2）＋6,000/（1＋r×1/2）^{2}＋…

＋6,000/（1＋r×1/2）^{10}＝48,000千円

r＝8.555％

・リース債務の返済スケジュールは，下表に示すとおりである。

（単位：千円）

返済日	期首元本	返済合計	元本分	利息分	期末元本
×1.9.30	48,000	6,000	3,947	2,053	44,053
×2.3.31	44,053	6,000	4,116	1,884	39,937
×2.9.30	39,937	6,000	4,291	1,709	35,646
×3.3.31	35,646	6,000	4,475	1,525	31,171
×3.9.30	31,171	6,000	4,667	1,333	26,504
×4.3.31	26,504	6,000	4,866	1,134	21,638
×4.9.30	21,638	6,000	5,074	926	16,564
×5.3.31	16,564	6,000	5,292	708	11,272
×5.9.30	11,272	6,000	5,518	482	5,754
×6.3.31	5,754	6,000	5,754	246	0
	—	60,000	48,000	12,000	—

（注）適用利率　年8.555％

例えば，×１年９月30日返済合計の内訳と期末元本の計算は次のとおりである。

利息分　48,000千円×8.555％×1/2＝2,053千円

元本分　6,000千円－2,053千円＝3,947千円

期末元本　48,000千円－3,947千円＝44,053千円

３．会計処理（単位：千円）

×１年４月１日（リース開始日）

（借方）	機械装置	48,000	（貸方）リース債務	48,000

×１年９月30日（第１回支払日）

（借方）	リース債務	3,947	（貸方）現預金	6,000
	支払利息	2,053		

×２年３月31日（第２回支払日・決算日）

（借方）	リース債務	4,116	（貸方）現預金	6,000
	支払利息	1,884		
（借方）	減価償却費	9,600	（貸方）減価償却累計額	9,600
（借方）	運営費交付金債務	12,000	（貸方）運営費交付金収益	12,000

《注》減価償却費は，リース期間を耐用年数とし，残存価額を０として計算する。
48,000千円×1/5＝9,600千円

以後の各期も同様な会計処理を行う。

×６年３月31日（最終回の支払とリース物件の返却・決算日）

（借方）	リース債務	5,754	（貸方）現預金	6,000
	支払利息	246		
（借方）	減価償却費	9,600	（貸方）減価償却累計額	9,600
（借方）	運営費交付金債務	12,000	（貸方）運営費交付金収益	12,000
（借方）	減価償却累計額	48,000	（貸方）機械装置	48,000

ｄ．ファイナンス・リース取引が損益に与える影響額の注記

ファイナンス・リース取引によって，リース費用計上額（減価償却費，減損損失および支払利息）と運営費交付金および補助金等の収益化額が一致しないことにより損益に影響を与える場合においては，当該取引が当期総利益に与える影響額を損益計算書に注記する必要がある（Q33-５）。

具体的な注記例は，以下のとおりである。

ファイナンス・リース取引が損益に与える影響額は，××円であり，当該影響額を除いた当期総利益は○○円であります。

(6)　減損会計

〈関連する基準等〉

〈基　準〉固定資産の減損に係る独立行政法人会計基準

〈注　解〉固定資産の減損に係る独立行政法人会計基準注解

〈Q＆A〉「固定資産の減損に係る独立行政法人会計基準」及び「固定資産の減損に係る独立行政法人会計基準注解」に関するQ＆A

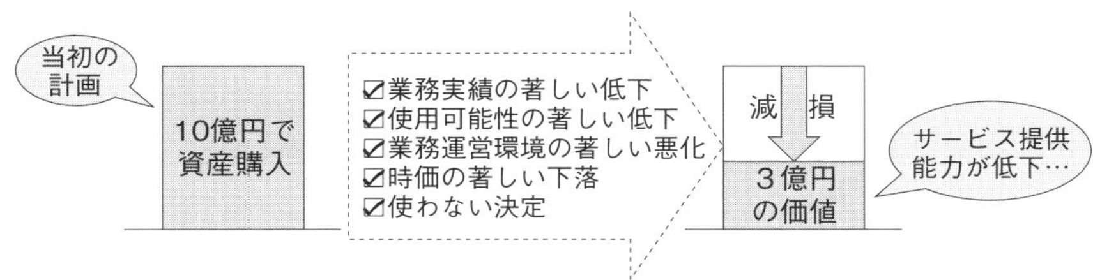

固定資産の過大な帳簿価額を適正な金額（回収可能サービス価額）に減額し，法人の業務運営状況を明らかに！

①　減損会計基準の全般的説明

a．減損会計基準の目的

独立行政法人における減損会計適用の目的は，以下のとおりである。

- 固定資産の帳簿価額が著しく過大となった場合に，これを適正な価額まで減額することにより，独立行政法人の財政状態を明らかにすること。
- 適切な業務遂行を行わなかった結果生じた減損損失を損益計算書に計上することにより，独立行政法人の業績評価に資すること。
- 固定資産に減損又はその兆候が生じたことを明らかにすることにより，独立行政法人に対し，その有効利用を促すこと。

b．減損の定義

固定資産の減損とは，以下のいずれかの状態をいう。

- 固定資産のサービス提供能力が当該資産の取得時に想定されたサービス提供能力に比べ著しく減少し，将来にわたりその回復が見込めない状態
- 固定資産の経済的便益を産み出す能力が著しく減少した状態

イ．サービス提供能力

サービス提供能力とは，固定資産についてどの程度の使用が想定されているか，すなわち，固定資産をどの程度使用する予定であるか，という観点からみた場合の固定資産の能力をいう（減損Ｑ１－１）。

ロ．経済的便益

経済的便益とは，その固定資産の売却等によって収入を得ることをいう。

② 減損会計の全体像

a．第１ステップ－対象資産の把握

減損会計の適用対象資産は，他の基準で定めがあるものを除き，原則としてすべての固定資産が対象となる（減損基準第２(2)）。

イ．重要性が乏しい資産について

減損基準において，重要性の乏しい資産は，減損会計の適用対象外とすることが可能とされている（減損基準第２）。当該重要性の判断は，固定資産の金額的側面および質的側面を勘案して独立行政法人ごとに判断する必要があるとされており，取扱いの基準をあらかじめ定めておくことが適切である（減損Ｑ２－１）。

なお，以下のすべての要件に該当するものは，重要性の乏しい資産として取り扱うことが可能とされている（減損Ｑ２－１）。

- 「機械及び装置並びにその他の附属設備」，「船舶及び水上運搬具」，「車両その他の陸上運搬具」，「工具，器具及び備品」または「無形固定資産（償却資産に限る）」
- 取得価額が5,000万円未満
- 耐用年数が10年未満

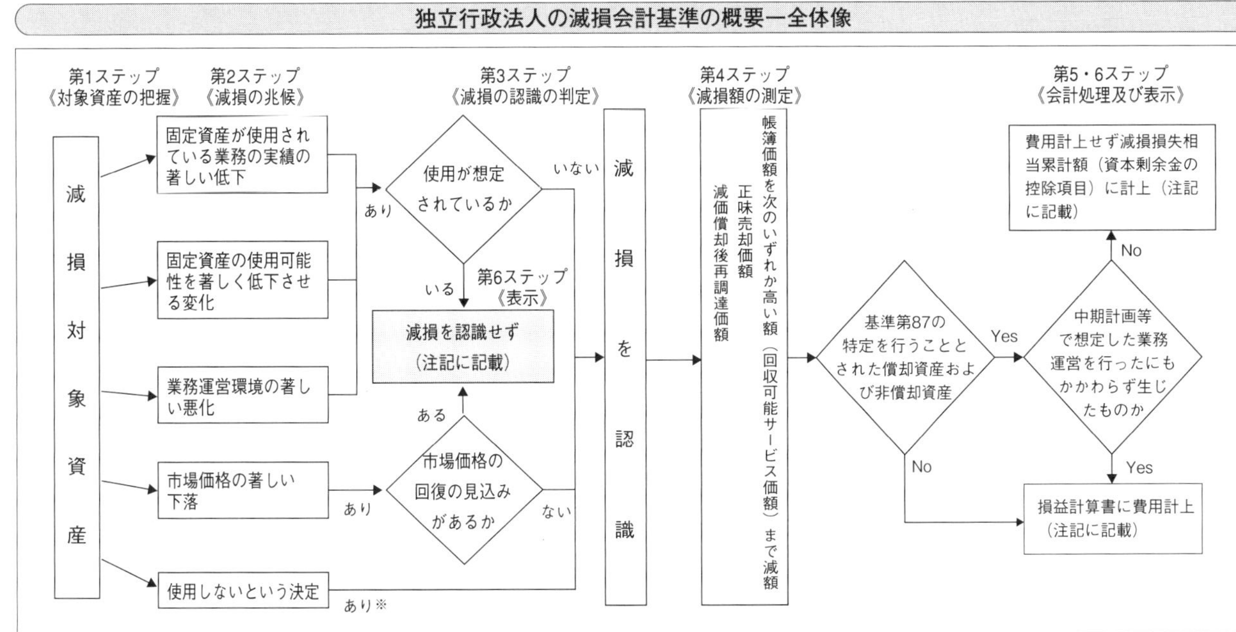

※　翌事業年度以降の特定の日以後使用しないという決定である場合には，使用しなくなる日において減損を認識する（減損基準注７）。

ロ．企業会計における固定資産の減損会計基準等が適用される場合について

減損会計基準は，業務運営が国からの財源措置に依存し，その保有する固定資産について自己収入による投資額の回収が予定されていない法人を念頭に設定されているため，独立採算型の業務運営が行われているような法人については，企業会計における固定資産の減損会計基準を適用することが適切と考えられる。しかしながら，適用するか否かの判断は主務省令等に委ねられている（減損Ｑ０-１）。

ｂ．第２ステップ－減損の兆候

固定資産に減損が生じている可能性を示す以下の事象を「減損の兆候」といい，減損を認識するかどうかの判定が必要となる（減損基準第３）。

イ．業務実績の著しい低下

ロ．使用可能性の著しい低下

ハ．業務運営環境の著しい悪化

ニ．市場価格の著しい下落

ホ．使用しないという決定

原則として，個々の固定資産ごとに減損の兆候の有無を判定する。ただし，複数の固定資産が一体となってそのサービスを提供するものと認められる場合には，これらの資産を一体として判定することができる（減損Ｑ３-８）。なお，土地と建物は根源的なサービス提供の内容が異なるため，一体として判定することはできない（減損Ｑ３-９）。

イ．減損の兆候―業務実績の著しい低下―

固定資産が使用されている業務の実績が，中期計画等の想定に照らし，著しく低下しているか，あるいは，低下する見込みであること，とは具体的には以下のような事象が想定されている（減損Ｑ３-１）。

- 業務実績が以前と比べ低下した場合
- 中期計画等に照らして当初から実績が低い場合
- 資産が生み出す損益またはキャッシュ・フローが中期計画等の想定と比べ著しく悪化している場合

減損の兆候の「著しい」とは，数量化できる場合は50％を基準として判断することとなり，数量化が困難な場合は，取得時の想定と比しておおむね50%であるか否かで判断する（減損Q 3-4）（兆候ロ．およびハ．において同じ)。

ロ．減損の兆候―使用可能性の著しい低下―

固定資産が使用されている範囲または方法について，当該資産の使用可能性を著しく低下させる変化が生じたか，あるいは，生ずる見込みであることをいう。具体的には以下のような事象が想定されている（減損Q 3-2）。

- 業務の廃止・再編
- 遊休資産化
- 稼働率の著しい低下
- 著しい機能的減価
- 建設仮勘定資産に対する建設の大幅な延期，計画中止等

なお，上記の判定にあたっては，当該資産の取得時に想定した使用可能性を基準として判断する必要がある（減損基準注3）。

ハ．減損の兆候―業務運営環境の著しい悪化―

固定資産が使用されている業務に関連して，業務運営の環境が著しく悪化したか，あるいは，悪化する見込みであることをいう。具体的に以下のような事象が想定されている（減損Q 3-3）。

- 技術革新による著しい陳腐化，特許期間の終了による重要な関連技術の拡散等の技術的環境の著しい悪化
- 重要な法律の改正，規制緩和や規制強化，重大な法律違反の発生などの法律的環境の著しい悪化

ニ．減損の兆候―市場価格の著しい下落―

固定資産の市場価格が著しく下落した場合をいう。具体的には帳簿価額から50%以上下落した場合をいう（減損基準注4）。

固定資産の市場価格は，基準において以下が例示されている（減損Q 3-5）。

土地	・相続税評価額（路線価） ・公示価格 ・都道府県基準地価格
建物等	・国土交通省が公表している建設工事費デフレーター

機械装置，器具備品等	・定価またはカタログ価格等

なお，資産等に市場価格がない場合は，他の兆候により判断することとなる（減損Ｑ３－６）。

ホ．減損の兆候―使用しないという決定―

独立行政法人自らが，固定資産の全部または一部につき，使用しないという決定を行ったことをいう。使用しないという決定には，固定資産をまったく使用しないという決定のみならず，固定資産の取得時に想定した使用目的に従って使用しないという決定（用途変更）も含まれる（減損基準注５）。

また，独立行政法人自らが使用しないという決定を行った場合のほか，閣議決定や主務大臣の決定等の場合も含まれる（減損Ｑ３－７）。

ｃ．第３ステップ－減損の認識

減損の兆候がある固定資産については，「減損を認識するかどうかの判定」を行わなければならない（減損基準第３）。

イ．減損の認識の判定

固定資産に「減損の兆候」があり，次に掲げる場合に該当するときは，減損を認識しなければならない（減損基準第４第１項）。

減損の認識の判定

減損の兆候	減損の認識の判定	備　　考
業務実績の著しい低下 使用可能性の著しい低下 業務運営環境の著しい悪化	固定資産の全部または一部の使用が想定されていないとき	固定資産の全部または一部の使用が想定されていないときとは，次の要件を満たしていない場合をいう（減損基準第４－２）。 ・当該資産の全部または一部について，将来の使用の見込みが客観的に存在すること ・当該資産がその使用目的に従った機能を現に有していること
市場価格の著しい下落	市場価格の回復の見込みがあると認められないとき	市場価格の回復の見込みとは，固定資産の市場価格が帳簿価額のおおむね80%程度まで相当の期間内（使用予定期間内，最大で10年程度）に回復することが見込まれることをいう（減損Ｑ４－４）。 回復の見込みは，法人がその根拠を示さなけ

		ればならない（減損Ｑ４－３）。 価格設定主体による価格の引下げ等によって市場価格が下落したような場合は，回復可能性は認められない（減損Ｑ４－２）。
使用しないという決定	判定を要せず，減損を認識	翌事業年度以降の特定の日以後使用しないという決定を行った場合には，使用しなくなる日において減損を認識する（減損基準注７）。

ロ．固定資産の一部が減損する場合とは

資産の一部の使用が想定されていないときに当該一部につき減損が必要となるが，具体的には以下のような場合が該当する（減損Ｑ４－１）。

【建物の場合】

100人収容可能な施設に対して，恒常的に30人収容施設でも対応可能と認められるような場合であり，このような場合は，利用が予定されない70人分の施設について減損を認識することになる。

【機械装置・器具備品等】

- 単一機能品の場合：一部減損という概念はない。固定資産の全部について減損の有無を判定する。
- 複数機能品の場合：一部減損という概念がある。利用が想定されない部分について一部減損を認識する。

ハ．複数の勘定で共有する固定資産について

固定資産の減損は，原則として個々の固定資産ごとに，兆候の有無の判定，認識および測定を行う。物理的に１個の固定資産を複数の勘定で共有している場合でも，当該１個の固定資産を単位として，減損の兆候の判定，認識および測定を行うことになる（減損Ｑ４－５）。

ｄ．第４ステップ－減損の測定

減損が認識された固定資産について，帳簿価額が回収可能サービス価額を上回るときは，帳簿価額を回収可能サービス価額まで減額しなければならない（減損基準第５）。

イ．回収可能サービス価額

回収可能サービス価額とは，当該資産の正味売却価額と使用価値相当額のいずれか高い額をいう（減損基準注９）。

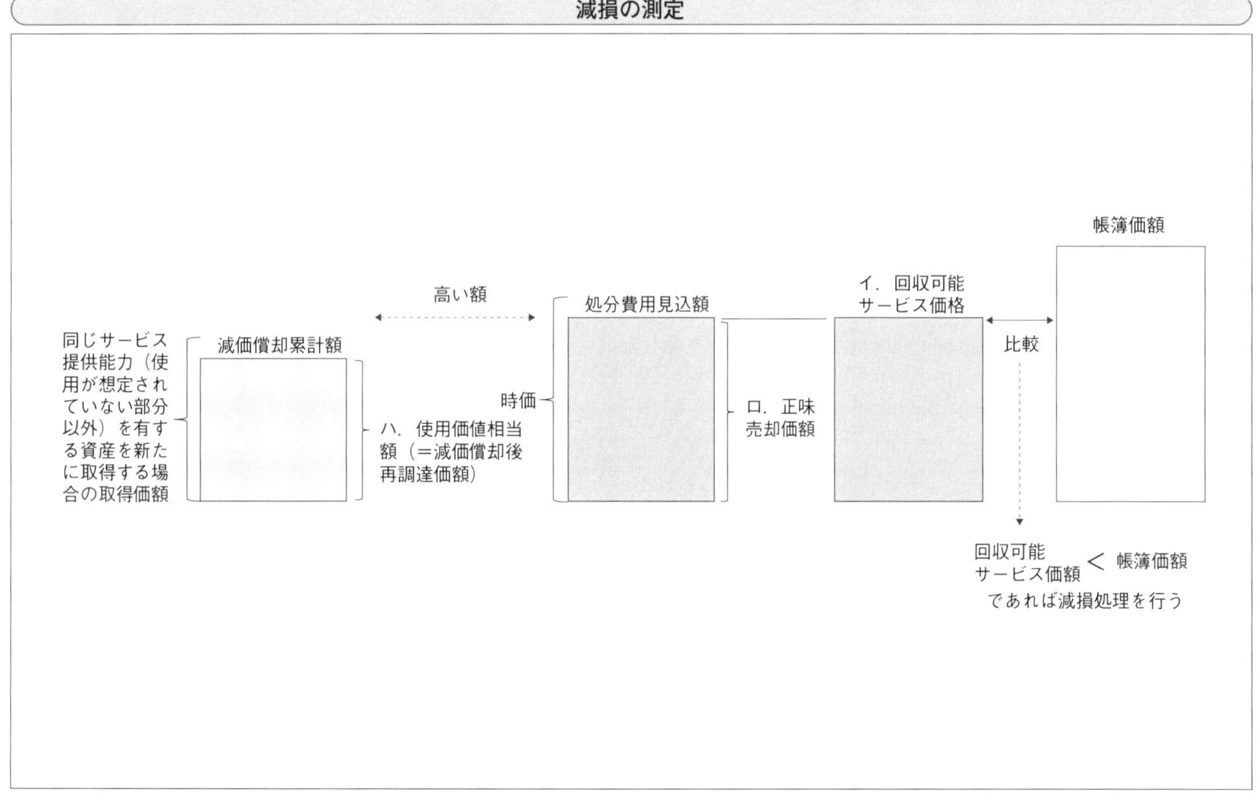
減損の測定
同じサービス提供能力（使用が想定されていない部分以外）を有する資産を新たに取得する場合の取得価額
減価償却累計額
ハ．使用価値相当額（＝減価償却後再調達価額）
高い額
時価
処分費用見込額
ロ．正味売却価額
イ．回収可能サービス価格
比較
帳簿価額
回収可能サービス価額 < 帳簿価額
であれば減損処理を行う

ロ．正味売却価額

正味売却価額とは，固定資産の時価（観察可能な市場価格）から処分費用見込額を控除して算定される額をいう（減損基準注９）。

ハ．使用価値相当額

使用価値相当額とは，減価償却後再調達価額をいい，固定資産の全部または一部につき使用が想定されていない部分以外の部分が有するサービス提供能力と同じサービス提供能力を有する資産を新たに取得した場合において見込まれる取得価額から，減価償却累計額（当該資産を減損が認識された資産の使用期間と同じ期間使用した場合に計上される額をいう）を控除した価額をいう（減損基準注９）。

なお，減価償却後再調達価額を算出することが困難な場合は，当該資産の帳簿価額に，当該資産につき使用が想定されていない部分（使用しないという決定を行った部分を含む）以外の部分の割合を乗じて算出した価額を用いることができる（減損基準注９，減損Ｑ５－１）。

ｅ．第５ステップ－減損の会計処理

イ．発生原因別の会計処理

固定資産の帳簿価額と回収可能サービス価額との差額（以下「減損額」という）は，「見返勘定の有無」および「中期計画等の想定の内外」に応じて以下のように会計処理する（減損基準第６）。

減損の会計処理

	中期計画等の想定内	中期計画等の想定外
基準第87の特定を行うこととされた償却資産および非償却資産 （減損基準第６⑴⑵）	○行政コスト計算書 減損損失相当額（その他行政コスト）として計上 ○貸借対照表 減損損失相当累計額（資本剰余金の控除項目）として計上※1	減損損失（臨時損失）として計上※2
基準第87の特定資産以外	減損損失（臨時損失）として計上※2	減損損失（臨時損失）として計上※2

（減損基準第6⑶）		
資産見返負債を計上している資産 （減損基準第7⑴⑵）	減損損失（臨時損失）として計上するとともに，資産見返負債を臨時利益に振り替える※3	減損損失（臨時損失）として計上するとともに，資産見返負債を利益剰余金に振り替える※4

※1	（借方）	減損損失相当累計額 （減損損失相当額）	××	（貸方）	減損損失累計額	××
※2	（借方）	減損損失	××	（貸方）	減損損失累計額	××
※3	（借方）	減損損失	××	（貸方）	減損損失累計額	××
		資産見返負債	××		資産見返負債戻入 （臨時利益）	××
※4	（借方）	減損損失	××	（貸方）	減損損失累計額	××
		資産見返負債	××		利益剰余金	××

ロ．中期計画等で想定した業務運営を行わなかったこととは

減損が生じた原因が，中期計画等の想定の範囲内の業務運営を行わなかったこと，または中期計画等の想定の範囲外の業務運営を行ったことにより生じたことが明確である場合としており，それ以外の場合は，中期計画等で想定した業務運営が行われたものとされる。

なお，中期計画等で想定した業務運営を行わなかったこと，および想定の範囲外の業務運営を行ったこととは，たとえば，中期計画等で定めた施設の利用促進方策を講じなかったこと等経営上必要な措置をとらなかった（経営者が具体的に経営改善方策の策定および指示を実行していない場合など）ために，中期計画等で定めた年間利用予定者数を確保できなかった場合などが該当する（減損基準注10，減損Q６－１）。

ハ．減損処理後の会計処理

【減損処理後の減価償却計算について】

減損処理を行った固定資産については，減損後の帳簿価額に基づき減価償却を行う（減損基準第10第１項）。

つまり，減損が行われた場合は，減損処理後の帳簿価額を基礎として，減損処理後の耐用年数で減価償却計算が行われることになる。

【減損処理後の耐用年数や残存価格の見直しについて】

減損処理後の減価償却については，減損処理前の減価償却計算に適用されていた耐用年数や残存価格を検証し，必要があれば見直しを行わなければならない（減損Q10-１）。

なお，耐用年数や残存価格の見直しが必要な場合とは，例えば，以下の場合等が考えられる。

- 固定資産の用途を変更した場合
- 複数の用途に使用されている固定資産について，その主要な用途の部分について減損を認識し，残存部分が減損後の主たる用途となった場合

【減損処理後の戻入れについて】

減損の戻入れは行ってはならない（減損基準第10第２項）。

f．減損会計の開示

減損会計に係る開示は以下のとおりである。

イ．貸借対照表

減損が測定された場合，貸借対照表における表示形式は以下のとおりとなる。固定資産は以下のように表示する（減損基準第９）。

減損の表示

固定資産の種類	表示形式
固定資産 （無形固定資産を除く）	減損損失累計額を取得原価から間接控除（減損基準第９） （減損損失累計額には，行政コスト計算書に計上された減損損失相当額の累計額が含まれる（減損基準注11））。
無形固定資産	帳簿価額から減損額を直接控除（減損基準第９）（建設仮勘定も直接控除）。

【企業会計の減損基準を適用した場合の表示形式について】

企業会計の減損基準を適用した場合であっても，取得価額から間接控除する形式で行う。直接控除する場合には「固定資産の取得及び処分並びに減価償却費の明細」に減損損失累計額を脚注することも認められている（減損Q９-１）。

ロ．損益計算書

基準第87の特定を行うこととされた償却資産および非償却資産について，中期計画等で想定した業務を行ったにもかかわらず生じた減損額以外の減損額は，損益計算書において，当該減損額を減損損失の科目により，臨時損失として表示する（減損基準第６）。

ハ．行政コスト計算書

基準第87の特定を行うこととされた償却資産および非償却資産について，中期計画等で想定した業務を行ったにもかかわらず生じた減損額は，その他行政コストに属するものとし，行政コスト計算書において，減損損失相当額の科目により，減価償却相当額の次に区分して表示する（減損基準第８）。

ニ．純資産変動計算書

基準第87の特定を行うこととされた償却資産および非償却資産について，中期計画等で想定した業務を行ったにもかかわらず生じた減損額は，資本剰余金のその他行政コスト累計額に含まれることから，当該計算書の開示対象となる。詳細は本書の第５章「純資産変動計算書」を参照のこと。

ホ．注　　記

以下に記載する３つの場合において，財務諸表への注記が求められる（減損基準第11）。

(a)　減損を認識した場合の注記

- 減損を認識した固定資産の用途，種類，場所，帳簿価額等の概要
- 減損の認識に至った経緯
- 減損額のうち損益計算書に計上した金額と計上していない金額の主要な固定資産ごとの内訳
- 減損の兆候の有無について，「減損基準第３　減損の兆候３」に基づき，複数の固定資産を一体として判定した場合には，当該資産の概要および当該資産が一体としてそのサービスを提供するものと認めた理由
- 回収可能サービス価額が，(ア)正味売却価額である場合には，その旨および算定方法の概要，(イ)使用価値相当額である場合には，その旨，採用した理由および算定方法の概要

(b)　減損の兆候が認められた場合の注記

- 減損の兆候が認められた固定資産の用途，種類，場所，帳簿価額等の概要
- 認められた減損の兆候の概要
- 減損の兆候の有無について，「減損基準第３　減損の兆候３」に基づき，複数の固定資産を一体として判定した場合には，当該資産の概要および当該資産が一体としてそのサービスを提供するものと認めた理由

● 「減損基準第４　減損の認識２」（将来の使用見込又は機能維持）に掲げる要件を満たしている根拠または市場価格の回復の見込みがあると認められる根拠

なお，減損を認識している固定資産については，減損の認識の注記で開示がなされるため，減損の兆候の注記は必要ない（減損基準第11-２）。

(c)　翌事業年度以降の特定の日以後使用しない決定を行った場合の注記

● 使用しないという決定を行った固定資産の用途，種類，場所等の概要
● 使用しなくなる日
● 使用しないという決定を行った経緯および理由
● 将来の使用しなくなる日における帳簿価額，回収可能サービス価額および減損額の見込額

4　負　　債

(1)　負債の分類

〈関連する基準等〉

〈基　準〉第14～16，56

〈Q＆A〉Q16-１，16-２

第14　負債の定義

１　独立行政法人の負債とは，過去の事象の結果として独立行政法人に生じている現在の義務であり，その履行により独立行政法人のサービス提供能力の低下又は経済的便益を減少させるものをいう。（注６）

２　負債は法律上の債務に限定されるものではない。

３　負債は，流動負債及び固定負債に分類される。

①　負債の意義

会計上の負債の本質は，法人が負っている現在の債務であるという点であり，大きく法的債務と会計的負債の２つに分類できる。法的債務には，法律または契約によって強制もしくは義務が確定している確定債務と，契約はあるものの一定の条件を満たさないと確定債務にならないような条件付債務とがある。

他方，会計的負債とは，法的債務性のない義務について負債として認識されるものをいう。これは，期間損益計算の適正性（妥当性・透明性）の観点と，法的な契約内容よりも経済的実質を重視する観点とがあるが，いずれにおいても，基準上認識することが明記されている。

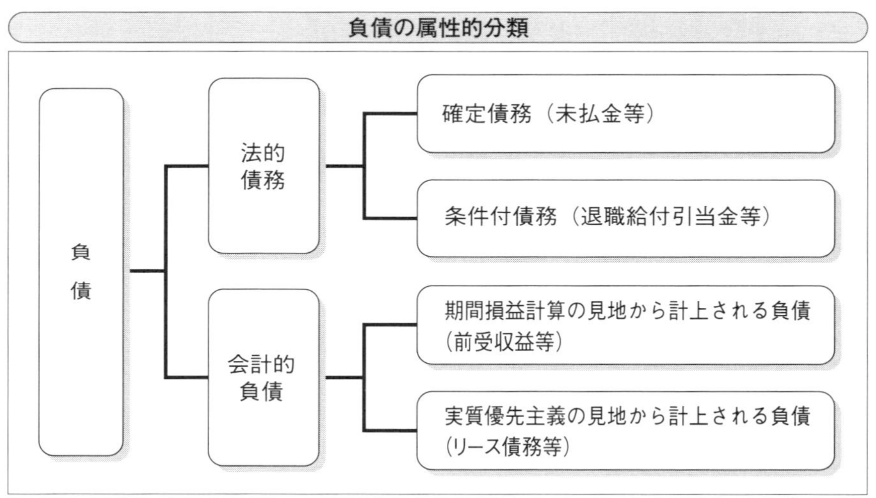

② 負債の分類

第15 流動負債

次に掲げる負債は，流動負債に属するものとする。（注８）

(1) 運営費交付金債務

(2) 預り施設費

(3) 預り補助金等。ただし，一年以内に使用されないと認められるものを除く。

(4) 預り寄附金。ただし，一年以内に使用されないと認められるものを除く。

(5) 短期借入金

(6) 買掛金（独立行政法人の通常の業務活動において発生した未払金をいう。以下同じ。）

(7) 独立行政法人の通常の業務活動に関連して発生する未払金又は預り金で一般の取引慣行として発生後短期間に支払われるもの

(8)　未払費用で一年以内に対価の支払をすべきもの（注9）
(9)　未払法人税等
(10)　前受金（受注工事，受注品等に対する前受金をいう。以下同じ。）
(11)　前受収益で一年以内に収益となるべきもの（注9）
(12)　賞与に係る引当金及びその他の引当金（資産に係る引当金及び固定負債に属する引当金を除く。）
(13)　資産除去債務で一年以内に履行が見込まれるもの
(14)　その他

第16　固定負債

次に掲げる負債は，固定負債に属するものとする。（注8）

(1)　資産見返負債（中期計画，中長期計画又は事業計画（以下，「中期計画等」という。）の想定の範囲内で，運営費交付金により，又は国若しくは地方公共団体からの補助金等（補助金，負担金，交付金及び補給金等の名称をもって交付されるものであって，相当の反対給付を求められないもの（運営費交付金及び施設費を除く。）をいう。以下同じ。）により補助金等の交付の目的に従い，若しくは寄附金により寄附者の意図に従い若しくは独立行政法人があらかじめ特定した使途に従い償却資産を取得した場合（これらに関し，長期の契約により固定資産を取得する場合であって，当該契約に基づき前払金又は部分払金を支払った場合を含む。）に計上される負債をいう。）
(2)　長期預り補助金等
(3)　長期預り寄附金
(4)　（何）債券（事業資金等の調達のため独立行政法人が発行する債券をいう。）
(5)　長期借入金
(6)　繰延税金負債
(7)　退職給付（独立行政法人の役員及び職員の退職を事由として支払われる退職一時金，確定給付企業年金等，退職共済年金等に係る整理資源及び恩給負担金をいう。以下同じ。）に係る引当金
(8)　退職給付に係る引当金及び資産に係る引当金以外の引当金であって，一年以内に使用されないと認められるもの
(9)　資産除去債務。ただし，流動負債として計上されるものを除く。

⑽　その他の負債で流動負債に属しないもの

基準にあるとおり，負債は流動負債と固定負債とに分類表示される。注８において，この区別する基準についての記載があるが，要約すると以下のとおりである。

流動負債と固定負債の区分基準

形態または性質	区　分
通常の業務活動により発生した債務	流動負債
通常の業務活動以外により発生した債務	支払期限１年以内→流動負債 １年超→固定負債

また，基準に列挙されている流動負債・固定負債をその形態または性質の観点から分類すると以下のとおりである。

負債の分類

形態または性質	主な表示科目例
通常の業務活動により発生した債務	（流動負債）買掛金，未払金
通常の業務活動以外により発生した債務	（流動負債）預り金 （固定負債）長期未払金
借入資金	（流動負債）短期借入金 （固定負債）長期借入金，債券
引当金	（流動負債）賞与引当金 （固定負債）退職給付引当金
対照勘定 （貸借対照表上で借方と貸方を対にして同額処理するための勘定科目）	（固定負債）資産見返負債
収益仮計上 （すでに受領した収入で未だ消化していないもの）	（流動負債）運営費交付金債務，預り施設費預り補助金等，預り寄附金，前受金 （固定負債）長期預り補助金等，長期預り寄附金
経過勘定項目	（流動負債）未払費用，前受収益

(2) 借入金・債券

〈関連する基準等〉

〈基　準〉第15，16，90

〈Q＆A〉Q90-1

① 借入金・債券の意義

独立行政法人は業務運営に必要な資金を調達する方法として，短期借入金，長期借入金および債券の発行がある。原則として，短期借入金は「中期計画の第三十条第二項第四号の短期借入金の限度額の範囲内」であること，長期借入金および債券の発行には「個別法に別段の定めがある」ことが必要である（通則法第45条）。

なお，会計上は1年基準により流動負債と固定負債を区分するため，期末日に支払期限が1年以内に到来する長期借入金および債券についても，流動負債に区分される。

借入金・債券の種類

種類	通則法の規定	主な資金調達方法	貸借対照表の区分
短期借入金	中期計画の限度額の範囲内，同一年度内	証書借入，手形借入，当座貸越	流動負債
長期借入金	個別法に別段の定めがあること	証書借入	支払期限により区分 1年以内⇒流動負債 1年超　⇒固定負債
債券		有価証券の発行	

② 借入金・債券の種類

a．証書借入

証書借入とは，「証書」すなわち，借入金額・利率・資金使途・弁済期限・弁済方法・担保や保証などの借入条件が記載された「金銭消費貸借契約証書」を作成し，これに基づき実行される借入れのことである。通常は，設備資金，長期運転資金など，借入期間が長期にわたる場合に利用される。

b．手形借入

手形借入とは，「金銭消費貸借契約証書」の代わりに約束手形を作成し，これに基づき実行される借入れのことである。通常は，短期運転資金など，借入期間が短期の場合に利用される。

c．当座貸越

当座貸越とは，銀行との当座貸越契約に基づき，一定の限度額内で手形・小切手が決済されたときの当座預金のマイナス残高であり，銀行からの一時的な借入金を意味する。当座貸越の利率は高いものの，必要な金額を必要な期間だけ借りられるという特徴がある。

d．債　　券

債券とは，借入金額・利率・償還期限などの借入条件が記載された有価証券を作成し，債券管理会社（金融機関）を通じて，多数の投資者に発行して実行される借入れのことである。通常は，証書借入と同様に借入期間が長期にわたる場合に利用される。

③　借入金・債券の会計処理

第90　債券発行差額の会計処理

1　独立行政法人が事業資金等の調達のために債券を発行する場合においては，債券の額面金額をもって貸借対照表価額とする。

2　債券の額面金額と異なる金額で発行したときは，当該額面額と異なる金額は収入金額と額面金額との差額を債券発行差額として貸借対照表に表示するものとする。

3　債券発行差額は，毎事業年度，債券の償還期間にわたり合理的な基準で計算した額を償却しなければならない。期限前に債券を償還した場合には，債券発行差額の未償却残高のうち，償還した債券に対応する部分を当該事業年度に償却するものとする。

債券発行差額は，貸借対照表では債券から間接控除して表示する（基準第

58)。また，債券発行差額の償却に関する会計処理は利息法が原則法であるが，継続適用を前提として定額法も認められている（Q90-1）。

なお，償却基準は重要な会計方針に記載する（注56，Q80-3）。

（設例2-4-1）

【問題】

下記の取引にかかる仕訳を示しなさい。

⑴　4月1日に次の条件の債券を発行した。

なお，決算期は3月末である。

・債券名称　A機構債券
・債券の総額　500,000千円
・利率　年3％
・利払日　3月末
・発行価額　額面100円につき金99円
・償還期限　10年

⑵　3月31日に利息を支払った。

⑶　3月31日に債券発行差額を定額法により償却した。

【解答】（単位：千円）

・4月1日

⑴	（借方）	当座預金	495,000	（貸方）A機構債	500,000
		債券発行差額	5,000		

・3月31日

⑵	（借方）	支払利息	15,000	（貸方）当座預金	15,000

・3月31日

⑶	（借方）	債券発行差額償却	500	（貸方）債券発行差額	500

⑶ 引 当 金

① 引当金とは

〈関連する基準等〉

〈基　準〉	第17，29，30，37，38，84，88，89，92～94
〈注　解〉	注31～35，64，70～72
〈Q＆A〉	Q17-1～17-3，29-1，38-1～38-5，80-6-4，92-1，100-6

a．引当金の意義

基準第17　引当金

1　将来の支出の増加又は将来の収入の減少であって，その発生が当期以前の事象に起因し，発生の可能性が高く，かつ，その金額を合理的に見積もることができる場合には，当該金額を引当金として流動負債又は固定負債に計上するとともに，当期の負担に帰すべき金額を費用に計上する。ただし，引当金のうち資産に係る引当金の場合は，資産の控除項目として計上する。

2　法令等，中期計画等又は年度計画に照らして客観的に財源が措置されていると明らかに見込まれる上記1の引当金に見合う将来の収入については，引当金見返を計上する。

3　発生の可能性の低い偶発事象に係る費用又は損失については，引当金は計上することができない。

引当金は，発生主義のもとで適正な期間損益計算を行う観点からその計上が求められているが，実際の支出または損失金額が確定する前に見積計算されるため，その客観性・合理性を確保する必要がある。そこで，基準上の定義の中では，引当金の計上の妥当性の判断基準として，以下の４つの要件が明示されている。

〈引当金計上の４要件〉
・将来の支出の増加または将来の収入の減少である
・その発生が当期以前の事象に起因する
・発生の可能性が高い
・その金額を合理的に見積ることができる

したがって，上記基準の要件に照らすと，発生の可能性の低い偶発債務や，金額を合理的に見積ることができない場合，引当金は計上されないこととなる。

なお，平成30年９月改訂の基準および関連するＱ＆Ａにおいては，引当金計上の４要件に該当する場合は，財源措置の有無にかかわらず，引当金を計上することとされているため留意が必要である。

また，法令等，中期計画または年度計画に照らして客観的に財源が措置されていると明らかに見込まれる場合には，引当金の相手勘定として引当金見返を計上することとされている。「客観的に財源が措置されていると明らかに見込まれる」とは，具体的には，中期計画等に記載される「予算」や「収支計画」において将来の支出に対する財源措置が明示されている場合や，独立行政法人に対する過去の財源措置の実績から将来の財源措置が実際に行われる蓋然性が高いと推定される場合などが，これに該当すると考えられる（Q17-2）。

法令等，中期計画または年度計画に照らして客観的に財源が措置されていると明らかに見込まれる場合，引当金繰入を損益計算書上の費用に計上するとともに，引当金見返に係る収益を損益計算書上の収益に計上する結果，損益が均衡することとなる。

ｂ．引当金の種類

引当金は，大きく「負債性引当金」（基準第17第１項本文）と「評価性引当金」（基準第17第１項ただし書）に分けられる。負債性引当金は将来の支出義務を意味し，負債の部に表示されるが，評価性引当金は期末に有する資産の適正な評価額を表すため，資産の控除項目として資産の部に表示される。

以下，引当金の種類を例示する。

引当金の種類

種　類	勘　定　科　目　名
負債性引当金	・退職給付引当金（基準第38，第89） ・賞与引当金（基準第88） ・保証債務損失引当金（基準第30） ・製品保証引当金
評価性引当金	・貸倒引当金（基準第29，第84）

なお，基準では，上記のほかに引当金に準じた負債として，責任準備金（基準第37），法令に基づく引当金等（基準第92）に関する規定が設けられている。

引当金の性質

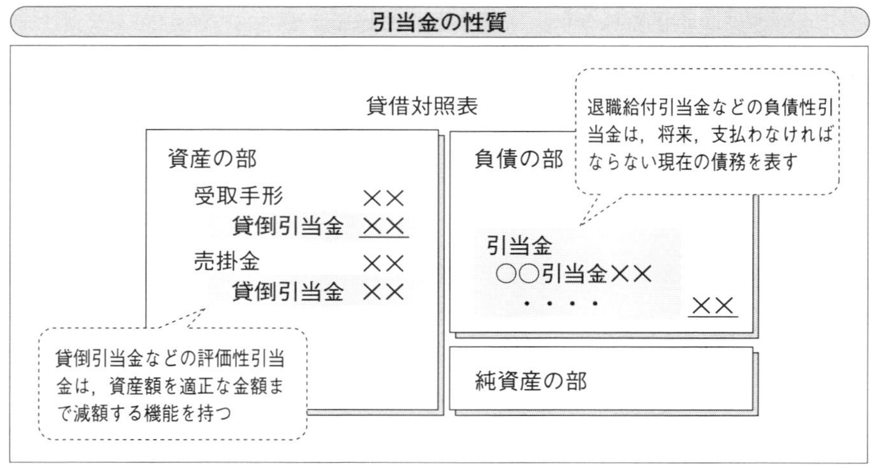

②　貸倒引当金

〈関連する基準等〉

〈基　準〉第29，84

〈注　解〉注64

〈Q＆A〉Q29-1，80-6-4

a．債権の区分と貸倒見積額の算定

基準第29　貸付金等の貸借対照表価額

1　売掛金，貸付金，割賦元金等の債権の貸借対照表価額は，取得価額から貸倒引当金を控除した金額とする。なお，貸倒引当金は，資産の控除項目として貸借対照表に計上するものとする。

2　貸倒引当金は，債務者の財政状態及び経営成績等に応じて，次のように区分し，それぞれ区分ごとの貸倒見積高をもって計上しなければならない。

(1)　一般債権（経営状態に重大な問題が生じていない債務者に対する債権をいう。）については，債権全体又は同種・同類の債権ごとに，債権の状況に応じて求めた過去の貸倒実績率等合理的な基準により算定する。

(2)　貸倒懸念債権（経営破綻の状態には至っていないが，債務の弁済に重大な問題が生じているか又は生じる可能性の高い債務者に対する債権をいう。）については，債権の状況に応じて，次のいずれかの方法により貸倒見積高を算定する。ただし，同一の債権については，債務者の財政状態及び経営成績の状況等が変化しない限り，同一の方法を継続して適用する。

ア　債権額から担保の処分見込額及び保証による回収見込額を減額し，その残額について債務者の財政状態及び経営成績を考慮して貸倒見積高を算定する方法

イ　債権の元本の回収及び利息の受取りに係るキャッシュ・フローを合理的に見積もることができる債権については，債権の元本及び利息について元本の回収及び利息の受取りが見込まれるときから当期末までの期間にわたり当初の約定利子率で割り引いた金額の総額と債権の帳簿価額との差額を貸倒見積高とする方法

(3)　破産更生債権等（経営破綻又は実質的に経営破綻に陥っている債務者に対する債権をいう。）については，債権額から担保の処分見込額及び保証による回収見込額を減額し，その残額を貸倒見積高とする。

「基準」では，貸倒見積高の算定にあたり，債務者の財政状態および経営成績等に応じて，債権を一般債権，貸倒懸念債権，破産更生債権等の３つに区分することとしている。そして，下表のとおり，この３つの区分に応じた貸倒見積額の算定方法を定めている。

債権の区分と貸倒見積高の算定方法

債権の区分	定　　義	貸倒見積高の算定方法
一般債権	経営状態に重要な問題が生じていない債務者に対する債権	貸倒実績率法
貸倒懸念債権	経営破綻の状況に至っていないが，債務の弁済に重大な問題が生じているかまたは生じる可能性が高い債務者に対する債権	財務内容評価法
		キャッシュ・フロー見積法
破産更生債権等	経営破綻または実質的に経営破綻に陥っている債務者に対する債権	財務内容評価法

債権の区分と貸倒見積高の算定についての具体的な判断基準については，「金融商品会計に関する実務指針」に定められている。以下，それぞれの貸倒見積高の算定方法について概要を説明する。

b．貸倒実績率法

貸倒実績率を用いて一般債権の貸倒見積高を算定する場合，まず貸倒実績率を算定する必要がある。貸倒実績率は，ある期における債権残高を分母とし，翌期以降における貸倒損失額を分子として算定する。このとき，貸倒損失の過去のデータから貸倒実績率を算定する期間は，一般には，債権の平均回収期間を用いるが，１年を下回る場合には，１年を用いることとされている。

なお，当期末に保有する債権について適用する貸倒実績率を算定するにあたっては，当期を最終年度とする算定期間を含むそれ以前の２～３算定期間に係る貸倒実績率の平均値による。

c．財務内容評価法

財務内容評価法とは，担保または保証が付されている債権について，債権額から担保の処分見込額および保証による回収見込額を減額し，その残額について債務者の財政状態および経営成績を考慮して貸倒見積高を算定する方法である。

貸倒見積高の算定手順は，(a)債権額の確定，(b)担保の処分見込額の算定，(c)保証による回収額の算定，(d)貸倒見積額の算定，となる。

貸倒懸念債権の場合，一般債権に近い債権や破産更生債権等などに近い債権などさまざまな債権が含まれると考えられるため，債務者の支払能力を総合的に判断する必要がある。

なお，債務者の支払能力を判断する資料を入手することが困難な場合もあり，たとえば，貸倒懸念債権と初めて認定した期には，上記(a)から(b)および(c)を控除した残額の50%を引き当て，次年度以降において，毎期見直すなどの簡便法を採用することも考えられる。ただし，個別に重要性の高い貸倒懸念債権については，可能な限り資料を入手し，評価時点における回収可能額の最善の見積りを行うことが必要である。

破産更生債権等の場合，上記(a)から(b)および(c)を控除した残額を貸倒見積額とする。つまり，債権から担保などを減額した額を100%貸倒見積額とする。

d．キャッシュ・フロー見積法

キャッシュ・フロー見積法とは，債権の元本の回収および利息の受取りに係るキャッシュ・フローを合理的に見積ることができる債権について，債権の発生または取得当初における将来キャッシュ・フローと債権の帳簿価額との差額が一定率となるように割引率を算出し，債権の元本および利息について，元本の回収および利息の受取りが見込まれるときから当期末までの期間にわたり，債権の発生または取得当初の割引率で割り引いた現在価値の総額と債権の帳簿価額との差額を貸倒見積額とする方法である。

貸倒懸念債権について，キャッシュ・フロー見積法を採用する場合に，債権の元利回収にかかる契約上の将来キャッシュ・フローが予定どおり入金されないおそれがあるとき，支払条件の緩和が行われていれば，それに基づく将来キャッシュ・フローを用いる。支払条件の緩和が行われていなければ，回収可能性の判断に基づき入金可能な時期と金額を反映した将来キャッシュ・フローの見積りを行う。そのうえで，将来キャッシュ・フローを債権の発生当初の約定利子率または取得当初の実効利子率で割り引く。

将来キャッシュ・フローの見積りは，少なくとも各期末に更新し，貸倒見積高を洗い替える必要がある。割引効果の時間の経過による実現分のうち貸倒見積高の減額分は，原則として，受取利息に含めて処理する。ただし，それを受取利息に含めないで貸倒引当金戻入額として処理することもできる。

e．貸倒引当金の会計処理

貸倒引当金の繰入れおよび取崩しの会計処理は，引当ての対象となった債権の区分ごとに行うこととなる。

債権の回収可能性がほとんどないと判断された場合には，貸倒損失額を債権から直接減額して，当該貸倒損失額と当該債権に係る前期貸倒引当金残高のいずれか少ない金額まで貸倒引当金を取り崩し，当期貸倒損失額と相殺しなければならない。なお，この場合に，当該債権にかかる前期末の貸倒引当金が当期貸倒損失額に対して不足するときには，貸倒引当金の不足が対象債権の当期中における状況の変化によるものであれば，当該不足額をそれぞれの債権の性格により経常費用に計上する。他方，貸倒引当金の不足が計上時の見積誤差などに起因しており，明らかに過年度損益修正に相当するものと認められる場合には，当該不足額を原則として臨時損失に計上する。

貸倒見積高を債権から直接減額した後に，残存する帳簿価額を上回る回収があった場合には，原則として回収時の収益として計上する。

③　賞与引当金

〈関連する基準等〉

〈基　準〉第81第７項，88
〈Ｑ＆Ａ〉Q17-３，88-１，88-２

a．概　　要

翌期に支給する賞与のうち，当期の労務提供に対応する金額を合理的に見積ることができる場合には，適正な期間損益計算に基づく賞与引当金を計上する。

b．賞与引当金の計算の流れ

賞与引当金の計算は，翌期の賞与支給見込額を見積り，当期の労務提供に対応する金額を，賞与支給規程等の定めによる賞与の支給対象期間に基づき按分計算する。

賞与引当金の計算の流れ

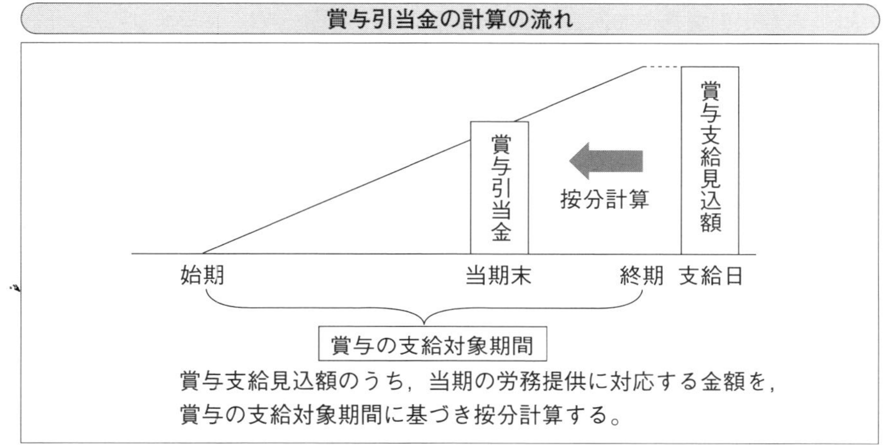

賞与支給見込額のうち，当期の労務提供に対応する金額を，賞与の支給対象期間に基づき按分計算する。

c．賞与引当金計算の設例

（設例2-4-2）

【問題】

当法人の決算日は３月31日であり，翌期の夏季賞与の支給見込額は12,000千円である。当法人の賞与支給規定は，夏季賞与の支給対象期間を前年12月１日より当年５月31日までと定めている。

このときに必要な仕訳を作成しなさい。

【解答】（単位：千円）

・３月31日

（借方）		（貸方）	
賞与引当金繰入	8,000	賞与引当金	8,000

$$支給見込額12,000 \times \frac{4ヶ月（12月〜3月）}{6ヶ月（12月〜5月）} = 8,000$$

翌期の夏季賞与の支給日（６月10日）に，12,000千円を支払った。

・６月10日

（借方）		（貸方）	
賞与引当金	8,000	現金預金	12,000
賞与	4,000		

d．賞与引当金見返を計上する場合

賞与に充てるべき財源措置が翌期以降の運営費交付金により行われることが，中期計画等または年度計画で明らかにされている場合には，「第17　引当金」2に基づき賞与引当金見返を計上するとともに，賞与引当金見返に係る収益を計上する（基準第88）。

また，引当金の取崩し時には，賞与引当金見返とそれに見合う運営費交付金債務とを相殺する（基準第81第7項）。

（設例2－4－3）

【問題】

前提条件は（設例2－4－2）と同様とする。なお，賞与に充てるべき財源措置が翌期以降の運営費交付金により行われることが，中期計画等または年度計画で明らかにされている。このときに必要な仕訳を作成しなさい。

【解答】（単位：千円）

・3月31日（×1期）

（借方）	賞与引当金繰入	8,000	（貸方）	賞与引当金	8,000
	賞与引当金見返	8,000		賞与引当金見返に係る収益	8,000

翌期4月1日に，賞与に充てるべき財源として運営費交付金12,000千円が入金された。

・4月1日（×2期）

（借方）	現金預金	12,000	（貸方）	運営費交付金債務	12,000

翌期の夏季賞与の支給日（6月10日）に，12,000千円を支払った。また，引当金の取崩し（賞与の支給）に伴い，引当金見返と運営費交付金の相殺を行う。

・6月10日（×2期）

（借方）	賞与引当金	8,000	（貸方）	現金預金	12,000
	賞与	4,000			
（借方）	運営費交付金債務	8,000	（貸方）	賞与引当金見返	8,000

決算時において運営費交付金の収益化（賞与に係る部分のみ）を行う。

・3月31日（×2期）

（借方）	運営費交付金債務	4,000	（貸方）	運営費交付金収益	4,000

e．令和元事業年度期首時点の会計処理

上記d．の会計処理は，平成30年9月改訂の会計基準で新たに定められた会計処理である。そのため，平成30年9月改訂の会計基準が適用される初年度である令和元事業年度においては，期首時点において平成30事業年度以前に発生した賞与に係る金額について，賞与引当金および賞与引当金見返の計上を行う必要がある（Q88-2）。

（設例2-4-4）

【問題】

平成30事業年度決算における，翌期の夏季賞与の支給見込額は12,000千円である。当法人の賞与支給規程は，夏季賞与の支給対象期間を前年12月1日より当年5月31日までと定めている。

なお，賞与に充てるべき財源措置が翌期以降の運営費交付金により行われることが，中期計画等または年度計画で明らかにされている。

平成31事業年度期首における必要な仕訳を作成しなさい。

【解答】（単位：千円）

令和元事業年度期首の会計処理

・平成31年4月1日

（借方）	会計基準改訂に伴う賞与引当金繰入 （臨時損失）	8,000	（貸方）	賞与引当金	8,000
	賞与引当金見返	8,000		賞与引当金見返に係る収益 （臨時利益）	8,000

（※）当期首の賞与引当金の金額について，賞与引当金および賞与引当金見返を計上する。

なお，会計基準改訂に伴う賞与引当金繰入（臨時損失）や賞与引当金見返に係る収益（臨時利益）の金額に重要性がある場合には，行政コスト計算書および損益計算書にその内容を注記することになる（Q17-3）。

具体的な注記の記載例は以下のとおりである。

（行政コスト計算書関係）

臨時損失のうち，8,000は会計基準改訂に伴う賞与引当金繰入であり，平成30事業年度以前の発生分であります。

（損益計算書関係）

臨時損失に計上した会計基準改訂に伴う賞与引当金繰入8,000は，平成30事業年度以前の発生分であります。

臨時利益に計上した賞与引当金見返に係る収益8,000は，会計基準改訂に伴い期首に計上した賞与引当金見返に係る収益であります。

④　退職給付引当金

〈関連する基準等〉

〈基　準〉第38，81第７項，89，94，

〈注　解〉注32 ～ 35

〈Ｑ＆Ａ〉Ｑ38-１～38-５，89-１～89-５

ａ．概　　要

通常，退職金制度は，退職時に法人から直接給付される「一時金」部分と，退職後に確定給付企業年金等や退職共済年金等から給付される「年金」部分から構成される。退職給付は，一定の期間にわたり労働を提供したこと等の事由に基づいて，退職後に支給される給付であるため，「賃金の後払い」として捉えられる。そのため，当期の労務提供に対応する金額などを合理的に見積り，適正な期間損益計算に基づく退職給付引当金を計上する。

退職金制度と退職給付会計

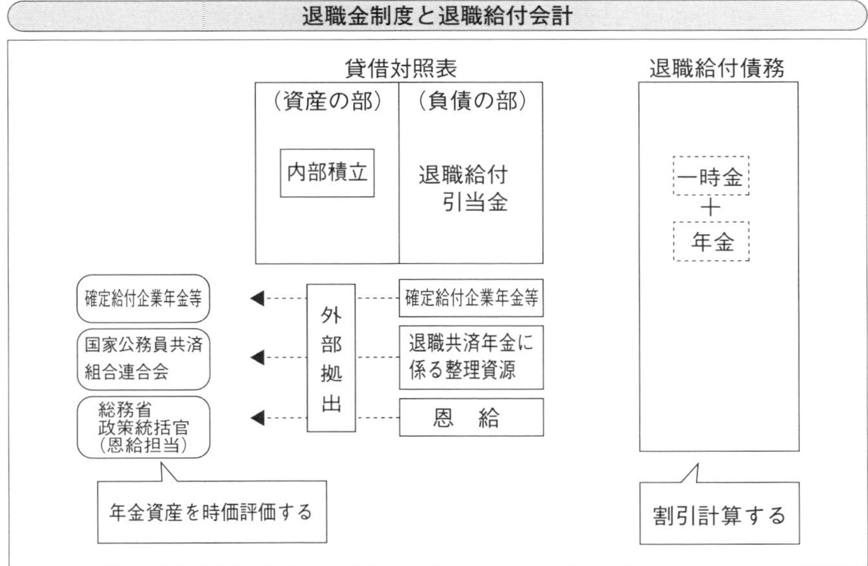

（なお，整理資源，恩給負担金などについては，Q38-1，Q38-3を参照のこと）

退職給付引当金は，当期末の退職給付債務から年金資産を控除した額をあらかじめ債務として引き当てておき，実際の退職金等の支払時に取り崩す。

b．退職給付計算の流れ

退職給付債務の計算は煩雑であるため，一般的に保険会社等の年金数理の専門家に委託する。独立行政法人は，退職金規程，退職金制度の対象者の給与・年齢，退職時の年齢などの基礎データを，年金数理の専門家に提供する。

イ．退職給付見込額の計算

退職給付見込額は，予想退職時期ごとに，役職員に支給される一時金見込額および退職時点における年金現価の見込額に退職率および死亡率を加味して計算する。なお，期末時点において受給権を有していない役職員についても，計算の対象となる。

ロ．退職給付見込額のうち期末までに発生していると認められる額の計算

退職給付見込額のうち期末までに発生していると認められる額を，期間定額基準または給付算定式基準のいずれかの方法により計算する。いったん採用した方法は，原則として，継続して適用する必要がある（注32）。

算定方法	内　　容
期間定額基準	退職給付見込額について全勤務期間で除した額を各期の発生額とする方法
給付算定式基準	退職給付制度の給付算定式に従って各勤務時間に帰属させた給付に基づき見積もった額を，退職給付見込額の各期の発生額とする方法

ハ．期末の退職給付債務の計算

退職給付見込額のうち期末までに発生していると認められる額を，一定の割引率を用いて残存勤務期間にわたって現在価値に割り引いて計算する。割引率は，安全性の高い債券の利回りを基礎として決定する（注33）。

退職給付計算の流れ

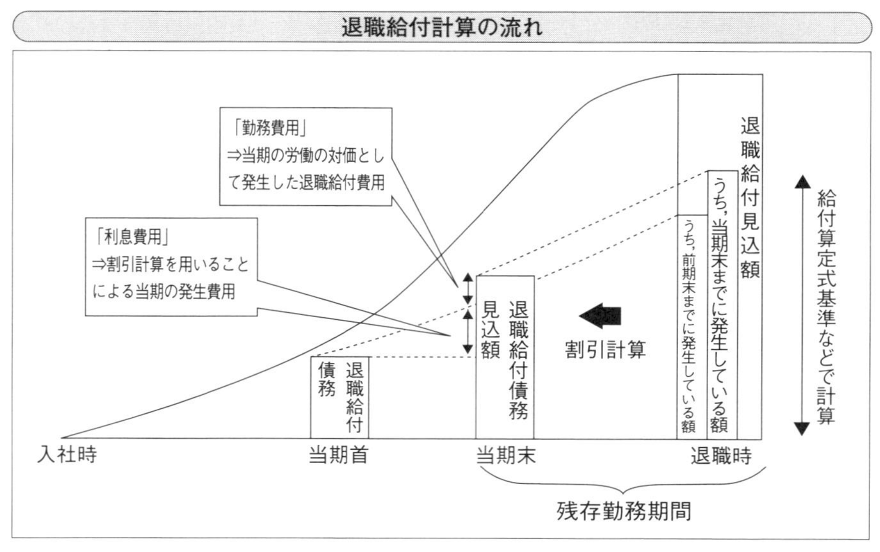

各役職員の退職時点の退職給付見込額（＝退職時の一時金＋年金の給付現価額）のうち，当期末までに発生していると認められる額から，一定の割引率を用いて退職給付債務を計算する。

c．退職給付引当金の計算の流れ

イ．当期の退職給付費用の計算

期首時点において，当期の退職給付費用を見積る。

(a)　勤務費用（＋）	（差引） 当期の退職給付費用
(b)　利息費用（＋）	
(d)　数理計算上の差異の償却額（±）	
(e)　過去勤務費用の償却額（±）	(c)　期待運用収益（－）

(a)　勤務費用

１期間の労働の対価として発生したと認められる退職給付をいう。計算が繁雑なため，一般的に保険会社等の年金数理の専門家に計算を委託する。

(b)　利息費用

割引計算により算定された期首時点における退職給付債務について，期末までの時の経過により発生する計算上の利息をいう。

利息費用　＝　期首退職給付債務　×　割引率

(c)　期待運用収益

年金資産の運用により生じると合理的に期待される計算上の収益をいう。

期待運用収益　＝　期首年金資産額　×　期待運用収益率

(d)　数理計算上の差異の償却額

年金資産の期待運用収益と実際運用成果との差異，退職給付債務の数理計算に用いた見積数値と実績値との乖離等により発生した差異をいい，平均残存勤務期間内の一定年数で償却する。

数理計算上の差異の償却額 ＝数理計算上の差異発生額÷平均残存勤務期間内の一定年数

(e)　過去勤務費用の償却額

退職給付の給付水準の改定等により，従前の給付水準に基づく計算との差異として発生する過去勤務費用をいい，平均残存勤務期間内の一定年数で償却する。

過去勤務費用の償却額 　＝過去勤務費用の発生額÷平均残存勤務期間内の一定年数

ロ．期末の退職給付債務見込額の計算

期末の退職給付債務見込額は，期首の退職給付債務に当期の勤務費用および利息費用を加算し，受給者への一時金・年金支払による債務履行額を控除して計算する。期首時点の見積りを含むため，通常は期末の退職給付債務実績額と差異が生じ，数理計算上の差異として平均残存勤務期間内の一定年数で償却する。

期首の退職給付債務（＋）
勤務費用（＋）
利息費用（＋）
退職一時金支払額（－）
確定給付企業年金等からの支払額（－）
（差引）期末の退職給付債務見込額
数理計算上の差異
期末の退職給付債務実績額

ハ．期末年金資産見込額の計算

期末の年金資産見込額の計算には，期首時点の見積りを含むため，通常は期末の年金資産の時価評価額と差異が生じ，数理計算上の差異として平均残存勤務期間内の一定年数で償却する。

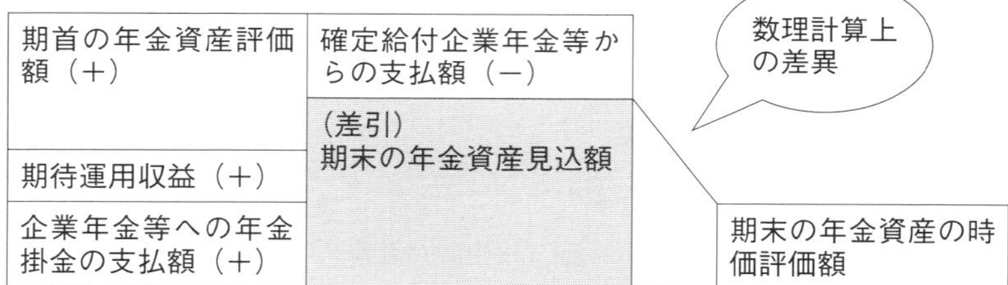

ニ．期末の退職給付引当金の計算

退職給付引当金は，期末の退職給付債務実績額に未認識過去勤務費用および未認識数理計算上の差異を加減した額から，年金資産の時価評価額を控除して計算する。

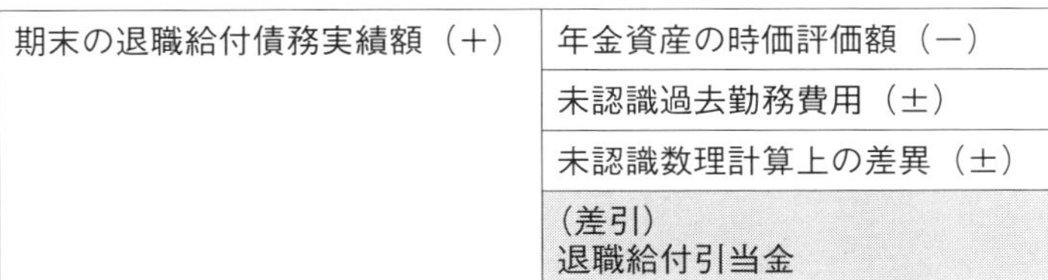

d．退職給付計算の設例

（設例2－4－5）一時金制度の場合

【問題】

当法人は，基準に定めのある退職給付引当金を計上すべく，退職一時金制度に関する計算委託先である年金数理の専門家から退職給付制度に係る会計上の諸数値を入手した。この結果をまとめると以下のようになる。

・当法人の従業員数は300名以上であり，退職金についての財源措置はされていない。

・数理計算上の差異は平均残存勤務期間内の一定年数で均等償却

・割引率は２％である。

退職給付引当金

	当期首	退職給付費用	退職金支払額	当期末予測	数理計算上の差異	当期末実際
退職給付債務	(10,000)	勤務費用 (500) 利息費用 (200)※1	支払額 200	(10,500)	(500)	(11,000)
未積立退職給付債務	(10,000)			(10,500)		(11,000)
未認識の過去勤務費用	0			0		0
未認識の数理計算上の差異	500	(50)		450	500	950
退職給付引当金	(9,500)	(750)	200	(10,050)	0	(10,050)

※１　期首退職給付債務10,000×割引率２％＝200

このときに必要な仕訳を作成しなさい。

【解答】

・退職給付引当金の計上

３月31日（決算日）

（借方）退職給付費用　750　（貸方）退職給付引当金　750

＊勤務費用500＋利息費用200＋未認識数理計算上の差異の償却額50＝750

・退職金の支払（７月１日に支払とする）

７月１日（支払日）

（借方）退職給付引当金　200　（貸方）現金預金　200

（設例２－４－６）年金制度の場合

【問題】

当法人は，基準に定めのある退職給付引当金を計上すべく，確定給付企業年金から退職給付制度に係る会計上の諸数値を入手した。この結果をまとめると以下のようになる。

・当法人の従業員数は300名以上であり，退職金についての財源措置はされていない。

・数理計算上の差異は平均残存勤務期間内の一定年数で均等償却

・割引率は２％，期待運用収益率は１％である。

退職給付引当金

	当期首	退職給付費用	退職金支払額	当期末予測	数理計算上の差異	当期末実際
退職給付債務	(10,000)	勤務費用 (500) 利息費用 (200)※1	支払額　200	(10,500)	(500)	(11,000)
年金資産	1,000	期待運用収益 10※2	支払額 (200) 掛金拠出額 300	1,110	(60)	1,050
未積立退職給付債務	(9,000)			(9,390)		(9,950)
未認識の過去勤務費用	0			0		0
未認識の数理計算上の差異	500	(50)		450	560	1,010
退職給付引当金	(8,500)	(740)	300	(8,940)	0	(8,940)

※1　期首退職給付債務10,000×割引率2％＝200
※2　期首年金資産　1,000×期待運用収益率1％＝10

このときに必要な仕訳を作成しなさい。

【解答】

・退職給付引当金の計上

3月31日（決算日）

（借方）退職給付費用　740　（貸方）退職給付引当金　740

＊勤務費用500＋利息費用200－期待運用収益10＋未認識数理計算上の差異の償却額50＝740

・掛金の支払（7月1日に支払とする）

7月1日（支払日）

（借方）退職給付引当金　300　（貸方）現金預金　300

（注）　上記設例のように，退職給付引当金について，まとめた表があれば仕訳自体は簡単である。しかし，たとえば確定給付企業年金から送られてくる年金計算結果は異なる表示方法のものが多いため，受け取った年金計算結果をもとにこの表を作成することが必要になる。

e．退職給付引当金見返を計上する場合

以下の場合には，「第17　引当金」2に基づき退職給付引当金見返および退職給付引当金見返に係る収益を計上する（基準第89第1項）。

一時金	財源措置が運営費交付金により行われることが，明らかにされている場合
年金	掛金に充てるべき財源措置が運営費交付金により行われることが，明らかにされている場合
	確定給付企業年金等に係る積立金に積立不足がある場合には，必要となる財源措置が運営費交付金により行われることが，明らかにされている場合

なお，上記に関しては，中期計画等で明らかにされていることが必要である。また，引当金の取崩し時には，退職給付引当金見返とそれに見合う運営費交付金債務とを相殺する（基準第81第7項）。

（設例2-4-7）

【問題】

前提条件は（設例2-4-6）と以下の条件を除き同様とする。

・当法人の従業員数は300名以上であり，確定給付企業年金等に係る掛金について財源措置が運営費交付金により行われることが，中期計画等または年度計画で明らかにされている。

このときに必要な仕訳を作成しなさい。

【解答】

・退職給付引当金の計上

3月31日（決算日）

（借方）	退職給付費用	740	（貸方）	退職給付引当金	740
	退職給付引当金見返	740		退職給付引当金見返に係る収益	740

・掛金について財源措置された運営費交付金が4月1日に入金

4月1日（入金日）

（借方）	現金預金	300	（貸方）	運営費交付金債務	300

・掛金の支払（7月1日に支払とする）

7月1日（支払日）

（借方）	退職給付引当金	300	（貸方）	現金預金	300
	運営費交付金債務	300		退職給付引当金見返	300

f．簡便法による計上

基準では，退職一時金に係る債務については，職員数が300人未満の場合は，期末要支給額を引き当てる簡便法が認められている。この300人未満の判断は，区分経理がある場合には勘定ごとになるが，1つの勘定でも300人以上である場合は，全勘定で原則処理が必要となる（Q38-2）。

また，基準第89第2項において，運営費交付金により財源措置されることが中期計画等または年度計画等で明らかな場合には，退職一時金に係る退職給付債務の見積額の計算にあたって，上記にかかわらず退職一時金の期末要支給額を引き当てる簡便法が認められている。

なお，年金債務については，簡便法は認められていない。以上をまとめると，下表のとおりとなる。

簡便法採用の可否

財源措置	制度	職員数300人以上	職員数300人未満
なし	一時金	不可	可
	年金	不可	不可
あり	一時金	可	可
	年金	不可	不可

g．令和元事業年度期首時点の会計処理

上記ｅ．は，平成30年９月改訂の会計基準で新たに定められた会計処理である。そのため，平成30年９月改訂の会計基準が適用される初年度である令和元事業年度においては，平成30事業年度以前に発生した退職給付に係る金額について，退職給付引当金および退職給付引当金見返の計上を行う必要がある（Q89-２）。

（設例２-４-８）

【問題】

前提条件は（設例２-４-６）と以下の条件を除き同様とする。

・当法人の従業員数は300名以上であり，確定給付企業年金等に係る掛金について財源措置が運営費交付金により行われることが，中期計画等または年度計画で明らかにされている。

・当事業年度は令和元事業年度である。

このときに必要な仕訳を作成しなさい。

【解答】

・令和元事業年度期首の会計処理

平成31年４月１日（期首時点）

（借方）	会計基準改訂に伴う退職給付費用（臨時損失）	8,500	（貸方）	退職給付引当金	8,500
	退職給付引当金見返	8,500		退職給付引当金見返に係る収益（臨時利益）	8,500

（※） 当期首の退職給付引当金の金額について，退職給付引当金および退職給付引当金見返を計上する。

・掛金について財源措置された運営費交付金が４月１日に入金

平成31年４月１日（入金日）

（借方）	現金預金	300	（貸方）	運営費交付金債務	300

・掛金の支払（令和元年７月１日に支払とする）

令和元年７月１日（支払時）

（借方）	退職給付引当金	300	（貸方）	現金預金	300
	運営費交付金債務	300		退職給付引当金見返	300

・退職給付引当金の計上

令和２年３月31日（決算日）

（借方）	退職給付費用	740	（貸方）	退職給付引当金	740
	退職給付引当金見返	740		退職給付引当金見返に係る収益	740

なお，会計基準改訂に伴う退職給付費用（臨時損失）や退職給付引当金見返に係る収益（臨時利益）の金額に重要性がある場合には，行政コスト計算書および損益計算書にその内容を注記することになる（Q17-３）。

具体的な注記の記載例は以下のとおりである。

（行政コスト計算書関係）

臨時損失のうち，8,500は会計基準改訂に伴う退職給付費用であり，平成30事業年度以前の発生分であります。

（損益計算書関係）

臨時損失に計上した会計基準改訂に伴う退職給付費用8,500は，平成30事業年度以前の発生分であります。

臨時利益に計上した退職給付引当金見返に係る収益8,500は，会計基準改訂に伴い期首に計上した退職給付引当金見返に係る収益であります。

h．退職等年金給付および退職共済年金等に係る共済組合への負担金の会計処理

平成27年10月から被用者年金制度が一元化され，公務員等の公的年金制度である退職共済年金のうち２階部分については厚生年金となり，３階部分である職域部分については廃止されている。あわせて，民間の企業年金に相当する新たな公務員等の３階部分の年金として退職等年金給付が創設されている。

当該退職等年金給付および退職共済年金等に係る共済組合への負担金（整理資源を除く）は，企業会計における確定給付制度および複数事業主制度の取扱いに類するものとして取り扱い，拠出時に費用として認識し，特別の引当金は計上しないこととされている（基準第94）。

⑤　その他引当金等

a．債務保証損失引当金

基準第30　債務保証の会計処理

1　独立行政法人が民間企業等の債務の保証を行っている場合は，債務保証の履行によって損失が生じると見込まれる額を保証債務損失引当金として計上しなければならない。

2　保証債務損失引当金の額は，主たる債務者の財政状態，担保価値の評価，プロジェクトの損益の見込，他の保証人の負担能力等を総合的に判断して見積もらなければならない。

3　決算日における債務保証の総額は注記しなければならない。また，保証債務の明細，増減，保証料収益との関係並びに保証債務損失引当金の増減を附属明細書において明らかにしなければならない。

民間企業などの債務の保証を行っている独立行政法人においては，当該債務保証の履行によって損失が生じる見込みが高く，かつ，その金額が合理的に計算できる場合には，先に述べた引当金の計上要件を満たすことから，引当金の計上が必要となる。

ただし，単に債務保証を行っている法人と，信用の供与を主たる業務としている法人とでは，その重要性に差があることから，後者については，基準第93

において具体的な会計処理方法が別に定められている。

b．法令に基づく引当金等

基準第92　法令に基づく引当金等

独立行政法人の業務のうち，特定の業務について法令により計上が要請されている引当金又は準備金については，法令に基づく引当金等として貸借対照表の負債の部に計上するものとする。

<注70>法令に基づく引当金について

1　法令に基づく引当金等の計上が認められるのは，法令の規定により強制的に徴収される納付金等を財源として，法令の規定による特定の事業を実施する場合等であって，当該強制徴収された資金を他の事業に使用することが認められないことが法令の規定により明らかな場合等の合理的な理由があり，独立行政法人の独自判断では意思決定が完結し得ない場合に限られる。

2　また，法令に基づく引当金等の引当て及び取崩しは客観的な基準によって行われる必要があり，恣意的な引当て及び取崩しは認められないことに留意する必要がある。

3　独立行政法人が行う業務の特殊性に起因するものであっても，独立行政法人の責任に帰すべき損益を調整すること等を目的とする引当金等の計上は認められない。

4　法令に基づく引当金等は，法令の規定に従って使用した額を収益に計上することとし，当該引当金等を直接減額する会計処理は行わないものとする。また，法令に基づく引当金等への繰入及び戻入収益は，臨時損益の区分に表示するものとする。

個々の業務の特性などから独立行政法人の責任の範囲外で実施される事業について，法令に基づく引当金等として計上が認められる場合がある。

ただし，先に述べた引当金としての要件を満たさないなど，その合理性が認め難いものに関しては，独立行政法人として安易な計上が認められるべきものではないため，基準注解において計上要件などを具体的に定めており，計上には十分な注意が必要となる。

c．責任準備金

基準第37　責任準備金の計上基準

1　保険事業又は共済事業等を運営する独立行政法人は，保険契約又は共済契約等に基づく将来における債務の履行に備えるため，責任準備金を積み立てなければならない。

2　責任準備金は，保険数理等に基づいた合理的な基準に従って積み立てなければならない。

＜注31＞責任準備金の積立ての基準について

責任準備金の積立ての基準は，独立行政法人が運営する保険事業又は共済事業等に係る将来給付見込額，予定運用利回り等のほか，想定されるリスクを適切に反映した合理的な基準として定めなければならない。

責任準備金とは，保険事業や共済事業などを運営する独立行政法人が，将来の保険金などの支払を確実に行うために，貸借対照表上の負債の部に積み立てる準備金のことをいう。保険事業などを実施する独立行政法人は，保険数理に基づき計算される適切な額の責任準備金を計算する必要がある。

⑷　資産除去債務

〈関連する基準等〉

〈基　準〉第15，16，20，39，56～58，61，62，69，70，72，73，79，91

〈注　解〉注15，36～38，43，49，52，69

〈Q＆A〉Q39-1，39-2，62-16，79-1，91-1～91-3

資産除去債務に関する会計基準（以下，ARO基準という）

資産除去債務に関する会計基準の適用指針（以下，ARO適用指針という）

①　資産除去債務に係る会計処理の概要

資産除去債務は，アスベストの撤去費用や土壌汚染処理費用等の将来の有形固定資産の除去時に不可避的に生じる支出額を当該除去義務の発生時に負債として計上すると同時に，有形固定資産の取得原価に加えたうえで減価償却を通じて資産の使用期間にわたって費用配分を行う考え方である。

② 資産除去債務とは

a．資産除去債務の定義

資産除去債務とは，有形固定資産(＊1)の取得，建設，開発または通常の使用(＊2)によって生じ，当該有形固定資産の除去(＊3)に関して法令または契約で要求される法律上の義務およびそれに準ずるもの(＊4)をいう（注36第1項)。

当該定義の該当有無の判断にあたっての主な留意点は次の表のとおりである。

定義に該当するか否かの主な留意点

	定義に該当する場合	定義に該当しない場合
(＊1) 有形固定資産の範囲	・資産として計上している有形固定資産。 ・建設仮勘定やリース資産（ARO基準23項)。	・除却済の有形固定資産やオペレーティングリース契約による資産。ただし，法令等による除去義務のあるPCB等の物質を個別に保管している場合には，将来の処理費用等を引当金計上の対象として検討する必要があるものと考えられる。
(＊2) 通常の使用	・有形固定資産を意図した目的のために正常に稼働させること。	・不適切な操業等の異常な原因によって発生した場合。ただし，この場合は減損基準の適用対象となるほか，引当金計上の対象となる余地もあるものと考えられる（ARO基準26項)。
(＊3) 有形固定資産の除去	・有形固定資産を用役提供から除外すること。 ・除去の具体的な態様としては，売却，廃棄，リサイクルその他の方法による処分等が含まれる（基準注36項)。	・一時的に用役提供から除外する場合。 ・転用や用途変更，使用中の環境修復，修繕等（有形固定資産を除外せず，使用を継続しているため)，遊休状態（基準注36項)。
(＊4) 法律上の義務およびそれに準ずるもの	・法令または契約で要求される法律上の義務および，当該義務とほぼ同等の不可避的な支出が義務付けられるもの（ARO基準28項)。	・有形固定資産の除去が法人の自発的な計画のみによって行われる場合（ARO基準28項)。

	・有形固定資産の除去そのものは義務でなくとも，有形固定資産を除去する際に当該有形固定資産に使用されている有害物質等を法律等の要求による特別の方法で除去するという義務も含まれる（注36第1項）。この場合に資産除去債務の計上の対象となるのは，当該有形固定資産の除去費用全体ではなく，有害物質の除却に直接関わる費用である（ARO基準29項）。	

b．資産除去債務の具体例

資産除去債務の定義に該当する法律上の義務およびそれに準ずるものの具体例としては，次の表のものが挙げられる。

建物の解体時等に法令で要求される義務

関連法令	義務の概要
土壌汚染対策法	土壌汚染状況の調査および汚染の除去等の措置
石綿障害予防規則	アスベストの含有調査および建物解体等にかかる一定の措置
建設工事に係る資材の再資源化等に関する法律	一定規模以上の解体，新築または増築工事等における分別解体および再資源化等

特定の物質の処理について法令で要求される義務

関連法令	義務の概要
ポリ塩化ビフェニル（PCB）廃棄物の適正な処理の推進に関する特別措置法	PCBを含む機器等（トランス，コンデンサ）の適正な保管，処分等
フロン回収・破壊法	フロンが充填されている機器（エアコン，冷蔵機器等）の廃棄時のフロン類の回収・破壊
放射性同位元素等による放射線障害の防止に関する法律	放射性同位元素を含む研究機器等の廃棄時の措置

契約上の義務

関連契約	義務の概要
借地権契約や，賃貸借契約における原状回復義務等	借地上に建設した建物等の除去義務や，賃借建物の原状回復義務

債務の履行を免れることがほぼ不可能であり，法令または契約で要求される法律上の義務とほぼ同等の不可避的な義務

関連文書等	義務の概要
過去の判例や行政当局の通達等	法律上の解釈により当事者間での清算が要請される債務 過去の判例や行政当局の通達等のうち，法律上の義務とほぼ同等の不可避的な支出が義務付けられるもの等

本会計基準の適用にあたっては，これらの資産除去債務を網羅的に把握する必要がある。そのため，関連法令の新規制定または改正があった場合，新たな有形固定資産の取得や賃借契約を締結した場合等には，新たな資産除去債務が発生していないか留意して検討する必要がある。

ただし，一般原則である重要性の原則は適用可能であり，利害関係者の独立行政法人の状況に関する判断を誤らせない限りにおいて，重要性の乏しいものについてまで把握することを目的としない簡便的な調査方法によることも認められると考えられる。

③　資産除去債務の会計処理

ａ．会計基準の考え方

将来の有形固定資産の除去のための債務に関する支出を有形固定資産の取得時にあらかじめ見積り，その割引現在価値を負債として計上するとともに，対応する除去費用等を有形固定資産の取得原価に算入し，資産の耐用年数にわたって費用処理することが求められている。このような会計処理（資産負債の両建処理）は，有形固定資産の取得に付随して生じる除去費用の未払の債務を負債として計上すると同時に，有形固定資産の除去時に不可避的に生じる支出額を付随費用と同様に取得原価に加えた上で費用配分を行う考え方である。

独立行政法人においても企業会計基準と同様の会計処理を行うことが必要と考えられる一方，当該除去費用等（除去費用と利息費用。以下同じ）の中には，対応する収益の獲得が予定されないものが存在することから，このようなものとして主務大臣により特定された除去費用等については，損益計算書の費用に計上せず，資本剰余金を減額する独立行政法人固有の会計処理が定められている（基準第91）。

b．基本的な会計処理

資産除去債務に該当する債務が存在する場合には，次のイ．～ヘ．までの手順で会計処理を行う。なお，主務大臣により特定された除去費用等に該当する場合の会計処理は次項c．で後述する。

資産除去債務の発生から除去までの会計処理

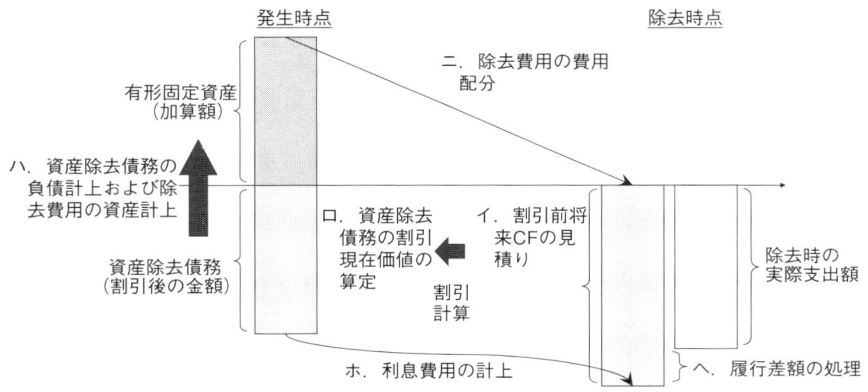

イ．割引前将来キャッシュ・フローの見積り

資産除去債務の発生時において，有形固定資産の除去に要する割引前の将来キャッシュ・フローを見積る（基準第39第２項）。

割引前の将来キャッシュ・フローは，合理的で説明可能な仮定および予測に基づく自己の支出見積りにより算定する。当該将来キャッシュ・フローには，有形固定資産の除去に係る作業のために直接要する支出のほか，処分に至るまでの支出（たとえば，保管や管理のための支出）も含める（ARO基準６項(1)）。

独立行政法人は，次の情報を基礎として割引前将来キャッシュ・フローを見積る（ARO適用指針３項）。

割引前キャッシュ・フローの見積りに用いる基礎情報

基礎情報	当該情報を用いることが考えられる状況
対象となる有形固定資産の除去に必要な平均的な処理作業に対する価格の見積り	法令等によりその平均的な処理作業が定められており，その工程が明確にされているため，ほぼ画一的に価格の見積りが可能な場合 （例：アスベスト，PCB）
対象となる有形固定資産を取得した際に，取引価額から控除された当該資産に係る除去費用の算定の基礎となった数値	有害物質等が含まれる固定資産を売買する場合で，法令に基づき売り手に告知義務が課され，売買金額から除去費用相当額が控除される場合（例：土壌汚染のある土地）
過去において類似の資産について発生した除去費用の実績	平均的な処理作業に要する価格は明らかでないが，過去において類似の資産または有害物質等について除去の実績がある場合 発生実績などに基づき，除去が予想される固定資産の面積等を見積り，過去の実績から算定された面積当たりの除去費用を乗じて見積ることが可能な場合 （例：アスベスト，事務所の原状回復費用）
当該有形固定資産への投資の意思決定を行う際に見積られた除去費用	当該有形固定資産への投資の意思決定を行う際に除去費用が見積られている場合
有形固定資産の除去に係る用役（除去サービス）を行う業者など第三者からの情報	上記の方法による見積りが困難であり，合理的で説明可能な仮定および予測を置くに際し，業者の見積りが必要と認めた場合（※ARO適用指針22によれば，必ずしも当該方法により第三者へ見積りを依頼することまでは求めず上記までの情報による自己見積りを認めている）

ロ．資産除去債務の割引現在価値の算定

イ．で見積った割引前将来キャッシュ・フローから，資産除去債務の発生時点における将来キャッシュ･フローの割引現在価値を算出する（基準第39第２項）。

将来キャッシュ・フローの割引現在価値は，以下の算式で求める。

$$割引現在価値 = \frac{将来キャッシュ・フロー見積額}{（１＋割引率）^{n（資産除去債務の履行までの期間）}}$$

なお，割引率は，将来キャッシュ・フローが発生すると予想される時点までの期間に対応する貨幣の時間価値を反映した無リスクの税引前の割引率を使用する（ARO基準6項）。具体的には，将来キャッシュ・フローが発生するまでの期間に対応した利付国債の流通利回りなどを参考に割引率を決定することとなる。

ハ．資産除去債務の負債計上および除去費用の資産計上

ロ．で算出した割引後キャッシュ・フローを資産除去債務として負債計上するとともに，当該負債の計上額と同額を関連する有形固定資産の帳簿価額に加える（基準第39第3項）。

（借方）有形固定資産	XXX	（貸方）資産除去債務	XXX

ニ．除去費用の費用配分

有形固定資産として計上された資産除去債務に対応する除去費用を，減価償却を通じて当該有形固定資産の残存耐用年数にわたり，各期に費用配分する（基準第39第3項）。費用配分額は，当該有形固定資産の減価償却費と同じ区分（※）に含めて計上する（注37第1項）。

（※）　同じ区分は業務費，一般管理費等の段階損益区分のこと。以下，同様である。

（借方）費用（減価償却費）	XXX	（貸方）減価償却累計額	XXX

なお，土地の原状回復等が法令または契約で要求されている場合の支出は，一般に当該土地に建てられている建物や構築物等の有形固定資産に関連する資産除去債務であると考えられる。このため，土地の原状回復費用等は，当該有形固定資産の減価償却を通じて費用配分される（ARO基準45項）。

ホ．利息費用の計上

期首の資産除去債務に基づき，期末までの時の経過により発生する計算上の利息を発生時に費用計上する（基準第39第4項）。当該利息費用は，当該資産除去債務に関連する有形固定資産の減価償却費と同じ区分に含めて計上する（注37第1項）。

（借方）費用（利息費用）	XXX	（貸方）資産除去債務	XXX

利息費用は，期首の資産除去債務の帳簿価額にイ．で算定した当初負債計上時の割引率を乗じて算定する。

利息費用＝資産除去債務の期首残高×当初負債計上時の割引率

ヘ．履行差額の処理

資産除去債務の履行時に認識される資産除去債務残高と資産除去債務の決済のために実際に支払われた額との差額（履行差額）は，原則としてニ．の除去費用の費用配分額と同じ区分に含めて計上する（注37第２項）。

（借方）	資産除去債務	XXX	（貸方）	現金預金	XXX
	費用(履行差額)	XXX			

c．特定の除去費用等に係る会計処理

イ．定義および会計基準の考え方

特定の除去費用等とは，資産除去債務に対応する除去費用等のうち，当該費用に対応する収益の獲得が予定されていないものとして主務大臣により特定された除去費用等をいう。

業務の財源を運営費交付金等に依存する独立行政法人においては，除去費用等の発生期間における当該費用については，通常は運営費交付金等の算定対象とはならず，また，運営費交付金等に基づく収益以外の収益によって充当することも必ずしも予定されていない。このような除去費用等については，各期間に対応させるべき収益が存在するものではなく，また，独立行政法人の運営責任という観点からも，その範囲外にあると考えることもできる（注69第１項）。

そのため，独立行政法人会計基準において次のとおり独立行政法人固有の会計処理を定めている。

ロ．毎期の処理

特定された除去費用等については，損益計算上の費用には計上せず，資本剰余金を減額する（基準第91）。その際の表示科目は以下のとおり区分する。

なお，「その他行政コスト」の計上に係る仕訳例においては，「その他行政コスト累計額」に係る勘定科目の後に「その他行政コスト」に係る勘定科目を括弧書きで記載している（Q20-２）。以降の設例についても同様である。

除去費用等	除去費用に係る減価償却の費用配分額	⇒	減価償却相当累計額（減価償却相当額）
	利息費用	⇒	利息費用相当累計額（利息費用相当額）

ハ．履行時の処理

当該特定された除去費用等は，資産除去の実行時において，その実際発生額を損益計算上の費用に計上する（注69第３項）。

また，資産除去の実行時までに計上した減価償却相当累計額および利息費用相当累計額を減少させる。行政コスト計算書においては，その他行政コストにてそれぞれ減価償却相当額および利息費用相当額の科目でマイナス計上する。この処理を行う理由は，資産除去の実行時にその実際の発生額を損益計算書の費用に計上すると，これまで行政コスト計算書に表示されていた資産除去コストの累計額が資産除去を実行した期の行政コスト計算書にも表示されてしまうことから，行政コスト計算書において当該累計額を調整し資産除去コストの重複認識を避ける必要があるためである。

（借方）	資産除去債務	XXX	（貸方）	減価償却相当累計額（減価償却相当額）	XXX
				利息費用相当累計額（利息費用相当額）	XXX
	除去費用	XXX		現金預金	XXX

ニ．除去費用等の特定にあたっての事務手続に関する留意点

特定の除去費用等の会計処理は，資産除去債務の負債計上時までに別途特定された除去費用等に限り行う（注69第１項）。

特定の除去費用等の該当要件としては，主務大臣が当該独立行政法人の財務構造等を勘案して，当該除去費用等の発生期間において当該費用に対応すべき収益の獲得が予定されていないものとして，個別に除去費用等を特定していることが必要である。したがって，基準第87に定める特定の資産および運営費交付金により取得した償却資産に係る資産除去債務に対応する除去費用等がただちに基準第91に定める特定の除去費用等に該当するということにはならない点に留意が必要である。なお，主務大臣による特定の手続等については，会計基

準第87が特定される資産の特定の手続に準ずることが適当と考えられる（Q91-1）。

（設例2-4-9）特定された除去費用等に関する会計処理

【問題】

以下の前提条件の場合における，(1)X1年4月1日の仕訳，(2)X2年3月31日の仕訳，および(3)X6年3月31日の仕訳（建物附属設備Aの除去および資産除去債務の履行時の仕訳のみ）を作成しなさい。

〈前提条件〉

・X1年4月1日に建物附属設備Aを現金10,000千円で購入し，使用を開始した。
・有形固定資産の取得財源は，施設費である。
・建物附属設備Aの耐用年数は5年であり，残存価額ゼロで定額法により減価償却を行っている。
・建物附属設備Aには使用後に除去する法的義務がある。建物附属設備Aを除去する際の支出見積りは1,000千円であった。
・なお，資産除去債務に対応する除去費用等は，対応する収益の獲得が予定されていないものとして主務大臣により特定されている。
・X6年3月31日に建物附属設備Aを使用終了に伴い実際に除去した。
・除去に係る支出は1,050千円であり財源は施設費であった。
・資産除去債務は取得時にのみ発生するものとし，割引率は3.0%とする。
・決算日は3月31日である。

【解答】（単位：千円）

(1) X1年4月1日

建物附属設備Aの取得と関連する資産除去債務の計上

（借方）建物附属設備	10,863	（貸方）現　　　　金	10,000
		資産除去債務(＊1)	863

（＊1） 将来キャッシュ・フロー見積額1,000 ／ $(1.03)^5$ ＝863

預り施設費の資本剰余金への振替

（借方）預り施設費	10,000	（貸方）資本剰余金	10,000

(2) X2年3月31日

時の経過による資産除去債務の増加

（借方）利息費用相当累計額 （利息費用相当額）	26	（貸方）資産除去債務(＊2)	26

（＊2）資産除去債務863×3.0％＝26

建物附属設備Aと資産計上した除去費用の減価償却

（借方）減価償却相当累計額 2,173（減価償却相当額）　（貸方）減価償却累計額(＊3) 2,173

（＊3）　建物附属設備Aの減価償却費10,000÷5年＋除去費用資産計上額863÷5年＝2,173

(3)　X6年3月31日

建物附属設備Aの除去および資産除去債務の履行

（借方）減価償却累計額	10,863	（貸方）建物附属設備	10,863
除去費用	1,050	現金預金	1,050
資産除去債務(＊5)	1,000	利息費用相当累計額（利息費用相当額）(＊6)	137
		減価償却相当累計額（減価償却相当額）(＊7)	863
除売却差額相当累計額(＊4)	10,000	減価償却相当累計額	10,000

（＊4）陳腐化等のために除却処分する場合を想定（Q31-5参照）

（＊5）X1年度に計上した資産除去債務867＋1年度～X5年度に計上した利息費用137＝1,000

（＊6）利息費用相当額累計額　26＋27＋27＋28＋29＝137

（＊7）資産除去に係る減価償却相当累計額＝除去費用資産計上額

財源として措置された預り施設費の振替え（収益化）

（借方）預り施設費　1,050　（貸方）施設費収益　1,050

参考：〈資産除去債務の残高の推移〉

	期首残高	利息費用(＊8)	期末残高
×2年3月31日	863	26	889
×3年3月31日	889	27	916
×4年3月31日	916	27	943
×5年3月31日	943	28	971
×6年3月31日（履行前）	971	29	1,000

（＊8）期首残高×3％

d．割引前将来キャッシュ・フローに重要な見積りの変更が生じた場合

資産除去債務計上後に生じた状況の変化等により，割引前の将来キャッシュ・フローの見積りに重要な変更が生じる場合がある。たとえば，当初は平均的な処理作業に対する価格の見積りや，過去の実績を基礎として見積っていたが，新たに外部業者から個別に見積りを入手した場合などである。

このような場合，資産除去債務の帳簿価額を変更後の見積額に基づき調整する必要があり，同時に関連する有形固定資産の帳簿価額を加減することにより処理する。

また，資産除去債務が法令の改正等により新たに発生した場合も，見積りの変更と同様に取り扱う（ARO基準10項）。

なお，見積変更後の将来キャッシュ・フローの増減部分を現在価値に割り引く際に用いる割引率が，当該キャッシュ・フローが当初見積額と比べて増加する場合と減少する場合とで異なるため注意が必要である。

当初見積額＜変更後の見積額　⇒　見積変更時点の割引率

当初見積額＞変更後の見積額　⇒　当初負債計上時の割引率（※）

※　過去に当初見積額〈変更後の見積額となる見積りの変更が生じ，複数の割引率で計算されている資産除去債務であり，減少部分に適用すべき割引率を特定できないときは，加重平均した割引率を適用する。

e．将来キャッシュ・フローまたは履行時期を合理的に見積ることができない場合

資産除去債務の発生時に，当該債務の金額を合理的に見積ることができない場合には，これを計上せず，当該債務額を合理的に見積ることができるようになった時点で負債として計上する（基準第39第１項）。

具体的には，以下のような場合が想定される。

・有形固定資産の除去の方法が明確にならないことなどにより，割引前将来キャッシュ・フローの見積金額が不明な場合 ・債務の履行時期が不明な場合

ここで，合理的に見積ることができない場合とは，決算日現在入手可能なす

べての証拠を勘案し，最善の見積りを行ってもなお，合理的に金額を算定できない場合をいう（ARO適用指針２項）。したがって，安易に見積ることができないと判断しないよう留意が必要である。

なお，資産除去債務の発生時にその債務額を合理的に見積ることができないため，貸借対照表に資産除去債務を計上していない場合には，当該資産除去債務の概要，合理的に見積ることができない旨およびその理由を注記することとされている。詳細は次の④の解説を参照。

④　資産除去債務の開示

資産除去債務に係る開示は以下のとおりである。

ａ．貸借対照表

資産除去債務は，貸借対照表日後１年以内にその履行が見込まれる場合を除き，固定負債の区分に表示する。貸借対照表日後１年以内に資産除去債務の履行が見込まれる場合には，流動負債の区分に表示する（基準第15，16）。

ｂ．損益計算書

資産計上された資産除去債務に対応する除去費用に係る費用配分額および時の経過による資産除去債務の調整額（利息費用）は，当該資産除去債務に関連する有形固定資産の減価償却費と同じ区分（業務費，一般管理費）に含めて計上する（注37第１項）。

また，資産除去債務の履行時に認識される資産除去債務残高と資産除去債務の決済のために実際に支払われた額との差額は，原則として，当該資産除去債務に対応する除去費用に係る費用配分額と同じ区分に含めて計上する（注37第２項）。なお，資産除去債務残高よりも実際の支払額が少額な場合は収益ではなく，費用のマイナスとして計上する。

ただし，当初の除去予定時期よりも著しく早期に除去することとなった場合等，当該差額が異常な原因により生じたものである場合には，臨時損益として処理することが適切な場合もあると考えられる（ARO基準58項参照）。

c．純資産変動計算書

基準91が適用される特定の除去費用等として処理されている減価償却相当累計額および利息費用相当累計額は，資本剰余金のその他行政コスト累計額に含まれることから，当該計算書の開示対象となる。詳細は本書の第５章「純資産変動計算書」を参照のこと。

d．キャッシュ・フロー計算書

資産除去債務の履行による支出は投資活動によるキャッシュ・フローの区分に記載する（基準第70，注49第１項）。

また，重要な資産除去債務を計上した場合には，重要な非資金取引としてキャッシュ・フロー計算書に注記する（注52）。

e．行政コスト計算書

基準第91が適用される特定の除去費用等として処理されている減価償却相当額および利息費用相当額は，その他行政コストを構成することから，行政コスト計算書に表示されることとなる（基準第60第２項）。

また，機会費用の算定において政府出資金および地方公共団体出資金の合計額から「基準第91　資産除去債務に係る特定の除去費用等の会計処理」による減価償却相当累計額および利息費用相当累計額を控除する必要がある（注43）。

資産除去債務の履行時には，除去時までに計上した減価償却相当累計額および利息費用相当累計額を，その他行政コストにてそれぞれ減価償却相当額および利息費用相当額の科目でマイナス表示する必要がある（注69第３項）。

f．注　　記

資産除去債務の会計処理に関連して，以下の事項を注記することが求められている（注38）。

- ・資産除去債務の内容についての簡潔な説明
- ・支出発生までの見込期間，適用した割引率等の前提条件
- ・資産除去債務の総額の期中における増減内容
- ・資産除去債務の見積りを変更したときは，その変更の概要および影響額

・資産除去債務は発生しているが，その債務を合理的に見積ることができないため，貸借対照表に資産除去債務を計上していない場合には，当該資産除去債務の概要，合理的に見積ることができない旨およびその理由

資産除去債務の注記例は次のとおりである。

> １．当該資産除去債務の概要
>
> 本部事務所土地の不動産賃借契約に伴う原状回復義務等です。
>
> ２．当該資産除去債務の金額の算定方法
>
> 使用見込期間は取得から××年と見積り，割引率は××％を採用して資産除去債務の金額を算定しています。
>
> ３．当該資産除去債務の総額の増減
>
> 当事業年度において，資産の除去時点において必要とされる除去費用が，固定資産取得時における見積額を大幅に超過する見込みであることが明らかになったことから，見積額の変更を行い，変更前の資産除去債務残高に××円加算しています。資産除去債務の残高の推移は次のとおりです。
>
> | | |
> |---|---|
> | 期首残高 | ××円 |
> | 時の経過による調整額 | ××円 |
> | 見積りの変更による増加額 | ××円 |
> | 期末残高 | ××円 |

また，合理的な見積りができないため資産除去債務を計上していない場合の注記例は次のとおりである。

> 当法人は，本部事務所の不動産賃借契約に基づき，退去時における原状回復に係る債務を有していますが，当該債務に関連する賃借資産の使用期間が明確でなく，将来本部事務所を移転する予定もないことから，資産除去債務を合理的に見積ることができないため，当該債務に見合う資産除去債務を計上しておりません。

ｇ．附属明細書

貸借対照表に計上されている資産除去債務について，当該資産除去債務に係る法的規制等の種類ごとに記載する資産除去債務の明細を作成する必要がある（Q79-１）。

また，『固定資産の取得，処分，減価償却費及び減損損失累計額の明細』は，

減価償却費が費用に計上される有形固定資産と会計基準第91の規定により減価償却費相当額がその他行政コストに計上される有形固定資産各々について記載する必要がある。詳細については，本書第８章[2]「附属明細書」を参照のこと。

[5] 純資産

〈関連する基準等〉

〈基　準〉第18，19，47，57，68，69
〈注　解〉注11～13，43，46
〈Q＆A〉Q19-1，19-2

(1) 純資産とは

独立行政法人会計基準における純資産は，基準第18第１項において，以下の２つの項目から構成されるものと定義されており，独立行政法人における資産と負債との差額に相当するものである。

① 独立行政法人の業務を確実に実施するために拠出された会計上の財産的基礎

② 独立行政法人の業務に関連し発生した剰余金

また，基準第18第２項および同第19において，当該純資産は，以下の３つに分類され，おのおのの定義および具体的な内容は，以下のとおりである。

純資産の分類

純資産の分類	各純資産の分類の定義	具体的な内容
資本金	独立行政法人に対する出資を財源とする払込資本に相当するもの （基準第19第１項）	払込資本には，金銭を拠出する「金銭出資」や金銭以外の財産を拠出する「現物出資」があげられる
資本剰余金	独立行政法人の会計上の財産的基礎であって，贈与資本および評価替資本を含む （基準第19第２項）	贈与資本： 財産を無償で贈与する場合の贈与金額 評価替資本： 貨幣価値の変動などに応じ資産などの評価替えを行った場合の当該評価前と評価後の金額の差額

利益剰余金	独立行政法人の業務に関連し発生した剰余金であって，稼得資本に相当するもの（基準第19第３項）	毎年度の事業運営の結果である損益を積み上げたもの

以上により，このような純資産には，基準第５における「資本取引」と「損益取引」が混在しているため，当該純資産の分類（３つの分類）と上記純資産の定義（２つの項目），さらには，基準第５（資本取引・損益取引区分の原則）との関係を正しく理解することが重要となる。

(2)　資本剰余金とは

上記(1)において説明した純資産の３分類のうち，資本剰余金は，会計処理の取扱いに関し，多少複雑な面があり，注意が必要である。

具体的には，資本剰余金が計上される場合は，以下の２つが想定されている（注12，13）。

①　独立行政法人において取得した固定資産が，当該取得にかかる原資拠出者の意図や取得資産の内容などを勘案し，当該法人の会計上の財産的基礎を構成すると認められる場合（注12第１項）。具体的なケースが，注12第２項において５項目列挙されており，まとめると下表のようになる。

注12第２項の番号	取得財源	取得資産
(1)	国からの施設費	非償却資産または「第87　特定の資産の減価に係る費用相当額の会計処理」を行う償却資産
(2)	国または地方公共団体からの補助金など	非償却資産（注）
(3)	中期計画等に定める「剰余金の使途」	固定資産
(4)	中期計画等の想定の範囲内での運営費交付金	非償却資産（注）
(5)	中期計画等の想定の範囲内での寄附金	非償却資産（寄附者の意図ないし独立行政法人があらかじめ特定した使途に準拠）（注）

（注）　仮に償却資産を取得した場合には，「資本剰余金」ではなく，「資産見返補助金等」

などの負債勘定に計上することになる（注12第３項）。

② 中期計画等において，独立行政法人の財産的基礎に充てる目的で民間からの出えんを募ることが明らかにされている場合で，当該計画に従って出えんを募った場合（注13）。

(3) 固定資産の取得と財源別の貸方科目

Q19-１において，上記の表に掲げた以外の取得財源を含め，固定資産を取得した場合における会計処理（受入資産の相手科目）が以下のように整理されている。

取得財源別の会計処理

取得財源	貸方科目	
	非償却資産の場合	償却資産の場合
出資 （現物出資も含む）	資本金	資本金
施設費	資本剰余金	資本剰余金 （会計基準第87第１項適用の場合）
目的積立金	資本剰余金	資本剰余金
運営費交付金	資本剰余金 （中期計画の想定の範囲内）	資産見返
補助金等	資本剰余金	資産見返
国からの譲与	資本剰余金	資産見返
使途特定寄附金	資本剰余金 （中期計画の想定の範囲内）	資産見返
使途不特定寄附金	受入時に収益（受贈益）計上	
使途特定寄付財産	資本剰余金	資産見返
使途不特定寄付財産	受入時に収益（受贈益）計上	
自己収入	受入時に収益計上	

詳しい会計処理については，第４章「独立行政法人固有の処理」を参照のこと。

なお，平成30年９月改訂基準では，新たに純資産変動計算書の作成が必要とされている。詳細については，第５章「純資産変動計算書」にて説明する。

第3章

損益計算書

1 損益計算書の目的と表示

〈関連する基準等〉

〈基　準〉	第21～23，40，41，46，63～67
〈注　解〉	注16，17，44，45
〈Q＆A〉	Q21-1，23-1，46-1，66-1～66-5，67-1，86-1

(1) 独立行政法人における損益計算の目的

基準第46　損益計算書の作成目的

1　損益計算書は，独立行政法人の運営状況を明らかにするため，一会計期間に属する独立行政法人のすべての費用とこれに対応するすべての収益とを記載して当期純利益を表示しなければならない。

2　損益計算書は，損益の状況を表すとともに，通則法第44条にいう利益又は損失を確定するため，当期純利益に必要な項目を加減して，当期総利益を表示しなければならない。

独立行政法人制度における最大の特徴として，有効なPDCAサイクルの機能と経営効率化のインセンティブ導入が挙げられる。

明確な目標を定め，その業務を遂行し，事後評価を受けてその結果を業務運営にフィードバックさせるために，独立行政法人の運営状況を計るものさしとしての損益計算が必要となる。また，損益計算を行った結果として生じた利益のうち，経営努力によると主務大臣に認定された額は，目的積立金として積み立て，中期計画等に記載した使途に使用することができることにより，経営効率化へのインセンティブが働くこととなる。

基準における損益計算書の作成目的は，このような独立行政法人制度の特徴を踏まえて定められている。

(2) 費用収益対応の原則，発生主義の原則，実現主義の原則

基準第65　費用収益対応の原則

費用及び収益は，その発生源泉に従って明瞭に分類し，各費用項目とそれに関連する収益項目とを損益計算書に対応表示しなければならない。

基準第41　発生主義の原則

1　独立行政法人に発生したすべての費用及び収益は，その支出及び収入に基づいて計上し，その発生した期間に正しく割り当てられるように処理しなければならない。

2　なお，未実現収益は，原則として，当期の損益計算に計上してはならない。

基準第86　サービスの提供等による収益の会計基準

独立行政法人がそのサービスの提供等により得た収入については，これを実現主義の原則に従い，各期の収益として計上する。

費用収益対応の原則は，民間企業，独立行政法人を問わず，適正な損益計算を行ううえでの重要な基本原則である。また，一定期間の損益計算を適正に行うには，費用および収益をいずれの期間に計上すべきか，その認識基準が明らかにされる必要がある。

費用については，発生の事実に基づいて費用を認識すべきとする「発生主義」の考え方に基づいて計上される。この考え方によると，費用の発生時点と現金収支の時点とにズレが生じた場合には，経過勘定や引当金が計上されることとなる。

一方，収益は「実現主義」の考え方に基づいて計上される。ここでいう実現

とは，①財貨を引き渡しまたは役務を提供し，②それと引き換えに流動性ある対価を獲得することを指すとされる（Q86-１）。この考え方によれば，財または役務の対価が確定した時点で収益が認識されることとなるため，客観的かつ確実性の高い金額を収益として計上することができる。

(3)　独立行政法人における損益計算書の表示

基準第63　表示区分

損益計算書には，経常損益計算及び純損益計算の区分を設けなければならない。

基準第64　総額主義の原則

費用及び収益は，総額によって記載することを原則とし，費用の項目と収益の項目とを直接に相殺することによってその全部又は一部を損益計算書から除去してはならない。

基準第66　損益計算書科目の分類及び表示科目

1　経常損益計算の区分は，当該独立行政法人の業務活動から生じた費用及び収益を記載して，経常利益を計算する。

2　純損益計算の区分は，経常損益計算の結果を受けて，固定資産売却損益，減損損失，災害損失等の臨時損益を記載し，当期純利益を計算する。（注44）（注45）

3　純損益計算の結果を受けて，目的積立金取崩額等を記載し，当期総利益を計算する。

4　業務費及び一般管理費については，これらを構成する費用の内容に応じて区分し，それぞれにその内容を表す適切な名称を付して表示するものとする。

5　運営費交付金収益は，「第81　運営費交付金の会計処理」による会計処理を行った結果，当期の収益として認識された額を表示する。

6　受託収入，手数料収入，売上高等については，実現主義の原則に従い，サービスの提供又は商品等の販売によって実現したもののみをそれぞれ適切な名称を付して表示する。

7　補助金等収益は，「第83　補助金等の会計処理」による会計処理を行った結果，当期の収益として認識された額を表示する。

8　寄附金収益は，「第85　寄附金の会計処理」による会計処理を行った結果，当期の収益として認識された額を表示する。

＜注44＞臨時損益項目について

臨時損益に属する項目であっても，金額の僅少なもの又は毎期経常的に発生するものは，経常損益計算に含めることができる。

＜注45＞当期純利益の計算について

独立行政法人において，法人税等の納付義務が発生する場合又は「第35　法人税等の期間配分に係る会計処理」による会計処理を行う場合には，経常損益計算の結果を受けて臨時損失及び臨時利益を記載して税引前当期純利益を示し，これに法人税，住民税及び事業税の額並びに法人税等調整額を加減して当期純利益を示すものとする。

企業会計における損益計算書は，①営業損益計算，②経常損益計算，③純損益計算という3つの区分により構成される（企業会計原則第二（損益計算書原則）2）。一方，独立行政法人会計では，原則として独立採算とせず，国からの財源措置がなされることから，営業損益を計算する必要性が小さいと考えられるため，損益計算書は，①経常損益計算，②純損益計算という2つの区分により構成される。このような区分を設けるのは，独立行政法人本来の業務により発生した損益情報と，臨時的な事象により発生した損益を含む包括的な損益情報とをそれぞれ明確化することで，独立行政法人の運営状況を的確に把握するためのより有用な情報が提供できるためである。

また，損益計算書の構造として，企業会計では収益の次に費用という順に記載するが，独立行政法人では費用の次に収益という順で記載する。民間企業は，利益の最大化を目的とする組織体であることから，まず経営活動の成果たる収益を表示し，それに要した費用を対応表示させるという考え方に基づいている。一方で，独立行政法人は，国民が必要とするさまざまな行政サービスを提供することを目的としていることから，先に行政活動に要した費用を表示し，それを補てんする財源として運営費交付金等の収益を対応表示させるという考え方に基づいているため，このような損益計算書上の構造の違いが生じている。

さらに，これは企業会計と独立行政法人会計とで同様であるが，費用と収益は「総額主義の原則」に従って表示することとされており，原則として費用と収益の相殺表示は認められていない。この原則は，独立行政法人の業務運営の規模について，財務諸表利用者に誤解を与えないようにすることを趣旨としている。

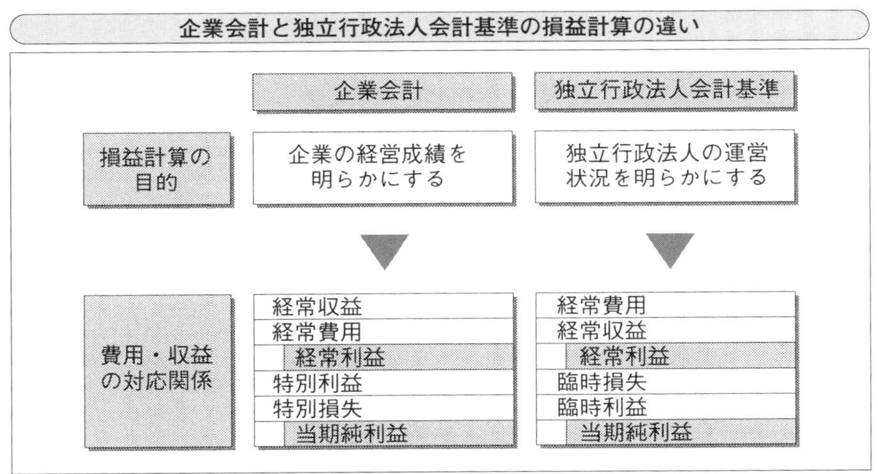

損益計算書の標準的な様式（基準第67）

損益計算書
（令和○○年４月１日～令和○○年３月31日）

経常費用			
（何）業務費			
・・・	×××		
減価償却費	×××		
貸倒引当金繰入	×××		
（何）引当金繰入	×××		
・・・	×××	×××	
一般管理費			
・・・	×××		
減価償却費	×××		
・・・	×××	×××	
財務費用			
支払利息	×××		
債券発行費	×××		
・・・	×××	×××	
雑損		×××	
経常費用合計			×××
経常収益			
運営費交付金収益		×××	
（何）手数料収入		×××	
（何）入場料収入		×××	
受託収入		×××	
補助金等収益		×××	
財源措置予定額収益		×××	
寄附金収益		×××	
賞与引当金見返に係る収益		×××	
退職給付引当金見返に係る収益		×××	
財務収益			
受取利息	×××		
・・・	×××	×××	
雑益		×××	
経常収益合計			×××
経常利益			×××
臨時損失			
固定資産除却損		×××	
減損損失		×××	
・・・		×××	×××
臨時利益			
固定資産売却益		×××	
（何）引当金戻入益		×××	
・・・		×××	×××
税引前当期純利益			×××
法人税，住民税及び事業税		×××	
法人税等調整額		×××	×××
当期純利益			×××
目的積立金取崩額			×××
当期総利益			×××

2 経過勘定項目

〈関連する基準等〉

〈基　準〉第９
〈注　解〉注９
〈Q＆A〉Q９-３

経過勘定項目とは，継続的な役務提供契約に基づいて，時の経過に伴って費消または提供される役務に関連して発生する貸借対照表科目をいう。

これは，会計期間に発生した損益は，すべて会計期間の損益として計上しなければならないとする発生主義のもとで，費用または収益を過切に期間配分する処理を行う際に使用される項目である。経過勘定項目は，その性格から貸借対照表に資産として計上される前払費用，未収収益と負債として計上される未払費用，前受収益に分類され，注９において定義されている。

(1) 前払費用

借入金利息，保険料，事務所の賃借料などの時の経過に伴って発生する費用について，翌期以降に役務の提供を受ける分を当期に支払った場合，その分の費用を繰り延べる処理が必要となる。このような費用の繰延を行うために用いられる貸借対照表の資産科目が前払費用である。

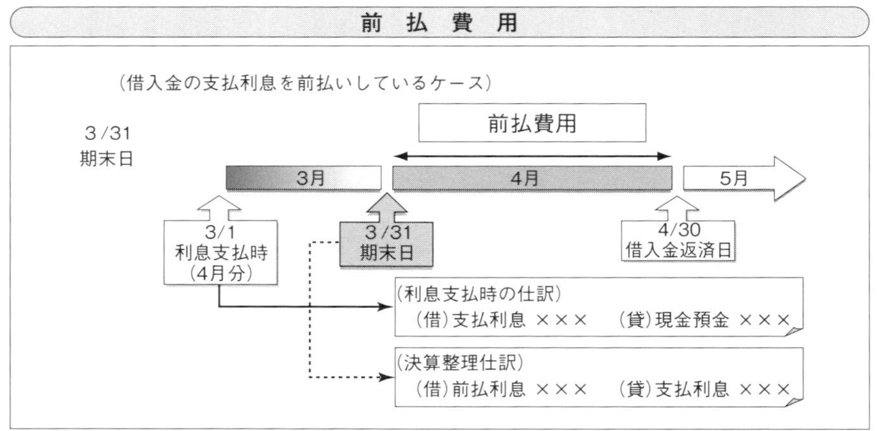

(2) 前受収益

賃貸用不動産の受取家賃など，継続した役務の提供により生ずべき収益で，いまだ提供していない役務に対して支払を受けた場合，前受収益という貸借対照表の負債科目を用いて，翌期以降の収益となるべき部分を繰り延べなければならない。

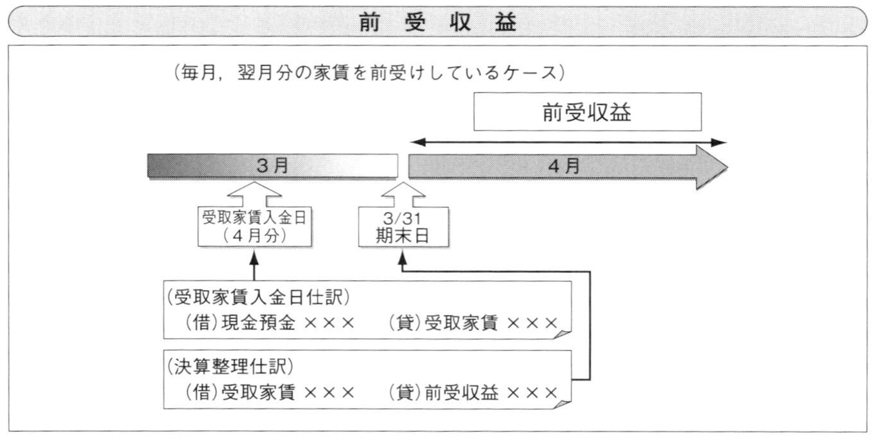

⑶　未払費用

水道光熱費など，継続した役務の提供により発生する費用で，すでに提供された役務に対していまだ対価の支払が終わらないものについては，未払費用という貸借対照表の負債科目を用いて，当期の費用として計上する。

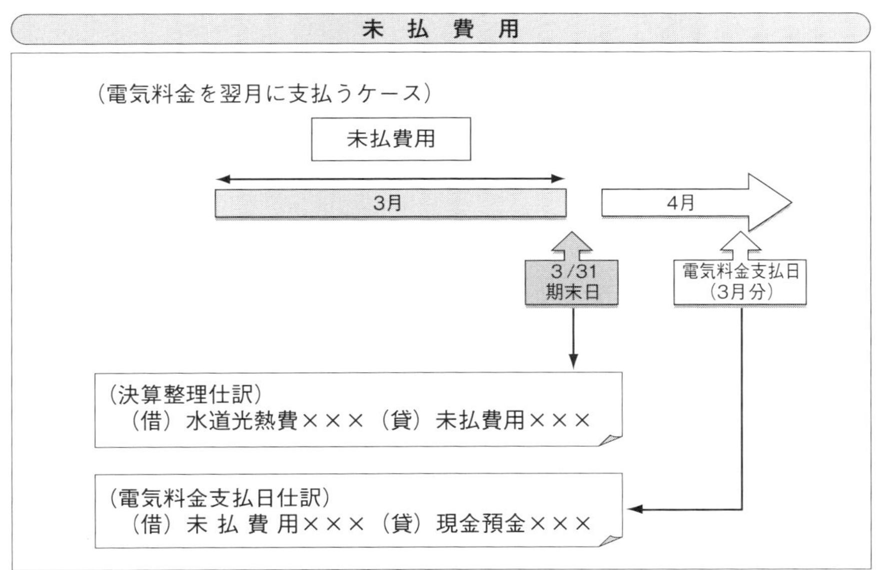

⑷　未収収益

貸付金や有価証券に係る受取利息など時の経過に伴って発生する収益について，すでに収益は発生しているが，実際の入金が翌期になる場合，発生主義に基づいて当期分の収益を計上する必要がある。このような収益の見越し計上を行うために用いられる貸借対照表資産科目が未収収益である。

未 収 収 益

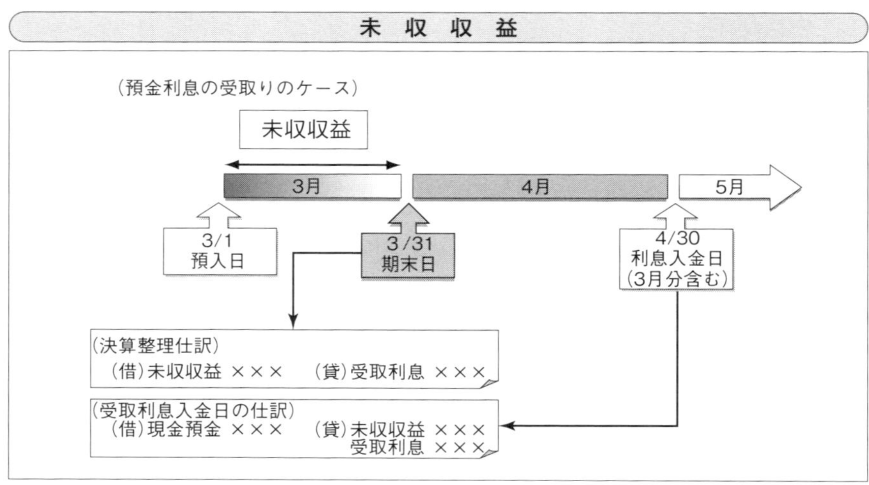

（預金利息の受取りのケース）
未収収益
3月
4月
5月
3/1
預入日
3/31
期末日
4/30
利息入金日
（3月分含む）
（決算整理仕訳）
（借）未収収益 ×××　（貸）受取利息 ×××
（受取利息入金日の仕訳）
（借）現金預金 ×××　（貸）未収収益 ×××
受取利息 ×××

コラム

『30秒でわかる「原価計算」』

原価計算とは，モノを作るのにかかった費用を集計することである。

製造を行っている独立行政法人等においては，モノを作る費用（原材料や製造部門の人件費，外注費など）と管理部門の費用（本部の人件費や水道光熱費など）を区分し，それぞれにかかった費用を集計する必要がある。そして，モノを作る費用を，収益に対応する原価（売上原価）と期末在庫に対応する原価に配分を行う。つまり，原価計算を適切に行うことは，正確な利益の算定という損益計算書につながる側面と，正確な棚卸資産の価値の算定という貸借対照表作成につながる側面があるといえる。

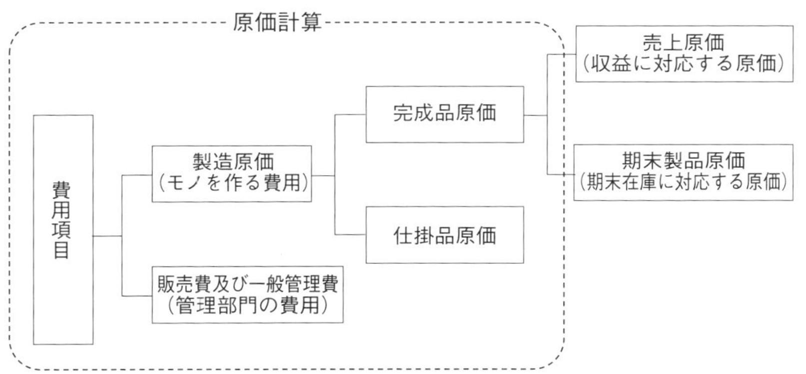

独立行政法人等は，一般に公正妥当と認められた原価計算の基準に従うことが求められている。原価計算の方法を定めた基準は，昭和37年に当時の大蔵省企業会計審議会が公表した「原価計算基準」があるのみであり，一般に公正妥当と認められた原価計算の基準とは，この「原価計算基準」を指すことになる。「原価計算基準」は，企業における原価計算の慣行のうちから要約して設定されたものとされており，詳細な方法が定められているわけではない。そのため，実際に原価計算を行う場合には，「原価計算基準」をベースとして法人ごとに詳細な手順を定めることが必要となる。

コラム

『30秒でわかる「税効果会計」』

法人税等の税務申告は，会計上の利益をもとに必要な税務調整を行って課税所得を計算する。そのうえで，一定の税率を乗じることにより，納付すべき法人税等が計算される。ここで計算された法人税等はあくまで税務上の課税所得に基づくものであり，会計上の利益とは対応していない。そこで，税金費用を会計上の利益に対応させるために，期間配分する会計処理方法を税効果会計という。

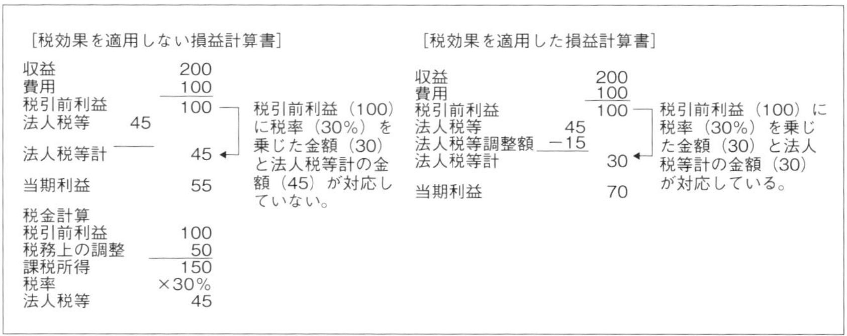

税効果会計の適用法人は，課税所得計算上の所得に基づき法人税等を納付している法人のみとなり，独立行政法人のなかでも法人税法で定められている非課税法人に対しては適用されない。

税効果会計は，将来の課税所得の発生見込みによって，処理金額が異なるため，課税所得の発生見込みの見積りが重要となる。

なお，税効果会計に係る資産・負債の表示科目は，平成30年９月の独立行政法人会計基準の改訂により，資産は，繰延税金資産として固定資産の投資その他の資産に，負債は，繰延税金負債として固定負債に表示することとされている。

第4章

独立行政法人固有の会計処理

独立行政法人がその業務実施の結果として自ら得た収入（受託収入，手数料収入，売上高など）を財源とする場合には，通常の企業会計と同様の会計処理のみでよく，独立行政法人固有の会計処理は必要ない。しかし実際には，独立行政法人は，主に国からさまざまな形で業務運営に必要な資金の交付を受けている。そのなかには，運営費交付金のような，使途の内訳が事前には特定されないものもあれば，施設整備費補助金のように，事前に使途が特定されているものもある。これらの各種財源の性質により，たとえば購入した固定資産が独立行政法人の会計上の財産的基礎となるか否かが，取得財源の拠出者の意図次第で異なってくる。

また，独立行政法人における損益計算は，単に損益の状況を明らかにすることのみを目的とするのではなく，インセンティブを与える仕組みに基づく独立行政法人の経営努力を反映する利益情報を提供することも目的としており（基本的な指針3.2），分配可能利益や経営成績を明らかにすることを目的とする民間企業会計の損益計算とは目的が異なっている。

これらの点を反映させるための会計処理を定める必要があることから，独立行政法人会計においては，基準上で別途「独立行政法人固有の会計処理」の章が設けられている。

1 運営費交付金

〈関連する基準等〉

〈基　準〉第81
〈注　解〉注60，注61
〈Q＆A〉Q31-5，31-5-2，81-1～81-34

(1) 財源としての運営費交付金

運営費交付金は，独立行政法人の事業の運営のために国から支給される財源をいう。これは，いわば「渡し切りの交付金」として措置するものであり，「使途の内訳は特定しない」取扱いを受け，「その執行に当たり，国の事前の関与を受けることなく予定の使途以外の使途に充てることができる」という独立行政法人の弾力的な業務運営を財務面から支える重要な財源である（「中央省庁等改革の推進に関する方針」Ⅲ21．財源措置(3)参照）。

(2) 会計処理の概要

運営費交付金の会計処理について，以下の流れに沿って説明する。

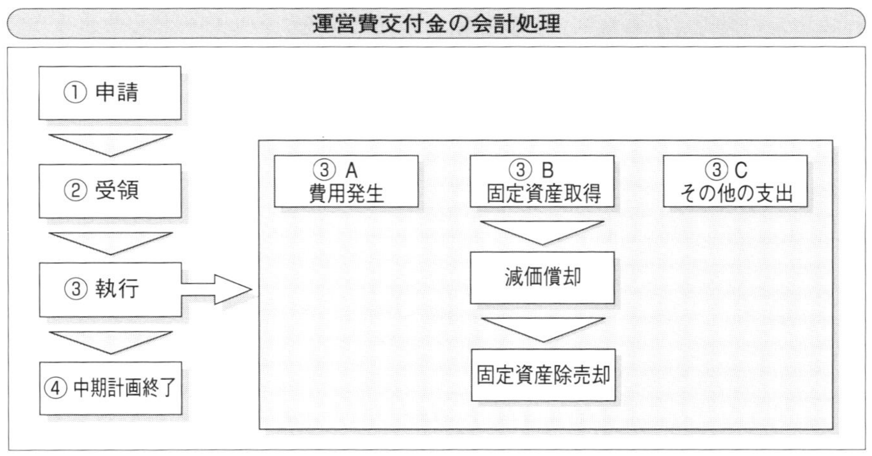

①　申請時の処理

申請段階では未だ入金の事実がないため会計処理は行わない。また，入金が行われていない段階で，運営費交付金を未収計上することは認められない（Q81-2）。

②　受領時の処理

運営費交付金を受領した時点では，通常はそれを財源とする業務がなされていないため，運営費交付金がすでに実施された業務の財源を補てんするために交付されたことが明らかといえる場合を除いて収益化を行わない。

しかし，入金を受けた事実についてはこれを認識する必要があるため，現金預金の相手科目として運営費交付金債務（流動負債）を計上する。これは入金の事実を認識するとともに，国から一定の交付を受けた独立行政法人が，それを財源として一定の業務を履行する義務を将来において負っていることを表現するものである。

（設例４－１－１）

【問題】 運営費交付金として15,000千円が振り込まれた。
【解答】（単位：千円）

（借方）		（貸方）	
現　金　預　金	15,000	運営費交付金債務	15,000

なお，運営費交付金がすでに実施された業務の財源を補てんするために交付されたことが明らかといえる場合には，入金時に運営費交付金を収益として計上する。

（借方）		（貸方）	
現　金　預　金	×××	運営費交付金収益	×××

③　執行時の処理

A　費用発生時の処理

a．総　　論

受領時に流動負債として計上した運営費交付金債務は，中期目標等の期間中，業務の進行に応じて収益化を行う。これは，受領時に一定の業務を履行する義務として認識した運営費交付金債務が，業務の進行に伴って履行されていくことを表現したものである。

(借方) 費　　　　用	×××	(貸方) 現　金　預　金	×××
運営費交付金債務	△△△	運営費交付金収益	△△△

b．収益化の具体的方法

運営費交付金の収益化の具体的な方法として，基準は「業務達成基準」，「期間進行基準」，「費用進行基準」を設けているが，このうち「業務達成基準」により収益化を行うことが原則である。「期間進行基準」は管理部門の活動に限り，「費用進行基準」は業務と運営費交付金との対応関係が示されない場合に限り，それぞれ適用することが認められている。

また，これらの方法は，それぞれの適用要件を満たす範囲で組み合わせて適用することも認められる。たとえば，通常の業務は業務達成基準で収益化し，管理業務は期間進行基準で収益化し，期中に突発的に発生し運営費交付金の対応関係が示されない業務は費用進行基準で収益化するなど，１つの法人において業務ごとに異なる基準を採用することが可能である（Q81-4）。法人が採用した収益化の方法は，会計方針として毎期継続して適用するとともに，財務諸表に注記する必要がある。

なお，会計基準の平成27年改正前は上記３つの基準が選択適用可能であったが，平成27年の改正以降は上述のように「業務達成基準」が原則とされた。そのため，各法人において次節に記述するような予算管理や進捗度管理を適切に実施することがますます重要となっている。

イ．業務達成基準

業務達成基準は，「収益化単位の業務」ごとに年度末時点の業務の進行状況を測定し，進行状況に応じて運営費交付金を収益化する方法であり，現行の基準において原則とされている方法である。運営費交付金をあらかじめ「収益化単位の業務」に配分したうえで，年度末時点において目的が達成された（完了した）収益化単位の業務については運営費交付金配分額全額を収益化し，未完了の収益化単位の業務については運営費交付金配分額を業務の進行状況に応じて収益化することが特徴である。

業務達成基準による収益化の流れは次のとおりである。

(a)　収益化単位の業務を設定する
↓
(b)　収益化単位の業務へ運営費交付金を配分する
↓
(c)　収益化単位の業務の進行状況を測定する
↓
(d)　収益化額を算定する

(a)　収益化単位の業務を設定する（Q81-3，Q81-5）

業務達成基準を適用するにあたり，最初に「収益化単位の業務」を設定する必要がある。収益化単位の業務とは，「中期目標等における一定の事業等のまとまり」（第８章③「セグメント情報の開示」）と関連付けて設定されるものであり，原則として，運営費交付金予算が配分され投入費用の管理が行われる最小の単位の業務のことである。収益化単位をどのように設定するかは法人の業務の特性に応じて各法人が判断するが，設定にあたっては，基本的な指針および基準の趣旨を踏まえ，収益化単位ごとの予算と実績の比較分析を通じたPDCAサイクルを機能させ，会計情報を用いたマネジメントの実現に貢献する単位であることが必要である。

なお，収益化単位の業務の設定は，法人の長のマネジメントの考え方によっては複数の業務から構成されるグループ単位で設定することも可能である。たとえば複数の業務が有機的に関連しながら業務完了を目指しており，当該業務の全体像が客観的に資料等（業務計画やロードマップ，工程表等）で明確にされている場合には，法人の長の判断でこれら複数の業務を一体として設定することができる。もっとも，複数の業務を一体として設定することの合理性について，主務大臣や国民，監事や会計監査人等に対して説明できるようにしておくことが必要である。

一度設定した収益化単位の業務を見直す場合は，原則として事業年度開始時点で行う必要があるが，合理的な理由が存在する場合には第３四半期末までに変更することも認められる。この場合も，変更を行う理由や合理性について，主務大臣や国民，監事や会計監査人等に対して説明できるようにしておくことが必要である。

(b) 収益化単位の業務へ運営費交付金を配分する

上記(a)で設定した収益化単位の業務に対して，法人の長が事業年度開始時点において運営費交付金予算を配分する。具体的な方法としては，法人の運営費交付金決定の内規等に従い，法人内において理事会等，一定の承認を得た年度予算の算定資料をもって配分額を示すことが考えられる（Q81-12）。

以下，運営費交付金の配分に関する諸論点について解説する。

●特定の収益化単位の業務が複数の財源によって行われる場合（Q81-31）

特定の収益化単位の業務が複数の財源によって行われる場合であっても，見積費用総額から運営費交付金以外の財源見込額を控除するなどの方法により，運営費交付金の配分額を明らかにすることが求められる。また，運営費交付金以外の財源と運営費交付金財源のいずれを優先的に充当するか（もしくは何らかの割合に応じて充当するか）について，独立行政法人の内部で業務実施以前に明らかにしておくとともに，事業の性質等によって処理方法を明確にしておく必要がある。これは，充当方法によって損益計算書の利益額が変わってくるためである。

●間接費の配分方法（Q81-22，Q81-23）

収益化単位の業務に対応する運営費交付金の配分額を示すにあたり，業務費のうち，収益化単位の業務に横断的，共通的に発生する費用については，原則として一定の基準を用いて各収益化単位の業務に配分する必要がある（注60）。配分基準の定め方は法人の長に委ねられているが，実態を適切に反映する合理的な基準でなければならず，また，いったん採用した基準は原則として継続的に適用しなければならない。

ただし，法人の長の判断により，法人のマネジメントの観点から間接業務費を各収益化単位の業務に配分しないことも許容されている。

なお，間接業務費を各収益化単位の業務に配分しない場合であっても，各セグメントには配分する必要がある。

●運営費交付金配分額の期中見直し（Q81-21）

事業年度開始時点で決定した運営費交付金配分額は，必要に応じて事業年度途中において見直しを行うことが認められる。ただし，適切かつ計画的な業務実施の観点から，第３四半期末までに配分額を確定することとされている。

第４四半期における配分額の見直しは原則認められていないが，法人の責めに帰さないコントロール不可能な業務環境の変化が生じた場合は見直しを行うことができる。この場合，見直しを行う理由や合理性を主務大臣や国民，監事や会計監査人等に対して説明できるようにする必要がある。

なお，収益化単位の業務が複数年にわたって実施される業務の場合，各事業年度の第３四半期末から期末日までの間は運営費交付金配分額の見直しは認められないが，翌事業年度の期首から第３四半期末までの間は，運営費交付金配分額の見直しを行うことが認められる。

●配分留保額の取扱い（Q81-33）

運営費交付金の一部を収益化単位の業務に配分することなく留保することも認められる。この留保した額のことを基準では「配分留保額」と呼び，法人の長のマネジメントの考え方により，不測の事態に備えるためのほか，裁量経費等のために留保することができるとされている。

留保した額は，第３四半期末までであれば，各収益化単位の業務に配分することが可能である。一方，期中において留保額を増額することは原則認められない。

なお，留保した額を次年度へ繰り越すことは可能である。

●運営費交付金配分額を超過する支出の可否（Q81-21）

法人の政策実施上必要な場合は，法人の長の判断のもと，各収益化単位の業務の運営費交付金配分額を超過して支出することが可能である。その当不当の判断は事後の評価によることになる。

(c)　収益化単位の業務の進行状況を測定する（Q81-25，Q81-27）

年度末時点で収益化単位の業務が完了した場合は当該業務への運営費交付金配分額全額を収益化すればよいが，未完了であった場合は，収益化すべき額を算定するために業務の進行状況を測定する必要がある。各法人は，業務の進行状況を客観的に測定するため，客観的，定量的な指標を設定する必要がある。指標の定め方は各法人に委ねられており，各法人が業務の性質や実態を踏まえつつ，合理性や実現性等を考慮して定めるべきであるが，たとえば，以下のような指標が考えられる。

・法人の提供する個別具体のサービスや法人活動の直接的産出物（たとえば実験回数，調査件数）などのアウトプット情報

・投入資源（たとえば作業時間，投入費用）などのインプット情報

どのような指標を採用するにせよ，法人の長は，その指標が進行状況を測定するための指標として適切であると判断した理由を説明する必要がある。

なお，業務の進行状況を測定する前提として，法人の長は，あらかじめ各収益化単位の業務が開始する際，業務完了の考え方を，業務の全体像を客観的に明らかにしたもの（業務計画やロードマップ，工程表等）を用いて明確にしておく必要がある。「完了までに複数年を要する」ことを合理的に説明できない場合には，運営費交付金が毎年度措置されているものであることに鑑み，単年度で業務完了するとみなして収益化する。

また，収益化単位の業務に配分しなかった間接業務費についても，単年度で業務完了するとみなして収益化することとされている。

(d) 収益化額を算定する

年度末時点において業務未完了の収益化単位の業務については，運営費交付金配分額を収益化単位の業務の進行状況に応じて収益化する。ただし，一事業年度の収益化額は，当該年度の運営費交付金配分額（前事業年度からの繰越額を含めて配分された額）を上回ってはならない。収益化すべき額の算定式は以下のようになる。

$$\text{収益化額} = \left(\begin{array}{l}\text{運営費交付金}\\\text{配分額}\end{array} + \left(\begin{array}{l}\text{完了までに複数年要すること}\\\text{があらかじめ見込まれる業務}\\\text{の場合は将来配分予定額}\end{array}\right)\right) \times \text{進捗率}$$

ただし，収益化額の上限＝運営費交付金配分額

（設例４－１－２参照）

年度末時点で業務完了した収益化単位の業務については，運営費交付金配分額を全額収益化する。Q81-25の定めにより単年度で業務完了するとみなす収益化単位の業務および収益化単位の業務に配分しなかった間接業務費についても同様である（設例４－１－３参照）。

（設例４－１－２）

【問題】

収益化単位の業務Ａは，完了までに３年を要することが客観的に明らかであり，完了までの運営費交付金配分予定額は3,000千円である。業務の進捗率を測定する指標として，資金の投入割合（＝資金投入額／運営費交付金配分予定額）を選択した。ここで資金投入額とは，損益計算書上の費用発生額とする。資金はすべて費用に充てられ，固定資産の取得や引当金の発生は想定しないものとする。

【解答】

X1年度

運営費交付金を1,000千円配分した。費用発生額は900千円であった。

（単位：千円）

業務進捗率：費用発生額900／運営費交付金配分予定額3,000＝30％

仕訳：

（借方）運営費交付金債務　900　（貸方）運営費交付金収益　900（＊1）

（＊１）　運営費交付金配分予定額　3,000×30％＝900

X2年度

運営費交付金を前年度繰越額100千円と合わせ1,300千円配分した。費用発生額は1,200千円であった。

（単位：千円）

業務進捗率：（X2年度費用発生額1,200＋X1年度費用発生額900）／運営費交付金配分予定額3,000＝70％

仕訳：

（借方）運営費交付金債務　1,200　（貸方）運営費交付金収益　1,200（＊2）

（＊２）　運営費交付金配分予定額3,000×70％－X1年度収益化額900＝1,200

X3年度

運営費交付金を前年度繰越額100千円と合わせ900千円配分した。年度末に業務は完了した。

（単位：千円）

業務進捗率：100％（業務完了のため）

仕訳：

（借方）運営費交付金債務　900　（貸方）運営費交付金収益　900（＊3）

（＊3）　運営費交付金配分予定額3,000×100％－X1年度収益化額900
－X2年度収益化額1,200＝900

（設例４－１－３）

【問題】

収益化単位の業務Ｂは，業務完了の考え方が明らかではないため，単年度で完了するとみなす業務である。1,000千円を当年度分の運営費交付金財源として配分した。資金はすべて費用に充てられ，固定資産の取得や引当金の発生は想定しないものとする。

【解答】（単位：千円）

（借方）運営費交付金債務　1,000　（貸方）運営費交付金収益　1,000

→進捗率によらず年度末において業務完了したとみなし，配分額を全額収益化する。

ロ．期間進行基準

期間進行基準は，一定の期間の経過を業務の進行とみなし，運営費交付金を収益化する方法である。管理部門の活動に限り，適用することが認められている。これは，総務部門や経理部門といった管理部門の活動は，運営費交付金財源が業務の進行状況に直接対応するものではなく，むしろ期間的に対応していると考えられるためである。

管理部門の活動についても，法人の長による内部管理を徹底する観点から，適切な単位（たとえば，部，課，グループといった組織単位）に細分化したうえで，各単位に対する運営費交付金配分額を明らかにする必要がある（Q81-３）。

なお，管理部門の活動に対して業務達成基準を適用することは妨げられていない。管理部門のうち，業務の進行状況と運営費交付金の対応関係を明確に示すことができる部分については，業務達成基準を適用することが可能である。この場合，収益化単位の業務同様，業務完了の考え方について業務の全体像を客観的に明らかにしたもの（業務計画やロードマップ，工程表等）を用いて明確にしておく必要がある（Q81-34）。

（設例４－１－４）

【問題】

管理部門の活動Ｃは，期間進行基準を適用する活動である。8,000千円を当年度分の運営費交付金財源として配分した。資金はすべて費用に充てられ，固定資産の取得や引当金の発生は想定しないものとする。

【解答】（単位：千円）

（借方）運営費交付金債務　8,000　（貸方）運営費交付金収益　8,000

→年度末において対象期間が経過したことから，配分額を全額収益化する。

ハ．費用進行基準

費用進行基準は，支出額を限度として運営費交付金を収益化する方法である。費用進行基準は，たとえば期中に震災対応のための突発的な業務が複数発生し，当該業務の予算，期間等を見積るよう努力してもなお見積ることができないなど，業務と運営費交付金との対応関係が示すことができない極めて限定的な場合にのみ適用することが可能である。業務の予算や期間等を見積ることができる場合には，原則どおり業務達成基準もしくは期間進行基準を適用する必要がある。

費用進行基準の適用要件が極めて限定されているのは，費用進行基準のもとでは，業務ごとの見積費用と実績費用の管理が行われないために業務ごとに着目した管理が適切に行われない可能性や，支出した費用と同額が収益として計上されるために効率化のインセンティブが働きにくいなどの課題が存在するためである。

費用進行基準は極めて例外的な基準であることから，当該基準を採用した場合は，その理由を財務諸表に注記することが求められている。

（設例４－１－５）

【問題】

業務Ｄは，期中において突発的に発生した業務であり，業務の期間および予算を見積ることができず，配分留保額として留保してあった運営費交付金財源1,000千円より500千円支出した。本業務は費用進行基準を採用することとする。

【解答】（単位：千円）

（借方）運営費交付金債務　500　（貸方）運営費交付金収益　500

→支出額500を限度として収益化する。

B．固定資産取得時の処理

運営費交付金を財源として固定資産を取得等した場合の会計処理については，後述の(3)「固定資産に関する会計処理」で説明する。

C．その他の支出

「A．費用発生」および「B．固定資産取得」以外で，独自の収益化方法が定められている取引について，以下に説明する。

a．ファイナンス・リース取引に係るリース料支払時の処理（Q81-11）

ファイナンス・リース取引に係るリース料の支払は，会計上はリース債務の減少と利息の支払を意味する。したがって，リース料支払時は以下のような仕訳が行われる。

（借方）	リース債務	100	（貸方）現金預金	110
	支払利息	10		

運営費交付金を財源としてリース料を支払う場合，支払リース料と同額の運営費交付金債務を収益化する。

（借方）運営費交付金債務　110　（貸方）運営費交付金収益　110

b．重要性が認められるたな卸資産（通常の業務活動の過程において販売するために保有するものを除く）を取得した場合の処理（Q81-14）

損益計算書は独立行政法人の業務運営の状況を適切に表示する必要があるとの観点から，重要性が認められるたな卸資産を取得した場合には，当該たな卸資産の取得時に資産見返運営費交付金を計上したうえで，費用化される時点において資産見返戻入として収益計上する。

〈取得時の仕訳〉

(借方)	たな卸資産	×××	(貸方)	現金預金	×××
	運営費交付金債務	×××		資産見返運営費交付金	×××

〈費用化時の仕訳〉

(借方)	費用	×××	(貸方)	たな卸資産	×××
	資産見返運営費交付金	×××		資産見返運営費交付金戻入	×××

c．引当金取崩時の処理（基準第81第７項）

引当金見返を計上している場合で，運営費交付金の充当により引当金を取り崩した場合は，当該引当金見返と運営費交付金債務とを相殺する。

〈引当金取崩時の仕訳〉

(借方)	○○引当金	×××	(貸方)	現金預金	×××
	運営費交付金債務	×××		○○引当金見返	×××

賞与引当金および退職給付引当金の具体的な仕訳例を，第２章4⑶③「賞与引当金」および④「退職給付引当金」にて示している。

d．有価証券を取得した場合の処理（Q81-15）

運営費交付金の未使用分について，余資運用の観点から有価証券を取得したとしても，それは予算の執行とは関係がない。したがって，運営費交付金を取り崩すことはできない。

e．賃借事務所の敷金を支出した場合の処理（公会計委員会研究報告第４号「独立行政法人会計の実務上のＱ＆Ａ」３）

事務所の敷金の支出は法人の業務を行ううえで必要なものと考えられることから，中期計画等に想定されていることが予想される。したがって，その場合は固定資産（非償却資産）の取得と同様であると考えられることから，運営費交付金債務を資本剰余金に振り替える。

(借方)	敷金	×××	(貸方)	現金預金	×××
	運営費交付金債務	×××		資本剰余金	×××

④　中期目標期間終了時の処理（基準第81第４項・第５項）

運営費交付金は，中期目標および中長期目標の対象期間の終了時に精算処理を行う。これは目標期間を明確な区切りとして位置付け，当該期間を単位として事後的な評価を重視する独立行政法人制度の趣旨を運営費交付金の取扱いに反映させているためである。

具体的には，中期目標等の期間の最後の事業年度においては，当該事業年度の業務の進行に応じて運営費交付金を収益化したうえで，残余の運営費交付金債務について別途，精算のための収益化を行う。精算のために収益化した金額については，通常の収益化とは区分し，臨時利益として計上する。

精算の収益化処理は，業務の進行に伴って収益計上された金額と，それ以外の中期目標期間等終了による精算金額を明確に区分することにより，事後的になされる評価を適正化するとともに，次の目標および計画策定へのフィードバックに活かすことを狙いとするものである。

（設例４－１－６）

【問題】

Ｂ研究のため運営費交付金80,000千円がすでに交付されており，過年度における業務等の達成度は80％であるが，当年度中に業務の進行がないまま当年度末をもって中期目標の期間が終了した。なお，運営費交付金の処理は業務達成基準によっている。

【解答】（単位：千円）

（借方）	運営費交付金債務	16,000	（貸方）運営費交付金精算収益化額（臨時利益）	16,000

80,000×（100％－80％）＝16,000

※未達成の20％部分は次の中期目標の期間に繰り越さず，全額を臨時利益として収益化する。

(3)　固定資産に関する会計処理

運営費交付金で購入した固定資産の会計処理（運営費交付金により支出されたと合理的に特定できる場合）

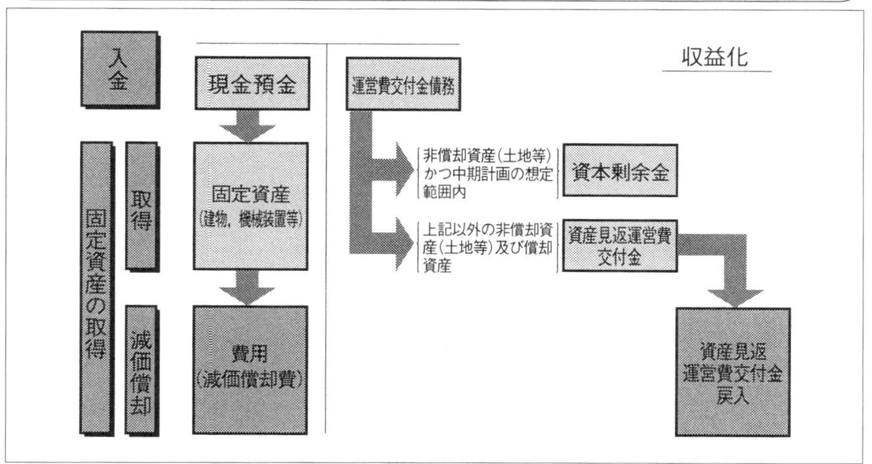

①　取得時の処理

運営費交付金による固定資産取得の会計処理は，取得固定資産等が運営費交付金により支出されたと合理的に特定できるか否か，すなわち中期計画等，中期計画等に添付された書類その他により資産の取得が運営費交付金からなされたということが明らかであるかにより異なる。運営費交付金により支出されたと合理的に特定できない場合には，運営費交付金債務を収益に一括で振り替える必要がある。

他方，運営費交付金により支出されたと合理的に特定できる場合には，上図に従った会計処理が必要となる。以下で具体例を用いて説明する。

（設例４－１－７）

【問題】

中期計画の想定の範囲内で，非償却資産（土地）を70,000千円，償却資産（機械装置）を30,000千円購入した。

まず，土地の引渡時および機械装置の納入時に，土地および機械装置という資産の増加と，現金預金という資産の減少を記録する。

（単位：千円）

（借方）土　　　　地　70,000　（貸方）現　金　預　金　100,000
　　　　機　械　装　置　30,000

次に，上記土地の取得は「中期計画等の想定の範囲内で非償却資産を購入した場合」であり，独立行政法人の会計上の財産的基礎を増加させることから，取得と同時に取得価額と同額の運営費交付金債務を資本剰余金へ振り替える。

（借方）運営費交付金債務　70,000　（貸方）資　本　剰　余　金　70,000

また，上記機械装置のような償却資産を取得した場合，償却資産の減価償却に対応させて運営費交付金を収益化するために，取得と同時に取得価額と同額の運営費交付金債務を別の負債科目である資産見返運営費交付金（固定負債）へ振り替える。

（借方）運営費交付金債務　30,000　（貸方）資産見返運営費交付金　30,000

② 減価償却時の処理

償却資産を取得した場合，その財源は運営費交付金という形ですでに確保されており，期間損益が発生することは妥当ではないという趣旨から，減価償却費と同額を，資産見返運営費交付金の戻入れとして収益計上する。

（借方）資産見返運営費交付金　×××　（貸方）資産見返運営費交付金戻入　×××

減価償却に係る会計処理の具体例を示すと以下のとおりである。

（設例４－１－８）

【問題】

運営費交付金を支出して取得した機械装置30,000千円を耐用年数10年，残存価額ゼロの定額法で償却を行う。

【解答】（単位：千円）

（借方）減　価　償　却　費　3,000　（貸方）減価償却累計額　3,000
　　　　資産見返運営費交付金　3,000　　　　資産見返運営費交付金戻入　3,000

減価償却費＝30,000÷10＝3,000

③　売却時の処理

固定資産を売却した場合，当該資産の売却代金と売却時点の帳簿価額の差額が固定資産売却益もしくは売却損として計上される。売却代金が帳簿価額を上回る場合には売却益，下回る場合には売却損が計上される。

あわせて，資産見返運営費交付金を全額収益に振り替える。この結果，損益計算書上，その償却資産の売却価額相当額が，収益として計上されることになる。

（設例４－１－９）

【問題】

運営費交付金を財源として取得した機械装置（取得価額10,000千円，減価償却累計額1,000千円，帳簿価額9,000千円）を10,000千円で売却した。

【解答】（単位：千円）

（借方）	減価償却累計額	1,000	（貸方）	機　械　装　置	10,000
	現　金　預　金	10,000		固定資産売却益	1,000
	資産見返運営費交付金	9,000		資産見返運営費交付金戻入	9,000（＊１）

（＊１）　資産見返運営費交付金が9,000千円（取得額10,000千円－減価償却に見合う戻入1,000千円）残っているため，これを全額収益化する。

上記の結果，売却価額相当額（固定資産売却益1,000千円＋資産見返運営費交付金戻入9,000千円＝10,000千円）が，損益計算書上，収益として計上される。

④　除却時の処理

固定資産が耐用年数の到来により使用できなくなった場合や，減耗，陳腐化，不適応化，天災，事故などの原因によって耐用年数の到来前に廃棄処分する場合など，その資産の使用可能性が消滅した場合，会計上その資産の未償却残高（帳簿残高）を除却損として損失処理することが必要となる。

有形固定資産の除却は，その資産に現に期待されるサービス提供能力が取得時に想定されたサービス提供能力に比べ著しく減少し将来にわたりその回復が見込めない状態となった時点，または当該資産の経済的便益が著しく減少した時点で減損処理（第２章③(6)「減損会計」参照）を行った後，当該資産を物理的に滅失させた時点で行うのが原則である。ただし，減損処理を適用しない重要性の乏しい固定資産については，たとえ物理的には存在するとしても，そのサービス提供能力または経済的便益が期待されなくなった時点で除却処理を行う必要がある（Q31-4）。

除却時にあわせて，資産見返運営費交付金を全額収益に振り替える。この結果，損益計算書上，期間損益が発生しないことになる。

（設例４－１－10）

【問題】

運営費交付金を財源として取得した機械装置（取得価額10,000千円，減価償却累計額1,000千円，帳簿価額9,000千円）を除却した。

【解答】（単位：千円）

（借方）	減価償却累計額	1,000	（貸方）	機　械　装　置	10,000
	固定資産除却損	9,000			
	資産見返運営費交付金	9,000		資産見返運営費交付金戻入	9,000（＊１）

（＊１）資産見返運営費交付金が9,000千円（取得額10,000千円－減価償却に見合う戻入1,000千円）残っているため，これを全額収益化する。

上記の結果，損益計算書上，期間損益は発生しない（固定資産除却損▲9,000千円＋資産見返運営費交付金戻入9,000千円＝０）。

ここまでで紹介した仕訳例を用いて，運営費交付金を財源とした固定資産の取得等に係る会計処理に用いられる各勘定科目の関連を示すと以下のようになる。

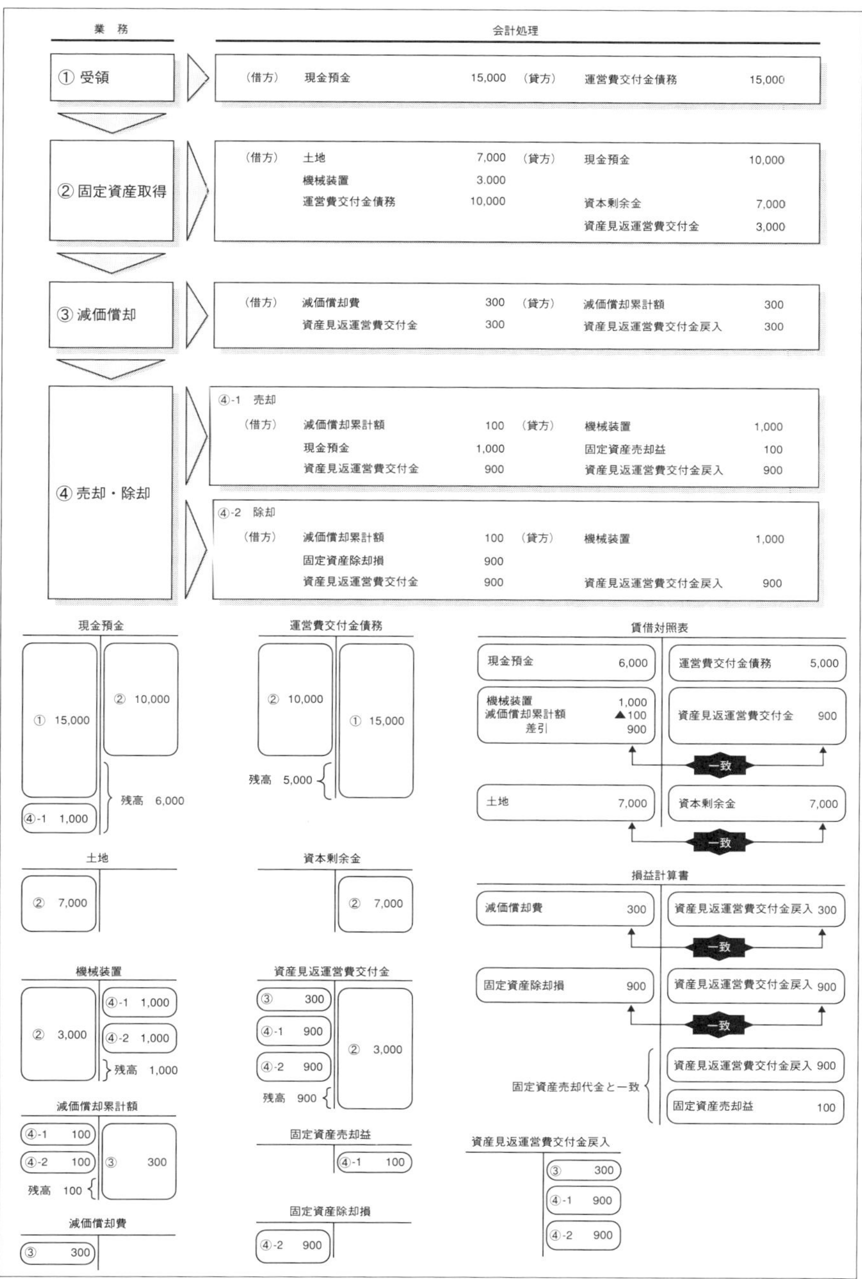
業　務
会計処理
① 受領
（借方）　現金預金　15,000　（貸方）　運営費交付金債務　15,000
② 固定資産取得
（借方）　土地　7,000　（貸方）　現金預金　10,000
機械装置　3,000
運営費交付金債務　10,000
資本剰余金　7,000
資産見返運営費交付金　3,000
③ 減価償却
（借方）　減価償却費　300　（貸方）　減価償却累計額　300
資産見返運営費交付金　300
資産見返運営費交付金戻入　300
④ 売却・除却
④-1　売却
（借方）　減価償却累計額　100　（貸方）　機械装置　1,000
現金預金　1,000
固定資産売却益　100
資産見返運営費交付金　900
資産見返運営費交付金戻入　900
④-2　除却
（借方）　減価償却累計額　100　（貸方）　機械装置　1,000
固定資産除却損　900
資産見返運営費交付金　900
資産見返運営費交付金戻入　900
現金預金
① 15,000
② 10,000
④-1 1,000
残高 6,000
運営費交付金債務
② 10,000
① 15,000
残高 5,000
土地
② 7,000
資本剰余金
② 7,000
機械装置
② 3,000
④-1 1,000
④-2 1,000
残高 1,000
資産見返運営費交付金
③ 300
④-1 900
④-2 900
② 3,000
残高 900
減価償却累計額
④-1 100
④-2 100
③ 300
残高 100
固定資産売却益
④-1 100
減価償却費
③ 300
固定資産除却損
④-2 900
貸借対照表
現金預金 6,000
運営費交付金債務 5,000
機械装置 1,000
減価償却累計額 ▲100
差引 900
資産見返運営費交付金 900
一致
土地 7,000
資本剰余金 7,000
一致
損益計算書
減価償却費 300
資産見返運営費交付金戻入 300
一致
固定資産除却損 900
資産見返運営費交付金戻入 900
一致
固定資産売却代金と一致
資産見返運営費交付金戻入 900
固定資産売却益 100
資産見返運営費交付金戻入
③ 300
④-1 900
④-2 900

2 施 設 費

〈関連する基準等〉

〈基　準〉	第82
〈注　解〉	注62
〈Q & A〉	Q20-2，31-5，57-1，82-1～82-3，87-6，98-2

(1) 制度の概要

施設費は，独立行政法人がその業務を行ううえで必要な投資的経費に充てるために国から支出される。国の予算においては公債発行対象経費であり，運営費交付金とは別に財源措置され，独立行政法人の会計上の財産的基礎として拠出されるものと考えられ，通常は，基準第87第１項（特定の償却資産に係る費用相当額の会計処理）に基づいて処理が行われる（本章6(1)「特定の償却資産に係る費用相当額の会計処理」参照）。

(2) 会計処理の概要

施設費の会計処理について，以下の流れに沿って説明する。

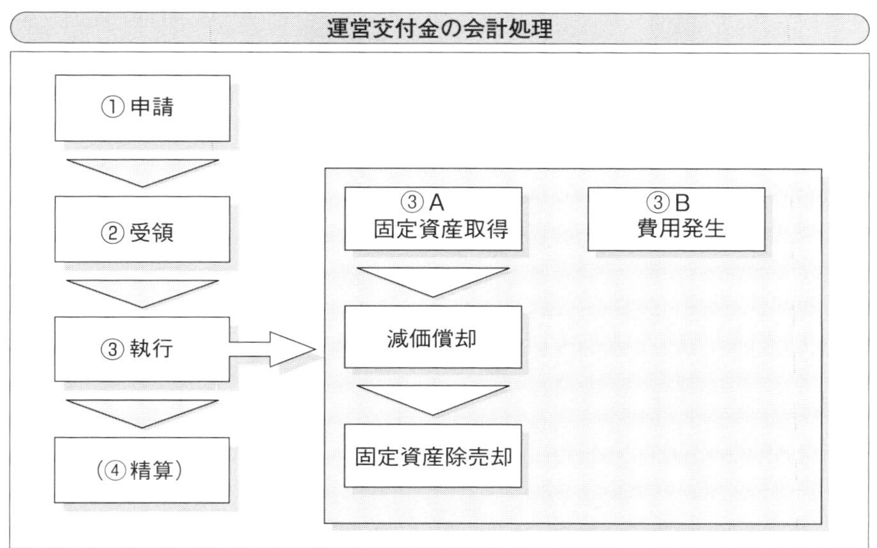

①　申請時の処理

申請段階では未だ入金の事実がないため会計処理は行わない。

②　受領時の処理

国から施設費を受け取った時点で，当初より定められた固定資産購入に充てなければならないという一種の義務が生じているので，現金預金の相手科目として預り施設費（流動負債）を計上する。

（設例４－２－１）

【問題】

建物取得の財源として施設整備費補助金が50,000千円振り込まれた。この場合に必要となる仕訳を作成しなさい。

【解答】（単位：千円）

（借方）現　金　預　金　50,000　　（貸方）預 り 施 設 費　50,000

③　執行時の処理

A．固定資産の取得時の処理

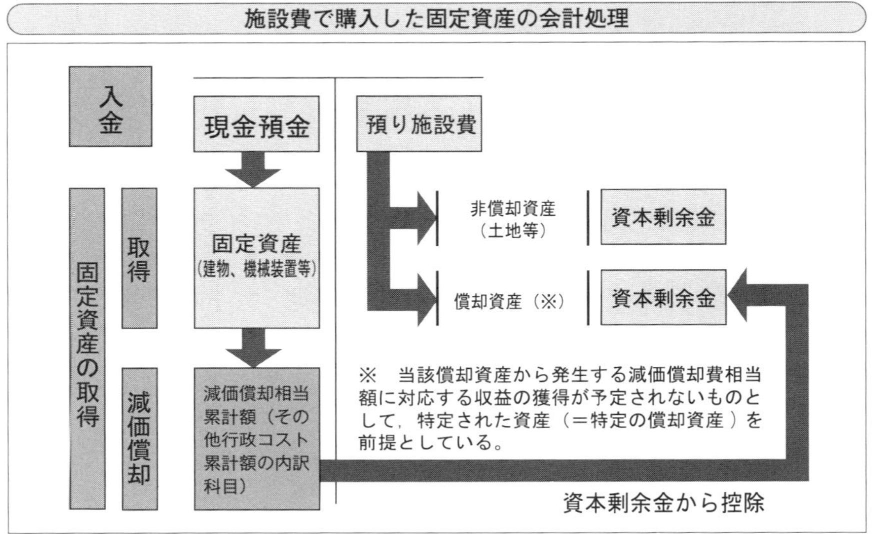

ここでは長期の契約により建物を取得するケースを想定した固定資産取得時の会計処理を例示する。

a．固定資産の取得代金の一部を前払いした時の処理

（設例４－２－２）

【問題】

建物の取得代金の一部20,000千円を前払いで支払った。この場合に必要となる仕訳を作成しなさい。

【解答】（単位：千円）

（借方）	建設仮勘定	20,000	（貸方）	現金預金	20,000
	預り施設費	20,000		建設仮勘定見返施設費	20,000

長期の契約により固定資産を取得する場合で，部分払いを行う場合は，預り施設費から建設仮勘定見返施設費（固定負債）に振り替える。

b．完成・引渡し時の処理

（設例４－２－３）

【問題】

建物が完成し，引渡しを受けると同時に残額30,000千円を支払った。この場合に必要となる仕訳を作成しなさい。

【解答】（単位：千円）

（借方）	建　　　　物	50,000	（貸方）	建設仮勘定	20,000
				現金預金	30,000
（借方）	預り施設費	30,000	（貸方）	資本剰余金	50,000
	建設仮勘定見返施設費	20,000			

その資産が非償却資産または償却資産（基準第87第１項の特定の償却資産）であるときは，その金額を預り施設費（または建設仮勘定見返施設費）から資本剰余金に振り替える。固定資産を購入するために国から預かっていた資金が，固定資産を実際に購入したことにより法人の会計上の財産的基礎を構成することになる。

なお，施設費を財源として取得した基準第87第１項の特定の償却資産について天災・事故等による毀損が生じ，この際に受領した保険金をもって滅失資産と同様に特定の償却資産たる代替資産を取得した場合には，その代替資産の取得時に，受取保険金のうち代替資産の取得価額分を資本剰余金として処理する（Q87－6）。

c．減価償却の処理

（設例４－２－３）

【問題】

建物50,000千円を耐用年数20年，残存価額ゼロの定額法で償却を行う。この場合に必要となる仕訳を作成しなさい。

【解答】（単位：千円）

（借方）	減価償却相当累計額 （減価償却相当額）	2,500	（貸方）	減価償却累計額	2,500

50,000÷20年＝2,500/年

施設費を財源として取得した固定資産については，通常，基準第87第１項の特定の償却資産であることが想定される。したがって，減価償却相当額については，行政コスト計算書におけるその他行政コストとしての減価償却相当額および貸借対照表におけるその他行政コスト累計額である減価償却相当累計額に計上する。

減価償却の処理の詳細については，本章6(1)「特定の償却資産に係る費用相当額の会計処理」を参照のこと。

なお，施設費を財源として取得した償却資産が無形固定資産の場合は次のような仕訳となる。

（借方）	減価償却相当累計額 （減価償却相当額）	×××	（貸方）	無形固定資産	×××

d．売却時および除却時の処理

売却時および除却時の会計処理の詳細については，本章6(3)「固定資産の除・売却の会計処理」を参照のこと。

B．費用発生時の処理

独立行政法人が施設費の要望額を計算する際には，固定資産の原価を構成するものに限り施設費に計上し，費用処理すべき項目については施設費に含まないようにすることが要請されている。したがって，施設費を財源とした費用は通常発生しないことが想定される。

しかし，施設費として受け入れた金額のうち，固定資産の取得原価を構成しない支出が発生した場合には，これを当期の費用として処理するとともに，同額を預り施設費から施設費収益へ振り替えることになる（Q82-１）。

（借方）	費用	×××	（貸方）	現金預金	×××
	預り施設費	×××		施設費収益	×××

④　精算時の処理

施設費について，最終的な施設完成後に施設整備費補助金の請求を行い，結果的に国の出納整理期間である翌事業年度の４月に交付される場合がある。そのようなケースでは，精算交付の場合であって，補助金交付決定通知などに記載された補助事業が補助事業の期間内に完了しており，かつ，交付決定通知書などに記載された補助金等の交付が確実であると見込まれる場合に限り，未収金を計上することが認められている（Q82-２）。

3 補助金等

〈関連する基準等〉

〈基　準〉第83

〈注　解〉注63

〈Ｑ＆Ａ〉Q31-５，83-１～83-４

(1) 制度の概要

補助金等とは，国または地方公共団体より，補助金，負担金，交付金または補給金等の名称をもって交付されるものであって，相当の反対給付を求められないものをいう（ただし，運営費交付金および施設整備費補助金を除く）。

前述のとおり，運営費交付金や施設整備費補助金について，基準は独立行政法人固有の会計処理を定めている。特定経費に係る補助金の交付等，独立行政法人の財源措置の多様化に対応するため，基準は，第83において定めを設けている。

(2) 会計処理の概要

補助金等の会計処理について，以下の流れに沿って説明する。

なお，運営費交付金と同様の趣旨に基づくため，基準は，運営費交付金と類似の会計処理を定めている。

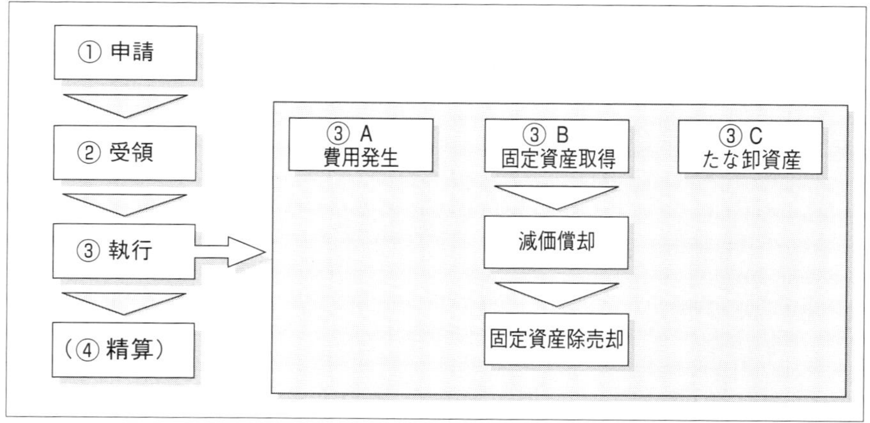

① 申請時の処理

申請段階では未だ入金の事実がないため会計処理は行わない。

② 受領時の処理

補助金等を受領した時点では，通常はそれを財源とする業務がなされていないため，補助金等がすでに実施された業務の財源を補てんするために交付されたことが明らかといえる場合を除いて収益化を行わない。

しかし，入金を受けた事実についてはこれを認識する必要があるため，現金預金の相手科目として預り補助金等（流動負債）を計上する。これは入金の事実を認識するとともに，補助金等の交付を受けた独立行政法人が，それを財源として一定の業務を履行する義務を負っていることを表現するものと考えられる。

（設例４－３－１）

【問題】

土地50,000千円の取得の財源として補助金が50,000千円振り込まれた。また，機械装置30,000千円の取得の財源として補助金が30,000千円振り込まれた。この場合に必要となる仕訳を作成しなさい。

【解答】（単位：千円）

（借方）現　金　預　金	80,000	（貸方）預り補助金等	80,000

なお，翌事業年度以降の事業のための特別な資金保有を目的とする場合には長期預り補助金等（固定負債）を計上する。

（借方）現　金　預　金	×××	（貸方）長期預り補助金等	×××

また，補助金等がすでに実施された業務の費用を補填するために精算交付された場合には，その入金時に補助金等を収益として計上する。

（借方）現　金　預　金	×××	（貸方）補助金等収益	×××

③　執行時の処理

Ａ．費用発生時の処理

補助金等は独立行政法人が行う業務のうち，特定の事務事業に対して交付されるものであり，補助金等の交付の対象となる事務事業の範囲は交付決定通知等で具体的に示されている。

したがって，交付決定通知書等で示された業務の進行に応じて収益化する。具体的には，当該業務に係る経費の支出に応じて預り補助金等を補助金等収益に振り替える（Q83-１）。

（設例４－３－２）

【問題】

(1)　国に対して補助金50,000千円の交付申請を行ったうえで，その交付を受けた。

(2)　業務費として50,000千円の支出を行った。

(3)　当初の予定よりも費用が多額になり，赤字補填のため10,000千円の追加資金提供を受けた。

この場合に必要となる仕訳を作成しなさい。

【解答】（単位：千円）

(1)　交付時

（借方）現　金　預　金	50,000	（貸方）預り補助金等	50,000

(2)　費用発生時

（借方）業　務　費	50,000	（貸方）現　金　預　金	50,000
預り補助金等	50,000	補助金等収益	50,000

(3) 追加資金提供時

(借方) 業　務　費	10,000	(貸方) 現　金　預　金	10,000
現　金　預　金	10,000	補助金等収益	10,000

B．固定資産の取得時の処理

固定資産に関する会計処理については，後述の(3)「固定資産に関する会計処理」で説明する。

C．たな卸資産の取得時の処理

補助金等を財源として「重要性が認められるたな卸資産」(販売するために保有するものを除く）を取得した場合，その取得時に預り補助金等を資産見返補助金等に振り替える。収益化は，当該たな卸資産を消費した際に，資産見返補助金等戻入に振り替えて行う（Q83-4）。

なお，重要性に乏しいたな卸資産については，当該たな卸資産の取得のための支出時点をもって「業務の進行」と考え，収益化を行うものと考えられる。

④　精算時の処理

補助金等については，すでに実施された業務に対する精算交付がなされる場合において，精算交付時期が翌事業年度となるときには，施設費を未収計上できる場合の要件（本章2(2)「会計処理の概要」を参照）に準じて判断のうえ，未収計上できる（Q83-3）。

(3) 固定資産に関する会計処理

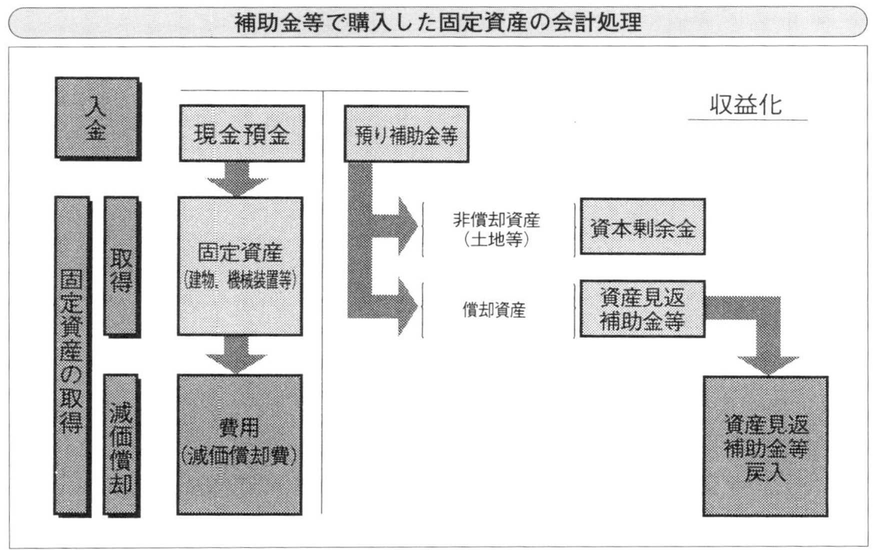

補助金等による固定資産取得の会計処理は，運営費交付金による固定資産取得の会計処理と類似している。しかし，補助金等については，交付当初からその使途が定められていると考えられ，運営費交付金による固定資産の取得で求められている「支出の合理的特定」「中期計画の想定の範囲内あるいは範囲外」の判定が不要となる。

補助金等による固定資産取得の会計処理では，非償却資産を取得した場合には，預り補助金等を資本剰余金へ振り替え，償却資産を取得した場合には，預り補助金等を資産見返補助金等へ振り替えることとなる。

なお，独立行政法人の会計上の財産的基礎となる固定資産の取得は，出資または施設費による方法が予定されており，補助金等を財源とする基準第87第１項の特定の償却資産の取得は予定されていない。

①　取得時の処理

（設例４－３－３）

【問題】

補助金等を財源として，50,000千円の非償却資産（土地）を購入した。また，補助金等を財源として，30,000千円の償却資産（機械装置）を購入した。この場合に必要となる仕訳を作成しなさい。

【解答】（単位：千円）

（借方）	土　　　地	50,000	（貸方）	現　金　預　金	80,000
	機　械　装　置	30,000			
（借方）	預り補助金等	80,000	（貸方）	資　本　剰　余　金	50,000
				資産見返補助金等	30,000

まず，土地の引渡時および機械装置の検収時に，土地および機械装置という資産の増加と，現金預金という資産の減少を記録する。

次に，上記土地のような非償却資産を取得した場合，取得価額と同額を，預り補助金等から資本剰余金へ振り替える。

また，上記機械装置のような償却資産を取得した場合，償却資産の減価償却に対応させて補助金等を収益化するために，取得と同時に取得価額と同額を，預り補助金等から別の負債科目である資産見返補助金等（固定負債）へ振り替える。

②　減価償却時の処理

（設例４－３－４）

【問題】

機械装置30,000千円を耐用年数10年，残存価額ゼロの定額法で償却を行う。この場合に必要となる仕訳を作成しなさい。

【解答】（単位：千円）

（借方）	減　価　償　却　費	3,000	（貸方）	減価償却累計額	3,000
（借方）	資産見返補助金等	3,000	（貸方）	資産見返補助金等戻入	3,000

30,000÷10年＝3,000/年

償却資産を取得した場合，その財源は補助金等という形ですでに確保されており，期間損益が発生することは妥当ではなく，上記機械装置の減価償却費と同額を資産見返補助金等の戻入として収益計上する。

③　売却時の処理

（設例４−３−５）

【問題】

当会計年度期末に（設例４−３−４）の機械装置を29,000千円で売却した。この場合に必要となる仕訳を作成しなさい。

【解答】（単位：千円）

（借方）	現金預金	29,000	（貸方）	機械装置	30,000
	減価償却累計額	3,000		固定資産売却益	2,000
（借方）	資産見返補助金等	27,000	（貸方）	資産見返補助金等戻入	27,000

固定資産を売却した場合，資産に係る仕訳と財源に係る仕訳（資産見返補助金等を全額収益に振替え）の２つの会計処理を行う。この結果，損益計算書上，固定資産売却益と資産見返補助金等戻入の２つが，収益として計上されることとなる。

④　除却時の処理

（設例４−３−６）

【問題】

当会計年度期末に（設例４−３−４）の機械装置を除却した。この場合に必要となる仕訳を作成しなさい。

【解答】（単位：千円）

（借方）	減価償却累計額	3,000	（貸方）	機械装置	30,000
	固定資産除却損	27,000			
（借方）	資産見返補助金等	27,000	（貸方）	資産見返補助金等戻入	27,000

補助金等を財源とした固定資産を除却した場合，除却時に資産見返補助金等を全額収益に振り替える。その結果，期間損益が生じないこととなる。

4 寄附金

〈関連する基準等〉

〈基　準〉第85
〈注　解〉注65，66
〈Q＆A〉Q16-2，26-7，31-5，
85-1～85-7

(1) 会計処理の概要

寄附金とは，寄附者が独立行政法人の業務の実施を財政的に支援する目的で出えんするものである。

企業会計において寄附金は受領した時点で全額収益として計上する。しかし，独立行政法人では，まず，中期計画等において独立行政法人の会計上の財産的基礎に充てる目的で民間からの出えんを募ることを明らかにし，当該計画に従って出えんを募った場合には，資本剰余金として処理する（基準第85第1項(1)）。

上記に該当しない場合には，寄附金の受領により何らかの義務がその時点において発生しているかという観点から，使途が特定されている場合とそれ以外の場合に分けて会計処理を行う。また，寄附金を財源として固定資産を取得した場合も同様に使途の特定の有無および中期計画との関係等により異なる会計処理を行う。

寄附金の会計処理

<table>
<tr><th></th><th>寄附金の処理</th><th colspan="2">寄附金で固定資産を購入した場合</th></tr>
<tr><td>基準第85第１項(1)に該当</td><td>現金預金××／
民間出えん金××
（資本剰余金）</td><td colspan="2">—</td></tr>
<tr><td rowspan="2">使途が特定されている場合</td><td rowspan="2">現金預金××／
預り寄附金××</td><td>非償却資産かつ中期計画等の想定の範囲内</td><td>預り寄附金××／
資本剰余金××</td></tr>
<tr><td>上記以外の非償却資産および償却資産</td><td>預り寄附金××／
資産見返寄附金××</td></tr>
<tr><td>使途が特定されていない場合</td><td>現金預金××／
寄附金収益××</td><td colspan="2">—</td></tr>
</table>

(2)　使途特定別の会計処理の概要

寄附金の会計処理について，使途特定別に以下の流れに沿って説明する。

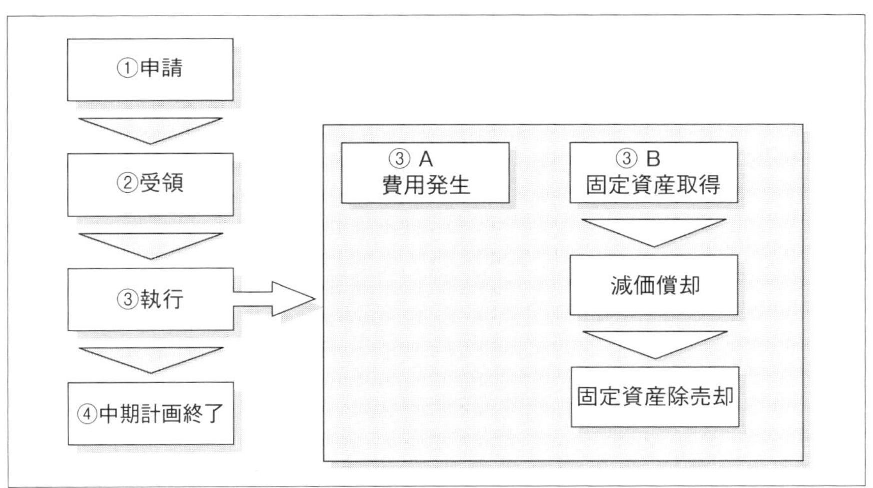

(ア)　使途の特定とは

寄附金の会計処理は「使途の特定」の有無により異なる。この使途の特定がされているといえる要件は，Q85-1において以下のように示されている。

◆会計基準が規定する負債の定義に合致しているか

負債計上の前提として，寄附金の受領が独立行政法人に何らかの義務をその時点において生じさせていることが必要である。

次の場合には基準上義務が生じているとみなされる。

・寄附者がその使途を特定した場合

・独立行政法人が使用に先立ってあらかじめ計画的に使途を特定した場合

◆使途の特定の程度

・法人に対して当該寄附金の使用状況についての管理責任が問える程度に特定されていることが必要である。

・当該法人の業務に関連した用途の種類，使用金額，使用時期等が明確になっていることが必要である。なお，法人の業務に使用するといった漠とした程度では不十分とされている。

◆特定の方法

・典型的には中期計画において定めることが想定されている。

・寄附金受領後使用するまでに当該寄附金の使途を定めた事実が事後的に検証可能な事例もこれに準ずる。

(イ) 使途が特定されている場合

① 申請時の処理

申請段階では未だ入金の事実がないため会計処理は行わない。

② 受領時の処理

寄附者または独立行政法人が使途を特定した場合には，当該特定の事業のために計画的な支出を行うという義務を負っていると考え，寄附金を受領した際に預り寄附金を計上する。

(設例４－４－１)

【問題】

寄附者から使途の特定を受けた寄附金50,000千円を受領した。

この場合に必要となる仕訳を作成しなさい。

【解答】（単位：千円）

（借方）	現金預金	50,000	（貸方）	預り寄附金	50,000

使途が特定されている場合，寄附金受領時には預り寄附金として流動負債に計上する。ただし，１年以内に使用されないと認められるものは，長期預り寄附金として固定負債に計上する。

なお，１年以内に使用されるかどうか分からない程度に使用時期が不明確な場合は，使途を特定した寄附金にならない（Q85-２）。

③　執行時の処理

A．費用発生時の処理

特定された使途のための費用が発生した時には，預り寄附金を収益に振り替えることとなる。これは費用の発生によって履行義務が解除されていると考えられるためである。

当該会計処理は基本的に運営費交付金と類似しているが，収益化については複数の方法が認められている運営費交付金と異なり，寄附金の場合には費用相当額を収益化する。

(設例４－４－２)

【問題】

45,000千円を特定された使途（○○事業）に充てるために使用した。

この場合に必要となる仕訳を作成しなさい。

【解答】（単位：千円）

（借方）	業務費	45,000	（貸方）	現金預金	45,000
	預り寄附金	45,000		寄附金収益	45,000

特定された使途に充てるための費用が発生した時点で，当該費用相当額を預り寄附金から寄附金収益に振り替える。ここで，使途に充てるための費用とは，直接的な費用か間接的な費用かを問わない。そのため，特定の業務に関連して直接的に把握できる費用に限らず，管理部門などの費用についても，それが適切に管理され寄附金の使途を実現するために発生したものであることを説明できるものは含まれる（Q85-3）。

また，特定された使途に係る費用相当額が受け入れた寄附金の額を下回った場合には，当該事業が終了した時点で，受け入れた寄附金の義務が解除されたと考えられるため，預り寄附金を全額取り崩し，寄附金収益として処理する（Q85-4）。

（設例４－４－３）

【問題】

○○事業が終了した。寄附金の未使用残高は50,000千円である。

この場合に必要となる仕訳を作成しなさい。

【解答】（単位：千円）

（借方）預り寄附金　50,000　（貸方）寄附金収益　50,000

Ｂ．固定資産の取得時の処理

固定資産に関する会計処理については，後述の(3)「固定資産に関する会計処理」で説明する。

(ウ) 使途が特定されていない場合

使途が特定されたと認められない場合には，企業会計と同様に，寄附金を受領した時に一括で収益計上する。そのため，費用が発生した際に会計処理は行わない。

① 申請時の処理

申請段階では未だ入金の事実がないため会計処理は行わない。

②　受領時の処理

（設例４－４－４）

【問題】

寄附者から使途が特定されていない寄附金50,000千円を受領した。

この場合に必要となる仕訳を作成しなさい。

【解答】（単位：千円）

（借方）		（貸方）	
現金預金	50,000	寄附金収益	50,000

③　執行時の処理

Ａ．費用発生時の処理

（設例４－４－６）

【問題】

45,000千円を○○事業に充てるために使用した。

この場合に必要となる仕訳を作成しなさい。

【解答】（単位：千円）

（借方）		（貸方）	
業務費	45,000	現金預金	45,000

(3) 固定資産に関する会計処理

使途が特定されている寄附金により固定資産を取得する場合

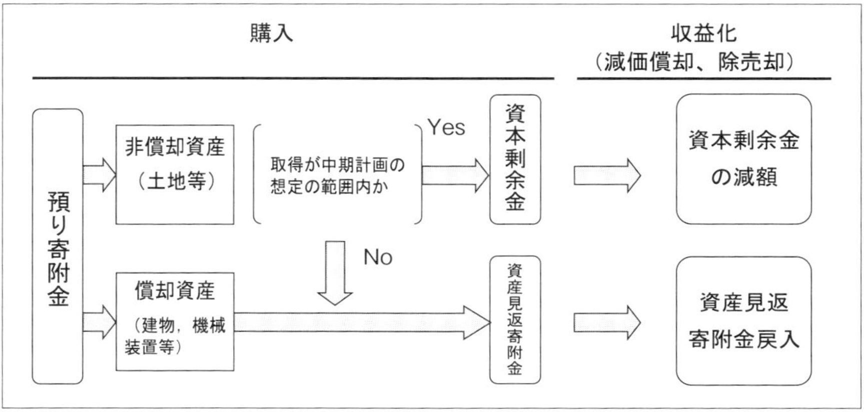

使途が特定されていない寄附金による固定資産取得の会計処理は，企業会計と同様であるため，ここでは使途が特定されている寄附金による固定資産取得の会計処理を説明する。

① 取得時の処理

a．非償却資産（中期計画等の想定の範囲内）

非償却資産を取得した場合には，これが中期計画の想定の範囲内であれば，独立行政法人の会計上の財産的基礎になると考えられるため，取得と同時に取得原価と同額を預り寄附金から資本剰余金に振り替える。

（設例４－４－７）

【問題】

寄附者から使途の特定を受けた寄附金50,000千円を受領し，土地を購入した。この場合に必要となる仕訳を作成しなさい。

【解答】（単位：千円）

（借方）	土　　　　地	50,000	（貸方）現　金　預　金	50,000
（借方）	預 り 寄 附 金	50,000	（貸方）資 本 剰 余 金	50,000

b．非償却資産（中期計画等の想定の範囲外）または償却資産

償却資産を取得した場合，償却資産の減価償却に対応させて預り寄附金を収益化するため，取得と同時に取得原価と同額を預り寄附金から別の負債科目である資産見返寄附金（固定負債）に振り替える。

（設例４-４-８）

【問題】

寄附者から使途の特定を受けた寄附金50,000千円を受領し，機械装置を購入した。この場合に必要となる仕訳を作成しなさい。

【解答】（単位：千円）

（借方）	機械装置	50,000	（貸方）	現金預金	50,000
（借方）	預り寄附金	50,000	（貸方）	資産見返寄附金	50,000

なお，中期計画の想定の範囲外で非償却資産を取得した場合とは，寄附者または独立行政法人によって寄附金の使途として特定の業務を実施することが定められ，そのために土地などの非償却資産を取得したものの，このような使途が主務大臣の認可を受けた中期計画に記載されなかったような場合を指す。この場合，主務大臣の監督のもとで行う資本増強とはいえないため，資本剰余金ではなく資産見返寄附金に振り替える（Q85-６）。

②　減価償却時の処理

償却資産を取得した場合，その財源は寄附金という形ですでに確保されており，期間損益が発生することは妥当ではないという趣旨から，減価償却費計上するとともに資産見返寄附金を収益化し，費用と収益を対応させる。

（設例４-４-９）

【問題】

ｂで取得した機械装置にかかる減価償却費10,000千円を計上した。

この場合に必要となる仕訳を作成しなさい。

【解答】（単位：千円）

（借方）	減価償却費	10,000	（貸方）	減価償却累計額	10,000
（借方）	資産見返寄附金	10,000	（貸方）	資産見返寄附金戻入	10,000

③ 除売却時の処理

固定資産を除売却する場合には，企業会計と同様に除売却の処理を行うとともに，資産見返寄附金の残額を収益化する。なお，中期計画の想定の範囲外で取得した非償却資産の場合も同様に除売却の処理を行うとともに，資産見返寄附金の全額を収益化する。

（設例４－４－10）

【問題】

ｂで取得した機械装置を35,000千円で売却した。

この場合に必要となる仕訳を作成しなさい。

【解答】（単位：千円）

（借方）	現金預金	35,000	（貸方）	機械装置	50,000
	減価償却累計額	10,000			
	固定資産売却損	5,000			
（借方）	資産見返寄附金	40,000	（貸方）	資産見返寄附金戻入	40,000

この結果，損益計算書上，機械装置の固定資産売却損と資産見返寄附金戻入の２つが計上される。

(4) 中期目標期間終了時の処理

使途が特定されているとして寄附金を受領した時に会計上の義務を認識した場合であって，中期計画の終了時において，預り寄附金に残高が残る場合であっても，運営費交付金債務とは異なり，精算のための収益化は不要である。これは，寄附者または独立行政法人が使途を特定した場合には，特定の事業のために計画的な支出を行うという義務を負っていると考え，この義務は中期計画の期間とは関係がないため，預り寄附金は中期計画期間が終了しても，当該使途に沿った費用が発生するまで負債のまま繰り越される。また，固定資産の取得によって預り寄附金から振り替えられた資産見返寄附金も同様であり，固定資産が貸借対照表に計上されている間は，次期中期計画期間へ繰り越すことになる（Q85-５）。

5 不要財産に係る国庫納付等

〈関連する基準等〉

〈基　準〉第98，99
〈Q＆A〉Q98-1～98-7，99-1～99-5

(1) 不要財産に係る国庫納付等の全般的説明

独立行政法人は，その財務基盤の適正化および国の財政への寄与を図るため，業務の見直し，社会経済情勢の変化その他の事由により，その保有する重要な財産であって主務省令で定めるものが将来にわたり業務を確実に実施するうえで必要がなくなったと認められる場合には，当該不要財産を処分しなければならない（通則法第８条３項）。不要財産であって政府からの出資または支出に係るものについては国庫に納付し（通則法第46条の２），政府以外の者からの出資に係るものについては当該出資者に払い戻すこととされている（通則法第46の３）。

これら通則法に関連し，独立行政法人会計基準においても当該不要財産の処分を「不要財産に係る国庫納付等」とし，会計処理を規定している。具体的には，不要財産に係る国庫納付等に伴う資本金等の減少に係る会計処理（基準第98）と，不要財産に係る国庫納付等に伴う譲渡取引に係る会計処理（基準第99）である。

(2) 不要財産に係る国庫納付等に係る会計処理

① 基準における国庫納付等の規定

基準では不要財産に係る国庫納付等について以下のとおり定めている。

基準第98　不要財産に係る国庫納付等に伴う資本金等の減少に係る会計処理

1　独立行政法人が通則法第46条の２の規定により不要財産に係る国庫納付をした場合において，当該納付に係る不要財産が政府からの出資に係るものであるときは，当該独立行政法人は，当該独立行政法人の資本金のうち当該納付に係る不要財産に係る部分として主務大臣が定める金額により資本金を減少するものとする。

2　独立行政法人が通則法第46条の３の規定により不要財産に係る民間等出資の払戻しをしたときは，当該独立行政法人は，当該独立行政法人の資本金のうち当該払戻しをした持分の額により資本金を減少するものとする。

3　独立行政法人が通則法第46条の２の規定により不要財産に係る国庫納付をした場合において，当該納付に係る不要財産の取得時に資本剰余金が計上されているときは，当該独立行政法人は，当該独立行政法人の資本剰余金のうち当該納付に係る部分の金額を資本剰余金から減少するものとする。

第99　不要財産に係る国庫納付等に伴う譲渡取引に係る会計処理

1　独立行政法人が通則法第46条の２又は第46条の３の規定に基づいて行う不要財産の譲渡取引のうち，主務大臣が必要なものとして指定した譲渡取引については，当該譲渡取引により生じた譲渡差額を損益計算上の損益には計上せず，資本剰余金を減額又は増額するものとする。

2　主務大臣が指定した譲渡取引に係る不要財産の国庫納付等に要した費用のうち，主務大臣が国庫納付等額から控除を認める費用については，損益計算上の費用には計上せず，資本剰余金を減額するものとする。

②　Q＆Aにおける国庫納付等の規定

Q＆Aに規定されている不要財産に係る国庫納付等に係る会計処理について，不要財産の種類および主務大臣の指定の有無により整理すると以下のとおりである。

主務大臣の指定／不要財産の種類	不要財産の譲渡取引が主務大臣により必要なものとして指定されていない場合	不要財産の譲渡取引が主務大臣により必要なものとして指定された場合
政府出資に係る資産（資本金）	Q98-1	Q99-1
取得時に資本剰余金として計上した資産	Q98-2	Q99-2
取得時に資産見返負債を計上した資産	Q98-3	

政府からの金銭出資により購入した満期保有目的債券	Q98－４	Q99－３

なお，Ｑ＆Ａではその他論点についても以下のとおり定めている。

不要財産の譲渡取引と国庫納付等が年度をまたがった場合の会計処理，注記	Q98－５，99－５
不要財産の譲渡により生じた簿価超過額の全部または一部について，国庫納付しないとする主務大臣の認可を受けた場合の会計処理	Q98－６
主務大臣が国庫納付額から控除を認める費用がある場合の会計処理	Q99－４

(3)　不要財産に係る国庫納付等に係る会計処理の例

不要財産に係る国庫納付等に係る会計処理は，対象資産が現物出資されたものか金銭出資されたものか，基準第87第１項「特定の資産」の適用を受けているか，譲渡取引の主務大臣による指定があるかといった，さまざまなパターンが存在する。国庫納付等（固定資産または債券に係る国庫納付等を前提としている）の会計処理を体系的に整理すると以下のとおりである。

<table>
<tr><th>不要財産の財源の種類</th><th>納付方法</th><th>売却損益</th><th colspan="2">第87第1項の特定なし</th></tr>
<tr><td rowspan="8">資本金</td><td rowspan="2">現物納付</td><td rowspan="2"></td><td colspan="2">主務大臣が定める額を減資し，国庫納付額との差額が生じた場合は資本剰余金（減資差益）として処理する。
（設例４－５－１ 備品A）</td></tr>
<tr><td>資本金 XXX
減価償却累計額 XXX</td><td>資産 XXX
資本剰余金（減資差益） XXX</td></tr>
<tr><td rowspan="6">売却して現金納付</td><td rowspan="3">益</td><td colspan="2">主務大臣が定める額を減資し，国庫納付額との差額が生じた場合は国庫納付金（臨時損失）として処理する。
（設例４－５－１ 備品B）</td></tr>
<tr><td>現金 XXX
減価償却累計額 XXX</td><td>資産 XXX
固定資産売却益※１ XXX</td></tr>
<tr><td>資本金 XXX
国庫納付金（臨時損失）※１ XXX</td><td>現金 XXX</td></tr>
<tr><td rowspan="3">損</td><td colspan="2">主務大臣が定める額を減資し，国庫納付額との差額が生じた場合は資本剰余金（減資差益）として処理する。
（設例４－５－１ 備品D）</td></tr>
<tr><td>現金 XXX
減価償却累計額 XXX
固定資産売却損※１ XXX</td><td>資産 XXX</td></tr>
<tr><td>資本金 XXX</td><td>現金 XXX
資本剰余金（減資差益） XXX</td></tr>
<tr><td rowspan="8">資本剰余金</td><td rowspan="2">現物納付</td><td rowspan="2"></td><td colspan="2">資本剰余金のうち，当該納付に係る不要財産部分の資本剰余金を減少させる。</td></tr>
<tr><td>資本剰余金＜簿価相当額＞ XXX
減価償却累計額 XXX</td><td>資産 XXX</td></tr>
<tr><td rowspan="6">売却して現金納付</td><td rowspan="3">益</td><td colspan="2">資本剰余金のうち，当該納付に係る不要財産部分の資本剰余金を減少させ，国庫納付額との差額が生じた場合は国庫納付金（臨時損失）として処理する。
（設例４－５－２ 備品F）</td></tr>
<tr><td>現金 XXX
減価償却累計額 XXX</td><td>資産 XXX
固定資産売却益※１ XXX</td></tr>
<tr><td>資本剰余金＜取得価額相当額＞ XXX
国庫納付金（臨時損失）※１ XXX</td><td>現金 XXX</td></tr>
<tr><td rowspan="3">損</td><td colspan="2">資本剰余金のうち，当該納付に係る不要財産部分の資本剰余金を減少させる。
（設例４－５－２ 備品H）</td></tr>
<tr><td>現金 XXX
減価償却累計額 XXX
固定資産売却損※１ XXX</td><td>資産 XXX</td></tr>
<tr><td>資本剰余金＜国庫納付額相当額＞ XXX</td><td>現金 XXX</td></tr>
</table>

<table>
<tr><th colspan="2">第87第1項の特定あり</th><th colspan="2">非償却資産</th></tr>
<tr><td colspan="2">主務大臣が定める額を減資し，国庫納付額との差額が生じた場合は資本剰余金（減資差益）として処理する。</td><td colspan="2">主務大臣が定める額を減資する。</td></tr>
<tr><td>資本金　XXX
減価償却累計額　XXX</td><td>資産　XXX
減価償却相当累計額　XXX
資本剰余金（減資差益）　XXX</td><td>資本金　XXX</td><td>資産　XXX</td></tr>
<tr><td colspan="2">主務大臣が定める額を減資し，国庫納付額との差額が生じた場合は資本剰余金を減額する。
また，特定された固定資産について売却益は計上されず，納付差額もP/L計上しない。
（設例4-5-1 備品E）</td><td colspan="2">主務大臣が定める額を減資し，国庫納付額との差額が生じた場合は資本剰余金を減額する。
また，非償却資産について売却益は計上されず，納付差額もP/L計上しない。</td></tr>
<tr><td>現金　XXX
減価償却累計額　XXX</td><td>資産　XXX
除売却差額相当累計額　XXX
（除売却差額相当額）</td><td rowspan="2">現金　XXX</td><td rowspan="2">資産　XXX
除売却差額相当累計額　XXX
（除売却差額相当額）</td></tr>
<tr><td>除売却差額相当累計額　XXX</td><td>減価償却相当累計額　XXX</td></tr>
<tr><td>資本金　XXX
資本剰余金（国庫納付差額）　XXX</td><td>現金　XXX</td><td>資本金　XXX
資本剰余金（国庫納付差額）　XXX</td><td>現金　XXX</td></tr>
<tr><td colspan="2">主務大臣が定める額を減資し，国庫納付額との差額が生じた場合は資本剰余金（減資差益）として処理する。
また，特定された固定資産について売却損は計上されず，納付差額もP/L計上しない。
（設例4-5-1 備品C）</td><td colspan="2">主務大臣が定める額を減資し，国庫納付額との差額が生じた場合は資本剰余金（減資差益）として処理する。
また，非償却資産について売却損は計上されず，納付差額もP/L計上しない。</td></tr>
<tr><td>現金　XXX
減価償却累計額　XXX
除売却差額相当累計額　XXX
（除売却差額相当額）</td><td>資産　XXX</td><td rowspan="2">現金　XXX
除売却差額相当累計額　XXX
（除売却差額相当額）</td><td rowspan="2">資産　XXX</td></tr>
<tr><td>除売却差額相当累計額　XXX</td><td>減価償却相当累計額　XXX</td></tr>
<tr><td>資本金　XXX</td><td>現金　XXX
資本剰余金（減資差益）　XXX</td><td>資本金　XXX</td><td>現金　XXX
資本剰余金（減資差益）　XXX</td></tr>
<tr><td colspan="2">資本剰余金のうち，当該納付に係る不要財産部分の資本剰余金を減少させる。</td><td colspan="2">資本剰余金のうち，当該納付に係る不要財産部分の資本剰余金を減少させる。</td></tr>
<tr><td>資本剰余金<取得価額相当額>　XXX
減価償却累計額　XXX</td><td>資産　XXX
減価償却相当累計額　XXX</td><td>資本剰余金<簿価相当額>　XXX</td><td>資産　XXX</td></tr>
<tr><td colspan="2">資本剰余金のうち，当該納付に係る不要財産部分の資本剰余金を減少させ，国庫納付額との差額が生じた場合は資本剰余金（国庫納付差額）として処理する。
また，特定された固定資産について売却益は計上されず，納付差額もP/L計上しない。
（設例4-5-2 備品Ｉ）</td><td colspan="2">資本剰余金のうち，当該納付に係る不要財産部分の資本剰余金を減少させ，国庫納付額との差額が生じた場合は資本剰余金（国庫納付差額）として処理する。
また，非償却資産について売却益は計上されず，納付差額もP/L計上しない。</td></tr>
<tr><td>現金　XXX
減価償却累計額　XXX</td><td>資産　XXX
除売却差額相当累計額　XXX
（除売却差額相当額）</td><td rowspan="2">現金　XXX</td><td rowspan="2">資産　XXX
除売却差額相当累計額　XXX
（除売却差額相当額）</td></tr>
<tr><td>除売却差額相当累計額　XXX</td><td>減価償却相当累計額　XXX</td></tr>
<tr><td>資本剰余金<取得価額相当額>　XXX
資本剰余金（国庫納付差額）　XXX</td><td>現金　XXX</td><td>資本剰余金<取得価額相当額>　XXX
資本剰余金（国庫納付差額）　XXX</td><td>現金　XXX</td></tr>
<tr><td colspan="2">資本剰余金のうち，当該納付に係る不要財産部分の資本剰余金を減少させる。
また，特定された固定資産について売却損は計上されず，納付差額もP/L計上しない。
（設例4-5-2 備品G）</td><td colspan="2">資本剰余金のうち，当該納付に係る不要財産部分の資本剰余金を減少させる。
また，非償却資産について売却損は計上されず，納付差額もP/L計上しない。</td></tr>
<tr><td>現金　XXX
減価償却累計額　XXX
除売却差額相当累計額　XXX
（除売却差額相当額）</td><td>資産　XXX</td><td rowspan="2">現金　XXX
除売却差額相当累計額　XXX
（除売却差額相当額）</td><td rowspan="2">資産　XXX</td></tr>
<tr><td>除売却差額相当累計額　XXX</td><td>減価償却相当累計額　XXX</td></tr>
<tr><td>資本剰余金<国庫納付額相当額>　XXX</td><td>現金　XXX</td><td>資本剰余金<国庫納付額相当額>　XXX</td><td>現金　XXX</td></tr>
</table>

不要財産の財源の種類	納付方法	売却損益	第87第1項の特定なし	
見返負債	現物納付		国庫納付した固定資産の取得価額および減価償却累計額を減少させ，差額は国庫納付金（臨時損失）として処理する。合わせて資産見返運営費交付金の残高を収益化させる。 （設例4-5-3 備品J）	
			国庫納付金（臨時損失） XXX 減価償却累計額 XXX 資産見返運営費交付金 XXX	資産 XXX 資産見返運営費交付金戻入 XXX
	売却して現金納付	益	納付相当額を国庫納付金（臨時損失）として処理する。 国庫納付した固定資産の取得価額および減価償却累計額を減少させ，差額は固定資産売却益として処理する。合わせて資産見返運営費交付金の残高を収益化させる。 （設例4-5-3 備品K）	
			現金 XXX 減価償却累計額 XXX 資産見返運営費交付金 XXX	資産 XXX 固定資産売却益 XXX 資産見返運営費交付金戻入 XXX
			国庫納付金（臨時損失） XXX	現金 XXX
		損	納付相当額を国庫納付金（臨時損失）として処理する。 国庫納付した固定資産の取得価額及び減価償却累計額を減少させ，差額は固定資産売却損として処理する。合わせて資産見返運営費交付金の残高を収益化させる。 （設例4-5-3 備品L）	
			現金 XXX 減価償却累計額 XXX 固定資産売却損 XXX 資産見返運営費交付金 XXX	資産 XXX 資産見返運営費交付金戻入 XXX
			国庫納付金（臨時損失） XXX	現金 XXX
債券	現物納付		資本金のうち，当該納付に係る部分として主務大臣が定める金額を減少させる。 （設例4-5-4 債券a）	
			資本金 XXX	投資有価証券 XXX
	売却して現金納付	益	資本金のうち，当該納付に係る部分として主務大臣が定める金額を減少させる。国庫納付額と差額が生じた場合は国庫納付金（臨時損失）を計上する。 （設例4-5-4 債券b，d）	
			現金 XXX	投資有価証券 XXX 投資有価証券売却益（臨時利益） XXX
			資本金 XXX 国庫納付金（臨時損失） XXX	現金 XXX
		損	資本金のうち，当該納付に係る部分として主務大臣が定める金額を減少させる。国庫納付額と差額が生じた場合は資本剰余金（減資差益）として処理する。 （設例4-5-4 債券c，e）	
			現金 XXX 投資有価証券売却損（臨時損失） XXX	投資有価証券 XXX
			資本金 XXX	現金 XXX 資本剰余金（減資差益） XXX

※1　不要財産の譲渡取引が主務大臣により必要なものとして指定された場合（QA99-1，99-2）
　売却益の場合：返納時の差額を資本剰余金（国庫納付差額）として処理するとともに，売却益を除売却差額相当累計額（除売却差額相当額）として処理する。
　売却損の場合：返納時の差額を資本剰余金（減資差益）として処理するとともに，売却損を除売却差額相当累計額（除売却差額相当額）として処理する。

※2　なお，「その他行政コスト」の計上に係る仕訳例においては，「その他行政コスト累計額」に係る勘定科目の後に「その他行政コスト」に係る勘定科目を括弧書きで記載している（Q20-2）。

<table>
<tr><th>第87第1項の特定あり</th><th colspan="2">非償却資産</th></tr>
<tr><td rowspan="2"></td><td colspan="2">国庫納付した固定資産の取得価額を減少させ，同額を国庫納付金（臨時損失）として処理する。合わせて資産見返運営費交付金の残高を収益化させる。</td></tr>
<tr><td>国庫納付金（臨時損失）　XXX
資産見返運営費交付金　XXX</td><td>資産　XXX
資産見返運営費交付金戻入　XXX</td></tr>
<tr><td rowspan="3"></td><td colspan="2">納付相当額を国庫納付金（臨時損失）として処理する。
国庫納付した固定資産の取得価額を減少させ，差額は固定資産売却益として処理する。合わせて資産見返運営費交付金の残高を収益化させる。</td></tr>
<tr><td>現金　XXX
資産見返運営費交付金　XXX</td><td>資産　XXX
固定資産売却益　XXX
資産見返運営費交付金戻入　XXX</td></tr>
<tr><td>国庫納付金（臨時損失）　XXX</td><td>現金　XXX</td></tr>
<tr><td rowspan="3"></td><td colspan="2">納付相当額を国庫納付金（臨時損失）として処理する。
国庫納付した固定資産の取得価額を減少させ，差額は固定資産売却損として処理する。合わせて資産見返運営費交付金の残高を収益化させる。</td></tr>
<tr><td>現金　XXX
固定資産売却損　XXX
資産見返運営費交付金　XXX</td><td>資産　XXX
資産見返運営費交付金戻入　XXX</td></tr>
<tr><td>国庫納付金（臨時損失）　XXX</td><td>現金　XXX</td></tr>
<tr><td></td><td colspan="2"></td></tr>
<tr><td></td><td colspan="2"></td></tr>
<tr><td></td><td colspan="2"></td></tr>
</table>

上表のうち，いくつかのパターンについて以下において，Ｑ＆Ａに照らして会計処理を示している。また，不要財産の譲渡と国庫納付等が年度をまたがった場合（Ｑ98－５）および譲渡による簿価超過額の全部または一部を国庫納付しないことについて認可を受けた場合（Ｑ98－６）の会計処理も併せて示している。

①　政府出資に係る不要財産を国庫納付した場合（Ｑ98－１，99－１）

（設例４－５－１）

【問題】

政府出資に係る以下の固定資産を，通則法第46条の２の規定により現物または譲渡して収入を国庫納付した。この場合における譲渡時および国庫納付時の仕訳を示しなさい。

（単位：千円）

名称	出資形態	基準第87 第１項の適用	取得 価額	減価償却 累計額	納付方法	減資額＊
備品Ａ	現物出資	無	20,000	5,000	現物納付	20,000
備品Ｂ	現物出資	無	16,000	4,000	譲渡収入を納付	16,000
備品Ｃ	現物出資	有	12,000	3,000	譲渡収入を納付	12,000
備品Ｄ	金銭出資	無	12,000	3,000	譲渡収入を納付	8,000
備品Ｅ	金銭出資	有	16,000	4,000	譲渡収入を納付	16,000

＊独立行政法人の資本金のうち当該不要財産に係る部分として主務大臣が定める金額

なお，固定資産を譲渡して収入を国庫納付する場合における譲渡金額，当該譲渡取引の主務大臣による指定の有無，主務大臣が必要なものとして指定した譲渡取引に係る譲渡費用，および国庫納付額は次の通りである。

（単位：千円）

名称	譲渡金額	指定の有無	譲渡費用	国庫納付額
備品Ｂ	18,000	無	—	18,000
備品Ｃ	8,000	無	—	8,000
備品Ｄ	8,000	有	—	8,000
備品Ｅ	18,500	有	500	18,000

【解答】（単位：千円）

〈備品Ａ〉

・国庫納付時の仕訳

国庫納付した資産および当該資産に係る減価償却累計額を減額するとともに，資本金のうち主務大臣が定める金額を減額する。基準第87第１項の特定を受けていない資産であるため，国庫納付額と資本金減少額との差額は，国庫納付額が資本金の減少額を下回る場合は，当該差額を減資差益として資本剰余金に計上する。

（借方）		（貸方）	
資本金	20,000	工具器具備品	20,000
減価償却累計額	5,000	資本剰余金 （減資差益）	5,000

〈備品Ｂ〉

・不要財産の譲渡時の仕訳

基準第87第１項の特定を受けていない資産であり，かつ譲渡取引にかかる主務大臣の指定がないため，売却益6,000を損益計算書に計上する。

（借方）		（貸方）	
現金預金	18,000	工具器具備品	16,000
減価償却累計額	4,000	固定資産売却益	6,000

・国庫納付時の仕訳

国庫納付した現金を減少させるとともに，資本金のうち当該不要財産に係る部分として主務大臣が定める金額を減額する。基準第87第１項の特定を受けていない資産であり，かつ譲渡取引にかかる主務大臣の指定がないため，国庫納付額と資本金減少額との差額は，国庫納付額が資本金の減少額を上回る場合は，当該差額を臨時損失として損益計算書に計上する。

（借方）		（貸方）	
資本金	16,000	現金預金	18,000
国庫納付金 （臨時損失）	2,000		

〈備品Ｃ〉

・不要財産の譲渡時の仕訳

基準第87第１項の特定を受けた資産であるため，譲渡取引にかかる主務大臣の指定の有無にかかわらず，売却損相当額1,000を除売却差額相当額として行政コスト計算書に計上する。また，これに減価償却相当累計額からの振替額3,000を加えた額を，貸借対照表上，除売却差額相当累計額に計上する。

（借方）現　金　預　金	8,000	（貸方）工具器具備品	12,000
減価償却累計額	3,000		
除売却差額相当累計額 （除売却差額相当額）	1,000		

（借方）除売却差額相当累計額	3,000	（貸方）減価償却相当累計額	3,000

・国庫納付時の仕訳

国庫納付した現金を減少させるとともに，資本金のうち当該不要財産に係る部分として主務大臣が定める金額を減額する。基準第87第１項の特定を受けた資産であるため，譲渡取引にかかる主務大臣の指定の有無にかかわらず，国庫納付額と資本金減少額との差額を資本剰余金で処理する。国庫納付額が資本金の減少額を下回る場合，当該差額を減資差益として資本剰余金に計上する。

（借方）資　本　金	12,000	（貸方）現　金　預　金	8,000
		資　本　剰　余　金 （減　資　差　益）	4,000

〈備品Ｄ〉

・不要財産の譲渡時の仕訳

基準第87第１項の特定を受けていない資産であるが，譲渡取引にかかる主務大臣の指定が有るため，売却損相当額1,000は損益計算書に計上せず，除売却差額相当額として行政コスト計算書に計上する。また，同額を貸借対照表上，除売却差額相当累計額に計上する。

（借方）現　金　預　金	8,000	（貸方）工具器具備品	12,000
減価償却累計額	3,000		
除売却差額相当累計額 （除売却差額相当額）	1,000		

・国庫納付時の仕訳

国庫納付した現金を減少させるとともに，資本金のうち当該不要財産に係る部分として主務大臣が定める金額を減額する。本数値例では，国庫納付額と資本金減少額との差額は生じない。

（借方）資　本　金	8,000	（貸方）現　金　預　金	8,000

〈備品Ｅ〉

・不要財産の譲渡時の仕訳

基準第87第１項の特定を受けた資産であるため，譲渡取引にかかる主務大臣の指定の有無にかかわらず，売却益相当額6,500を除売却差額相当額として行政コスト計算書に計上する。また，これに減価償却相当累計額からの振替額4,000を差引いた額を，貸借対照表上，除売却差額相当累計額に計上する。

（借方）	現金預金	18,500	（貸方）	工具器具備品	16,000
	減価償却累計額	4,000		除売却差額相当累計額 （除売却差額相当額）	6,500
（借方）	除売却差額相当累計額	4,000	（貸方）	減価償却相当累計額	4,000

・譲渡費用の仕訳

主務大臣が指定した譲渡取引に係る不要財産の国庫納付に要した費用のうち，主務大臣が国庫納付額から控除を認める費用については，損益計算上の費用には計上せず，除売却差額相当額として行政コスト計算書に計上するとともに，資本剰余金の減額項目である除売却差額相当累計額に計上する。

（借方）	除売却差額相当累計額 （除売却差額相当額）	500	（貸方）	現金預金	500

・国庫納付時の仕訳

国庫納付した現金を減少させるとともに，資本金のうち当該不要財産に係る部分として主務大臣が定める金額を減額する。基準第87第１項の特定を受けた資産であるため，譲渡取引にかかる主務大臣の指定の有無にかかわらず，国庫納付額と資本金減少額との差額を資本剰余金で処理する。国庫納付額が資本金の減少額を上回る場合，当該差額を国庫納付差額として資本剰余金から減額する。

（借方）	資本金	16,000	（貸方）	現金預金	18,000
	資本剰余金 （国庫納付差額）	2,000			

②　取得時に資本剰余金を計上した不要財産を国庫納付した場合（Q98-２，99-２）

（設例４-５-２）

【問題】

施設費を財源として取得した以下の固定資産を，通則法第46条の２の規定により譲渡して国庫納付した。この場合における譲渡時および国庫納付時の仕訳を示しなさい。

（単位：千円）

名称	基準第87第１項の適用	取得価額	減価償却累計額	納付方法
備品Ｆ	無	16,000	4,000	譲渡収入を納付
備品Ｇ	有	12,000	3,000	譲渡収入を納付
備品Ｈ	無	12,000	3,000	譲渡収入を納付
備品Ｉ	有	16,000	4,000	譲渡収入を納付

なお，譲渡金額，当該譲渡取引の主務大臣による指定の有無，主務大臣が必要なものとして指定した譲渡取引にかかる譲渡費用，および国庫納付額は次のとおりである。

（単位：千円）

名称	譲渡金額	指定の有無	譲渡費用	国庫納付額
備品Ｆ	18,000	無	—	18,000
備品Ｇ	8,000	無	—	8,000
備品Ｈ	8,000	有	—	8,000
備品Ｉ	18,500	有	500	18,000

【解答】（単位：千円）

〈備品Ｆ〉

・不要財産の譲渡時の仕訳

基準第87第１項の特定を受けていない資産であり，かつ譲渡取引にかかる主務大臣の指定がないため，売却益6,000を損益計算書に計上する。

（借方）		（貸方）	
現金預金	18,000	工具器具備品	16,000
減価償却累計額	4,000	固定資産売却益	6,000

・国庫納付時の仕訳

不要財産に係る部分の資本剰余金16,000を減額する。基準第87第１項の特定を受けていない資産であり，かつ譲渡取引にかかる主務大臣の指定がないため，国庫納付額が不要財産に係る資本剰余金を上回る場合は，当該差額を臨時損失として損益計算書に計上する。

（借方）	資本剰余金 （施設費）	16,000	（貸方）	現金預金	18,000
	国庫納付金 （臨時損失）	2,000			

〈備品Ｇ〉

・譲渡時の仕訳

基準第87第１項の特定を受けた資産であるため，譲渡取引にかかる主務大臣の指定の有無にかかわらず，売却損相当額1,000を除売却差額相当額として当期の行政コスト計算書に計上する。また，これに減価償却相当累計額からの振替額3,000を加えた額を，貸借対照表上，除売却差額相当累計額に計上する。

（借方）	現金預金	8,000	（貸方）	工具器具備品	12,000
	減価償却累計額	3,000			
	除売却差額相当累計額 （除売却差額相当額）	1,000			

（借方）	除売却差額相当累計額	3,000	（貸方）	減価償却相当累計額	3,000

・国庫納付時の仕訳

不要財産に係る部分の資本剰余金を減額する。本設例では国庫納付額8,000が不要財産に係る部分の資本剰余金の総額12,000を下回っているため，8,000のみ減額する。

（借方）	資本剰余金 （施設費）	8,000	（貸方）	現金預金	8,000

〈備品Ｈ〉

・不要財産の譲渡時の仕訳

基準第87第１項の特定を受けていない資産であるが，譲渡取引にかかる主務大臣の指定があるため，売却損相当額1,000は損益計算書に計上せず，除売却差額相当額として行政コスト計算書に計上する。また，同額を貸借対照表上，除売却差額相当累計額に計上する。

（借方）	現金預金	8,000	（貸方）	工具器具備品	12,000
	減価償却累計額	3,000			
	除売却差額相当累計額 （除売却差額相当額）	1,000			

・国庫納付時の仕訳

不要財産に係る部分の資本剰余金を減額する。本設例では国庫納付額8,000が不要財産に係る部分の資本剰余金の総額12,000を下回っているため，8,000のみ減額する。

（借方）	資本剰余金 （施設費）	8,000	（貸方）	現金預金	8,000

〈備品Ⅰ〉

・不要財産の譲渡時の仕訳

基準第87第1項の特定を受けた資産であるため，譲渡取引にかかる主務大臣の指定の有無にかかわらず，売却益相当額6,500を除売却差額相当額として当期の行政コスト計算書に計上する。また，これに減価償却相当累計額からの振替額4,000を差し引いた額を，貸借対照表上，除売却差額相当累計額に計上する。

（借方）	現金預金	18,500	（貸方）	工具器具備品	16,000
	減価償却累計額	4,000		除売却差額相当累計額 （除売却差額相当額）	6,500
（借方）	除売却差額相当累計額	4,000	（貸方）	減価償却相当累計額	4,000

・譲渡費用の仕訳

主務大臣が指定した譲渡取引に係る不要財産の国庫納付に要した費用のうち，主務大臣が国庫納付額から控除を認める費用については，損益計算上の費用には計上せず，除売却差額相当額として行政コスト計算書に計上するとともに，資本剰余金の減額項目である除売却差額相当累計額に計上する。

（借方）	除売却差額相当累計額 （除売却差額相当額）	500	（貸方）	現金預金	500

・国庫納付時の仕訳

不要財産に係る部分の資本剰余金を減額する。基準第87第1項の特定を受けた資産であるため，譲渡取引にかかる主務大臣の指定の有無にかかわらず，国庫納付額と資本金減少額との差額を資本剰余金で処理する。国庫納付額が不要財産に係る部分の資本剰余金を上回る場合，当該差額を国庫納付差額として資本剰余金から減額する。

（借方）	資本剰余金 （施設費）	16,000	（貸方）	現金預金	18,000
	資本剰余金 （国庫納付差額）	2,000			

③　取得時に資産見返負債を計上した不要財産を国庫納付した場合（Q 98-3）

（設例４－５－３）

【問題】

運営費交付金を財源として取得した以下の固定資産を，通則法第46条の２の規定により現物または譲渡して国庫納付した。この場合における譲渡時および国庫納付時の仕訳を示しなさい。

（単位：千円）

名称	取得価額	減価償却累計額	納付方法	譲渡金額	国庫納付額
備品Ｊ	20,000	5,000	現物納付	—	—
備品Ｋ	16,000	4,000	譲渡収入を納付	18,000	18,000
備品Ｌ	12,000	3,000	譲渡収入を納付	8,000	8,000

なお，当該譲渡取引の主務大臣による指定，および主務大臣が国庫納付額から控除を認める譲渡費用はいずれもないものとする。

【解答】（単位：千円）

〈備品Ｊ〉

・国庫納付時の仕訳

運営費交付金を財源として取得した固定資産を不要財産として現物納付する場合，納付する固定資産の帳簿価額相当額を臨時損失として損益計算書に計上するとともに，当該固定資産に係る資産見返運営費交付金を全額収益化する。

（借方）	減価償却累計額	5,000	（貸方）	工具器具備品	20,000
	国庫納付金 （臨時損失）	15,000			
（借方）	資産見返運営費交付金	15,000	（貸方）	資産見返運営費交付金戻入	15,000

〈備品Ｋ〉

・不要財産の譲渡時の仕訳

売却益6,000を損益計算書に計上するとともに，有形固定資産の簿価相当額12,000と同額の資産見返運営費交付金を資産見返運営費交付金戻入に振り替える。

（借方）	現金預金	18,000	（貸方）	工具器具備品	16,000
	減価償却累計額	4,000		固定資産売却益	6,000
（借方）	資産見返運営費交付金	12,000	（貸方）	資産見返運営費交付金戻入	12,000

・国庫納付時の仕訳

国庫納付額の全額を臨時損失として損益計算書に計上する。

（借方）	国庫納付金 （臨時損失）	18,000	（貸方）	現金預金	18,000

〈備品L〉

・不要財産の譲渡時の仕訳

売却損1,000を損益計算書に計上するとともに，有形固定資産の簿価相当額9,000と同額の資産見返運営費交付金を資産見返運営費交付金戻入に振り替える。

（借方）	現金預金	8,000	（貸方）	工具器具備品	12,000
	減価償却累計額	3,000			
	固定資産売却損	1,000			
（借方）	資産見返運営費交付金	9,000	（貸方）	資産見返運営費交付金戻入	9,000

・国庫納付時の仕訳

国庫納付額の全額を臨時損失として損益計算書に計上する。

（借方）	国庫納付金 （臨時損失）	8,000	（貸方）	現金預金	8,000

④　満期保有目的債券を不要財産として国庫納付した場合（Q98-4，99-3）（設例4-5-4）

次の場合において，X0年度およびX1年度に必要となる仕訳を示しなさい。なお，税効果会計は適用されていないものとする。

（X0年度）

政府からの金銭出資により取得した以下の債券を通則法第46条の2の規定により不要財産として処分する旨の意思決定を行った。

（単位：千円）

名称	額面金額	取得価額	償還期限	保有目的	納付方法	譲渡金額	国庫納付額
債券 a	10,000	10,000	X5年3月31日	満期保有	現物納付	—	10,000
債券 b	15,000	15,000	X6年3月31日	満期保有	譲渡収入を納付	18,000	18,000
債券 c	20,000	20,000	X6年3月31日	満期保有	譲渡収入を納付	18,500	18,500
債券 d	25,000	25,000	X7年3月31日	満期保有	譲渡収入を納付	27,500	27,500
債券 e	30,000	30,000	X7年3月31日	満期保有	譲渡収入を納付	24,000	24,000

●X1年２月20日

通則法第46条の２の規定に基づき，債券 a を現物で国庫納付した。なお，資本金のうち当該納付に係る部分として主務大臣が定めた金額は10,000千円である。

●X1年３月１日

通則法第46条の２の規定に基づき，債券 b を18,000千円で譲渡するとともに，同額を国庫納付した。なお，資本金のうち当該納付に係る部分として主務大臣が定めた金額は15,000千円である。また，債券 b の譲渡取引は主務大臣が必要なものとして指定した取引ではない。

●X1年３月25日

通則法第46条の２の規定に基づき，債券 c を18,500千円で譲渡するとともに，同額を国庫納付した。なお，資本金のうち当該納付に係る部分として主務大臣が定めた金額は20,000千円である。また，債券 c の譲渡取引は主務大臣が必要なものとして指定した取引ではない。

●X1年３月31日

保有している債券 d の時価は27,000千円，債券 e の時価は24,500千円であった。

（X1年度）

●X1年４月５日

通則法第46条の２の規定に基づき，債券 d を27,500千円で譲渡するとともに，同額を国庫納付した。なお，資本金のうち当該納付に係る部分として主務大臣が定めた金額は25,000千円である。また，債券 d の譲渡取引は主務大臣が必要なものとして指定した取引である。

●X1年４月30日

通則法第46条の２の規定に基づき，債券ｅを24,000千円で譲渡するとともに，同額を国庫納付した。なお，資本金のうち当該納付に係る部分として主務大臣が定めた金額は30,000千円である。また，債券ｅの譲渡取引は主務大臣が必要なものとして指定した取引である。

【解答】（単位：千円）

（X0年度）

満期保有目的の債券を不要財産として処分するという意思決定は，債券の保有目的の変更に該当する。

通常，満期保有目的の債券を償還期限前に売却した場合には，当該売却した債券と同じ事業年度に購入した残りの満期保有目的の債券のすべてについて，保有目的の変更があったものとして売買目的有価証券に振り替えなければならない。

しかし，通則法第46条の２の規定に基づく不要財産に係る国庫納付または通則法第46条の３の規定に基づく不要財産に係る民間等出資の払戻しをするために売却した場合には，売買目的有価証券への振替えは必要ない。

ただし，満期保有目的ではなくなることから，その他有価証券として時価評価を行い，評価差額の全額を純資産の部に計上する処理が必要となる（後述のX1年３月31日における仕訳参照）。

●X1年２月20日

・債券ａの現物納付に係る仕訳

資本金のうち主務大臣が定める金額を減額する。

（借方）	資本金	10,000	（貸方）	投資有価証券	10,000

●X1年３月１日

・債券ｂの譲渡取引に係る仕訳

譲渡取引に係る主務大臣の指定がないため，売却益を損益計算書に計上する。

（借方）	現金預金	18,000	（貸方）	投資有価証券	15,000
				投資有価証券売却益（臨時利益）	3,000

・国庫納付に係る仕訳

資本金のうち主務大臣が定める金額を減額する。譲渡取引に係る主務大臣の指定がないため，国庫納付額と資本金減少額との差額は，国庫納付額が資本金の減少額を上回る場合は，当該差額を国庫納付金として臨時損失に計上する。

（借方）	資本金	15,000	（貸方）	現金預金	18,000
	国庫納付金（臨時損失）	3,000			

●X1年３月25日

・債券ｃの譲渡取引に係る仕訳

譲渡取引に係る主務大臣の指定がないため，売却損を損益計算書に計上する。

（借方）	現金預金	18,500	（貸方）	投資有価証券	20,000
	投資有価証券売却損（臨時損失）	1,500			

・国庫納付に係る仕訳

資本金のうち主務大臣が定める金額を減額する。譲渡取引に係る主務大臣の指定がないため，国庫納付額と資本金減少額との差額は，国庫納付額が資本金の減少額を下回る場合は，当該差額を減資差益として資本剰余金に計上する。

（借方）	資本金	20,000	（貸方）	現金預金	18,500
				資本剰余金（減資差益）	1,500

●X1年３月31日

不要財産として次年度に処分することとされた債券は，売買目的有価証券，満期保有目的の債券および関係会社株式には該当しないと解されるため，その他有価証券に振り替えたうえで，各債券の償還期限にかかわらず流動資産に有価証券として一括表示する必要がある（Q27－８）。

その他有価証券に振り替えた債券は，時価をもって貸借対照表価額とし，評価差額はその全額を純資産の部に計上する（基準第27第２項(4)）。

・債券ｄの科目振替および期末評価に係る仕訳

（借方）	有価証券	25,000	（貸方）	投資有価証券	25,000
	有価証券	2,000		その他有価証券評価差額金	＊2,000

＊期末時価27,000－取得時価25,000＝2,000

・債券ｅの科目振替および期末評価に係る仕訳

（借方）	有価証券	30,000	（貸方）	投資有価証券	30,000
	その他有価証券評価差額金	＊5,500		有価証券	5,500

＊期末時価24,500－取得時価30,000＝△5,500

●X1年４月１日

前年度末に計上したその他有価証券評価差額金の洗替処理を行う。

・債券ｄに係る仕訳

（借方）	その他有価証券評価差額金	2,000	（貸方）	有価証券	2,000

・債券ｅに係る仕訳

（借方）	有価証券	5,500	（貸方）	その他有価証券評価差額金	5,500

●X1年４月５日

・債券ｄの譲渡取引に係る仕訳

譲渡取引に係る主務大臣の指定があるため，売却益相当額は損益計算書に計上せず，除売却差額相当額として行政コスト計算書に計上するとともに，資本剰余金の減額項目である除売却差額相当累計額に計上する。

（借方）	現金預金	27,500	（貸方）	有価証券	25,000
				除売却差額相当累計額（除売却差額相当額）	2,500

・国庫納付に係る仕訳

資本金のうち主務大臣が定める金額を減額する。譲渡取引に係る主務大臣の指定があるため，国庫納付額と資本金減少額との差額は，国庫納付額が資本金の減少額を上回る場合は，当該差額を国庫納付差額として資本剰余金で処理する。

（借方）	資本金	25,000	（貸方）	現金預金	27,500
	資本剰余金（国庫納付差額）	2,500			

●X1年４月30日

・債券ｅの譲渡取引に係る仕訳

譲渡取引に係る主務大臣の指定があるため，売却損相当額は損益計算書に計上せず，除売却差額相当額として行政コスト計算書に計上するとともに，資本剰余金の減額項目である除売却差額相当累計額に計上する。

（借方）	現金預金	24,000	（貸方）	有価証券	30,000
	除売却差額相当累計額（除売却差額相当額）	6,000			

・国庫納付に係る仕訳

資本金のうち主務大臣が定める金額を減額する。譲渡取引に係る主務大臣の指定があるため，国庫納付額と資本金減少額との差額は，国庫納付額が資本金の減少額を下回る場合は，当該差額を減資差益として資本剰余金で処理する。

（借方）	資本金	30,000	（貸方）	現金預金	24,000
				資本剰余金 （減資差益）	6,000

⑤　不要財産の譲渡により生じた簿価超過額の全部または一部について，国庫に納付しないことについて主務大臣の認可を受けた場合（Q98-6）

通則法第46条の２第３項ただし書きの主務大臣の認可を受けた場合，当該認可額は国庫に納付する必要はない。

（参考）通則法第46条の２第３項ただし書き

独立行政法人は，前項の場合において，政府出資等に係る不要財産の譲渡により生じた簿価超過額があるときは，遅滞なく，これを国庫に納付するものとする。ただし，その全部又は一部の金額について国庫に納付しないことについて主務大臣の認可を受けた場合における当該認可を受けた金額については，この限りでない。

（設例４−５−５）

【問題】

政府からの現物出資に係る備品Ｍ（基準第87第１項の適用がある特定償却資産）について，１年後に不要財産として売却し，その収入をもって国庫納付した。簿価（取得時の簿価）超過額の一部の金額については，通則法第46条の２第３項ただし書きにより国庫納付しないことについて主務大臣の認可があった。

なお，その他の条件は以下のとおりである。この場合における譲渡時および国庫納付時の仕訳を示しなさい。

（単位：千円）

取得価額	減価償却累計額	納付方法	減資額
10,000	2,000	譲渡収入を納付	10,000

売却金額	通則法第46条の２第３項ただし書きにより主務大臣が認可した金額	国庫納付額	資本金のうち当該納付に係る部分として主務大臣が定める金額
12,000	1,500	＊10,500	10,000

＊12,000－1,500

【解答】（単位：千円）

・不要財産の譲渡時の仕訳

当該ただし書きの主務大臣の認可がある場合は，基準第87第１項の特定がある固定資産であっても損益計算書に売却益を計上する。

（借方）	現金預金	12,000	（貸方）	工具器具備品	10,000
	減価償却累計額	2,000		減価償却相当累計額	2,000
				固定資産売却益	2,000

・国庫納付時の仕訳

同じくただし書きの主務大臣の認可がある場合，基準第87第１項の特定がある固定資産であっても，国庫納付額と資本金減少額との差額は，資本剰余金（国庫納付差額）で処理せず，損益計算書に臨時損失を計上する。

（借方）	資本金	10,000	（貸方）	現金預金	10,500
	国庫納付金 （臨時損失）	500			

⑥　不要財産を売却した年度と国庫納付等をする年度が異なる場合（Q99-5）

不要財産を売却した年度と国庫納付等をする年度が異なる場合，資本金の減額処理は実際の国庫納付時に行う。一方で，国庫納付等予定額が減少する資本金額を上回る場合には，譲渡取引終了後，遅滞なく国庫納付することが求められており（通則法第46条の２第２項），その時点で国庫納付義務は発生している。したがって，決算書作成時までに国庫納付額が確定している場合，国庫納付等予定額のうち減少する資本金額を上回る額を負債計上する。

なお，基準第99第１項に基づき資本剰余金を減額または増額した額についても同様の処理となる。

（設例４－５－６）

【問題】

次の場合において，X1年３月27日，X1年３月31日およびX1年４月25日に必要となる仕訳を示しなさい。

●X1年３月27日

政府出資を財源として取得した備品Ｎ（取得価額16,000千円，減価償却累計額4,000千円，基準第87第１項の適用なし）を，通則法第46条の２の規定に基づき18,000千円で譲渡した。なお，当該取引は主務大臣が必要なものとして指定した取引ではない。

●X1年４月25日

主務大臣より国庫納付等すべき金額として18,000千円の通知を受け，備品Ｎの譲渡により受け取った譲渡代金をすべて国庫納付した。なお，資本金のうち当該納付にかかる部分として主務大臣が定める金額は16,000千円である。

【解答】（単位：千円）

●X1年３月27日

（借方）	現金預金	18,000	（貸方）	工具器具備品	16,000
	減価償却累計額	4,000		固定資産売却益	6,000

●X1年３月31日（決算日）

（借方）	国庫納付金 （臨時損失）	2,000	（貸方）	国庫納付未払金	＊2,000

＊国庫納付額18,000－減資額16,000＝2,000

●X1年４月25日

資本金のうち当該納付に係る部分として主務大臣が定めた金額を資本金から減額するとともに，前年度末に計上した国庫納付未払金を取り崩す処理を行う。

（借方）	資本金	16,000	（貸方）	現金預金	18,000
	国庫納付未払金	2,000			

⑷　不要財産に係る国庫納付等に係る開示

①　キャッシュ・フロー計算書

不要財産の譲渡により生じた収入額から国庫納付等を行った場合，当該支出は「不要財産に係る国庫納付等による支出」として，財務活動によるキャッシュ・フローの区分に表示する。

また，不要財産の現物を国庫納付等した場合，重要な非資金取引としてキャッシュ・フロー計算書の注記が必要となる場合がある。

② 行政コスト計算書

通則法第46条の２または第46条の３の規定に基づいて行う不要財産の譲渡取引のうち，主務大臣が必要なものとして指定した譲渡取引により生じた譲渡差額および主務大臣が国庫納付等額から控除を認める譲渡費用については，その他行政コストに属するものとし，行政コスト計算書において，除売却差額相当額の科目に表示しなければならない（基準第99，注76）。

また，行政コスト計算書には，独立行政法人の業務運営に関して国民の負担に帰せられるコストを注記しなければならない（基準第62）。当該注記に関し，国庫納付額は最終的に国民の負担に属するものではないことから控除する必要があるが，国庫納付額には利益処分としてのものと損益計算書上に費用として計上されるものがある。利益処分として行われる国庫納付は，損益計算書に計上されず行政コストにも含まれないため，独立行政法人の業務運営に関して国民の負担に帰せられるコストの計算上，行政コストから控除する必要はない。一方，損益計算書上に費用として計上される国庫納付については，行政コストに含まれるためこれを控除する必要がある（Q62-９）。

③ 注　　記

不要財産に係る国庫納付等を行った場合には，以下の事項を注記する必要がある（注74，Q98-７）。

<table>
<tr><td>①</td><td colspan="2">資産種類</td></tr>
<tr><td>②</td><td colspan="2">資産名称</td></tr>
<tr><td rowspan="3">③</td><td rowspan="3">帳簿価額</td><td>(1)　取得価額</td></tr>
<tr><td>(2)　減価償却</td></tr>
<tr><td>(3)　帳簿価額</td></tr>
<tr><td>④</td><td colspan="2">不要財産となった理由</td></tr>
<tr><td>⑤</td><td colspan="2">国庫納付等の方法</td></tr>
</table>

<table>
<tr><td>⑥</td><td colspan="2">譲渡収入の額</td></tr>
<tr><td>⑦</td><td colspan="2">控除費用</td></tr>
<tr><td rowspan="6">⑧</td><td rowspan="6">国庫納付等の額
納付等年月日</td><td>(1)　国庫納付額</td></tr>
<tr><td>納付年月日</td></tr>
<tr><td>(2)　地方公共団体への払戻額</td></tr>
<tr><td>納付年月日</td></tr>
<tr><td>(3)　その他民間等への払戻額</td></tr>
<tr><td>納付年月日</td></tr>
<tr><td>⑨</td><td colspan="2">減資額</td></tr>
<tr><td>⑩</td><td colspan="2">備考</td></tr>
</table>

なお，不要財産に係る譲渡取引と国庫納付等が年度をまたがった場合，譲渡取引を行った年度および実際に国庫納付等を行った年度の両方において注記を行うことが求められる。譲渡取引が行われた年度において，国庫納付等が行われないと記載できない事項については，財務諸表作成時点において判明している事項を可能な限り取り込んで記載する（Q98-5）。

6 その他

(1) 特定の償却資産に係る費用相当額の会計処理

〈関連する基準等〉

〈基　準〉第87第１項
〈注　解〉注68
〈Ｑ＆Ａ〉Q87-1～Q87-7

① 特定の償却資産の概念および範囲

特定の償却資産とは，独立行政法人の財務構造等を勘案して主務大臣が，その減価に対応すべき収益の獲得が予定されないものとして，あらかじめ取得時までに独立行政法人の外から個別に資産を特定したものである（基準87第１項，Q87-1）。

基準第87第１項の特定の償却資産は，現物出資の償却資産や資本剰余金に対応する償却資産（施設費を財源とする償却資産）が主として対象となるものの，主務大臣により「特定」されたものに限定される。

なお，補助金等に関しては，これを財源として独立行政法人の会計上の財産的基礎となる固定資産の取得を行うことは予定されていないことから，補助金等を財源として，基準第87第１項の特定の償却資産を取得することはできない（Q83-２）。

償却期間の中途における「特定の償却資産」の指定の解除，追加指定そのほか，償却期間の中途における会計処理の変更は，取得後の事情の変更が生じた場合には可能とされている。ただし，この場合にも主務大臣がこのような指定の解除または追加を行うためには，別途省令上の規定の整備を行う必要があることとされている（Q87-４）。

②　特定の償却資産に係る費用相当額の会計処理

特定の償却資産に係る減価償却に相当する額については，損益計算書に計上するのではなく，「減価償却相当額」として，その他行政コストに計上する。また，それと同時に「減価償却相当累計額」として貸借対照表の「その他行政コスト累計額」に計上し，資本剰余金を減額することになる（Q20-２，Q55-１，Q87-２）。

なお，損益計算書に費用として計上しない理由は，独立行政法人独自の判断では意思決定が完結しえない収支を独立行政法人の業績を評価する手段としての収益や費用に含めないようにするためである。

（設例４-６-１）

【問題】

・施設費を財源として４月１日に建物10,000千円を取得した。

・当該資産は，主務大臣より基準第87第１項の特定の償却資産に該当するものとされた。

・耐用年数は５年，残存価額は０円とする。

・定額法により減価償却を実施する。

このときに特定の償却資産に係る費用相当額について必要な仕訳を作成しなさい。

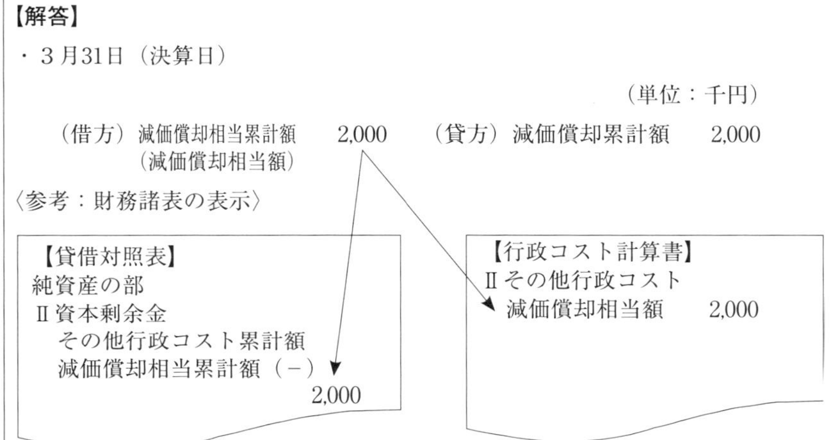

【解答】

・３月31日（決算日）

（単位：千円）

（借方）	減価償却相当累計額 （減価償却相当額）	2,000	（貸方）	減価償却累計額	2,000

〈参考：財務諸表の表示〉

（※１）　Ｑ＆Ａの仕訳例における勘定科目名称

「その他行政コスト」の計上に係る仕訳例においては,「その他行政コスト」及び「その他行政コスト累計額」が同時に計上されることを明確にすることおよび行政コストの重要性の観点から,「減価償却相当累計額（減価償却相当額）」といった形式で,「その他行政コスト累計額」に係る勘定科目の後に「その他行政コスト」に係る勘定科目を括弧書きで記載することとされている（Q20-２）。

⑵　特定の承継資産に係る費用相当額の会計処理

〈関連する基準等〉

〈基　準〉第87第２項

〈注　解〉注68

〈Ｑ＆Ａ〉87-８

①　特定の承継資産の概念および範囲

特定の承継資産とは，個別法の権利義務承継の根拠規定に基づく資産のうち，有形固定資産および無形固定資産を除き，主務大臣が，その減価に対応すべき収益の獲得が予定されないものとして，あらかじめ取得時までに独立行政法人の外から個別に資産を特定したものである。

具体的には,特殊法人や他の独立行政法人から法人が承継した,流動資産（たな卸資産）や投資その他の資産（敷金，長期前払費用）等が考えられる。

なお，承継資産の特定の要件や手続の規定については，主務省令で定める必要があることに留意が必要である（Q87-8）。

②　特定の承継資産に係る費用相当額の会計処理

特定の承継資産に係る費用相当額については，損益計算書の費用に計上するのではなく，「承継資産に係る費用相当額」として，その他行政コストに計上する。また，それと同時に「承継資産に係る費用相当累計額」として貸借対照表の「その他行政コスト累計額」に計上し，資本剰余金を減額することになる（Q87-8）。

なお，損益計算書に費用として計上しない理由は，(1)「特定の償却資産に係る費用相当額の会計処理」と同様である。

（設例４-６-２）

【問題】

・個別法の権利義務承継の根拠規定に基づく資産として，たな卸資産（貯蔵品）100千円を承継した。

・当該資産は，主務大臣より基準第87第２項の特定の承継資産に該当するものと認定された。

・取得したたな卸資産（貯蔵品）を３月31日に全額使用した。

このときの特定の承継資産に係る費用相当額について必要な仕訳を作成しなさい。

【解答】

・３月31日（貯蔵品使用時）

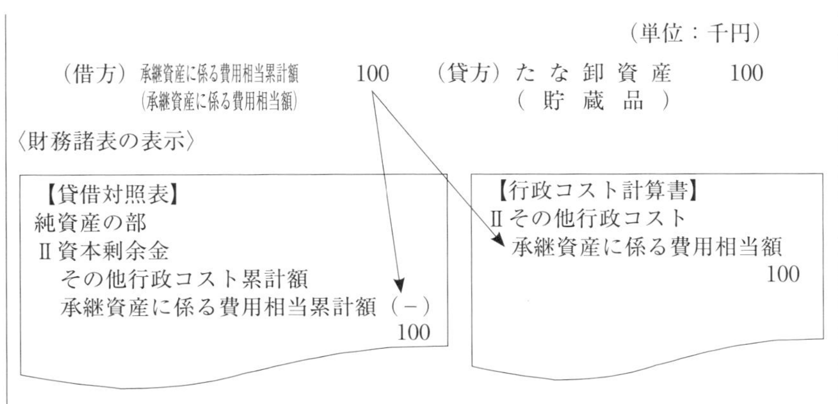

（※１）　Ｑ＆Ａの仕訳例における勘定科目名称

「その他行政コスト」の計上に係る仕訳例においては，「承継資産に係る費用相当累計額（承継資産に係る費用相当額）」といった形式で，「その他行政コスト累計額」に係る勘定科目の後に「その他行政コスト」に係る勘定科目を括弧書きで記載することとされている（Q20-２参照）。

③　承継資産に係る費用が過年度に計上されている場合

上記②の会計処理は，平成30年９月改訂の会計基準で新たに定められた会計処理である。承継資産に係る費用が過年度に計上されており，当期において取得前に特定されたとみなされた場合は，過年度に計上された費用の合計額を「承継資産の特定に伴う利益」（臨時利益）に振り替えるとともに，その他行政コストおよびその他行政コスト累計額を計上する。

（設例４－６－３）

【問題】

・承継資産であるたな卸資産について，当期において取得前に特定されたとみなされた。

・過年度に計上した当該資産に係る費用は70千円である。

　このときの特定の承継資産に係る費用相当額について必要な仕訳を作成しなさい。

【解答】（単位：千円）

（借方）	承継資産に係る費用相当累計額 （承継資産に係る費用相当額）	70	（貸方）承継資産の特定に伴う利益 （臨時利益）	70

なお，当該会計処理に係る金額に重要性がある場合には，行政コスト計算書および損益計算書にその内容を注記することとされている。

具体的な注記内容は以下のとおりである。

> **（行政コスト計算書関係）**
> 承継資産に係る費用相当額のうち，70千円は過年度に計上した費用分であります。
> **（損益計算書関係）**
> 臨時利益に計上した承継資産の特定に伴う利益70千円は，過年度に計上した費用に見合う収益であります。

また，「承継資産に係る費用相当累計額」は，「第87　特定の資産に係る費用相当額の会計処理」に基づき，その費用相当額に対応すべき収益の獲得が予定されないものとして特定できる場合に計上することとなる（パブリックコメント及び各府省意見照会等を踏まえた修正（独法会計基準）コメントNo.27）。

(3)　固定資産の除・売却の会計処理

〈関連する基準等〉

> 〈Q＆A〉 Q20-1，20-2，31-5，
> 31-5-2，57-3，69-2

①　概　　要

独立行政法人においては，固定資産を取得した際，取得原資拠出者の意図や取得資産の内容等を勘案した会計処理が採用されている。すなわち，当該固定資産の取得が資本計算に属するものと損益計算に属するものとに区別されている。したがって，固定資産の処分時の会計処理も，取得時の会計処理に沿って実施することとなる。

②　会計処理

（設例４－６－４）

【問題】

（前提条件―以下の設例において共通）

・建物1,000千円を取得した。

・耐用年数は５年，残存価額は０円とする。

・定額法により減価償却を実施する。

・建物取得の１年後（減価償却累計額200千円，簿価800千円）に建物を売却した。

このときに必要な仕訳を作成しなさい。

【解答】

ａ．会計基準87第１項の特定の償却資産（ｂ.の場合を除く）の場合

〈会計処理〉

イ．600千円で売却した場合（現金取引とする）

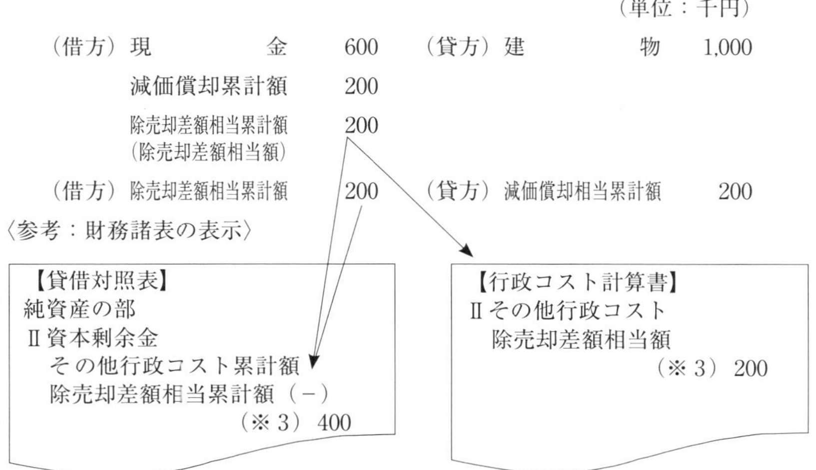

（単位：千円）

（借方）	現　金	600	（貸方）	建　物	1,000
	減価償却累計額	200			
	除売却差額相当累計額 （除売却差額相当額）	200			
（借方）	除売却差額相当累計額	200	（貸方）	減価償却相当累計額	200

〈参考：財務諸表の表示〉

（※１）　Ｑ＆Ａの仕訳例における勘定科目名称

「その他行政コスト」の計上に係る仕訳例においては，「除売却差額相当累計額（除売却差額相当額）」といった形式で，「その他行政コスト累計額」に係る勘定科目の後に「その他行政コスト」に係る勘定科目を括弧書きで記載することとされている（Ｑ20－２）。

（※２）　その他行政コスト累計額の振替仕訳（下段の仕訳）の意味

除売却により，当該資産は存在しないことになるため，減価償却相当累計額を貸借対照表に継続して計上することは適切ではない。したがって，減価償却相当累計額を，当該資産の処分（除却および売却）時において，除売却差額相当累計額に振り替える必要がある。なお，当該振替においては，その他行政コストである減価償却相当額および除売却差額相当額は，計上されないことに留意が必要である（Q20-2）。

（※3）　貸借対照表および行政コスト計算書の表示方法

当期の売却損相当額である200を除売却差額相当額として当期の行政コスト計算書に表示する。また，これに減価償却相当累計額からの振替額200（※2参照）を加えた額を，貸借対照表上，資本剰余金の減額項目である除売却差額相当累計額400として表示する。

ロ．1,200千円で売却した場合（現金取引とする）

〈会計処理〉

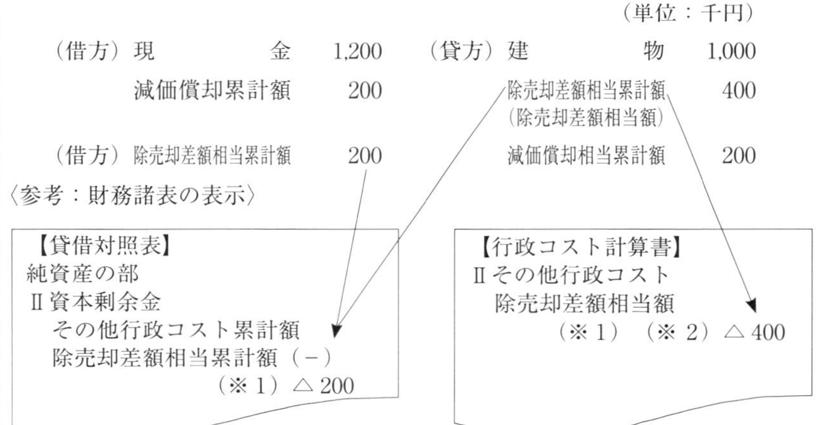

（単位：千円）

（借方）	現　　　　　金	1,200	（貸方）	建　　　　　物	1,000
	減価償却累計額	200		除売却差額相当累計額 （除売却差額相当額）	400
（借方）	除売却差額相当累計額	200		減価償却相当累計額	200

〈参考：財務諸表の表示〉

（※1）　貸借対照表および行政コスト計算書の表示方法

当期の売却益相当額である400を除売却差額相当額△400として当期の行政コスト計算書に表示する。また，これに減価償却相当累計額からの振替額200を加えた額を，貸借対照表上，資本剰余金の減額項目である除売却差額相当累計額△200として表示する。

（※2）　除売却差額相当額のマイナス（△）計上

売却益相当額が生じる場合には，行政コストの構成要素の整理上，費用と収益のような，行政コストの反対に位置する概念は定めていないことから，その他行政コストのマイナスとして除売却差額相当額に含めて計上することとされている。（Q20-1 A3） b．基準87第１項の特定の償却資産の場合で，かつ，通則法第46条の２第３項ただし書きによる不要財産の譲渡により生じた簿価（取得時の簿価）超過額の全部または一部の金額を国庫納付しないことについて主務大臣の認可を受けた場合

→前述5「不要財産に係る国庫納付等」を参照のこと

c．取得時に資産見返勘定を計上している場合
（たとえば運営費交付金で償却資産を購入した場合）

【解答】

〈会計処理〉

イ．600千円で売却した場合（現金取引とする）

（単位：千円）

（借方）	現金	600	（貸方）	建物	1,000
	減価償却累計額	200			
	固定資産売却損	200			
	資産見返運営費交付金	800		資産見返運営費交付金戻入	800

（※１）　資産見返運営費交付金戻入額について
有形固定資産の簿価相当額800と同額の資産見返運営費交付金を資産見返運営費交付金戻入に振り替える（以下同じ）。

ロ．1,200千円で売却した場合（現金取引とする）

（単位：千円）

（借方）	現金	1,200	（貸方）	建物	1,000
	減価償却累計額	200		固定資産売却益	400
	資産見返運営費交付金	800		資産見返運営費交付金戻入	800

d．取得時に特に貸方の処理がない場合
（たとえば自己収入の場合）

【解答】

〈会計処理〉

イ．600千円で売却した場合（現金取引とする）

（単位：千円）

（借方）	現　　　　金	600	（貸方）建　　　　物	1,000
	減価償却累計額	200		
	固定資産売却損	200		

ロ．1,200千円で売却した場合（現金取引とする）

（単位：千円）

（借方）	現　　　　金	1,200	（貸方）建　　　　物	1,000
	減価償却累計額	200	固定資産売却益	400

e．基準87第１項の特定の償却資産（b.の場合を除く）で，過去に減損損失相当累計額を計上している場合

【問題】

・X1年４月１日に建物1,000千円を取得した。
・耐用年数は５年，残存価額は０円とする。
・定額法により減価償却を実施する。
・取得から１年後（減価償却累計額200千円，簿価800千円）のX2年３月31日に減損損失相当累計額300千円を計上した。

このときに必要な仕訳を作成しなさい。

【解答】

イ．X2年４月１日に400千円で売却した場合（現金取引とする）

〈会計処理〉

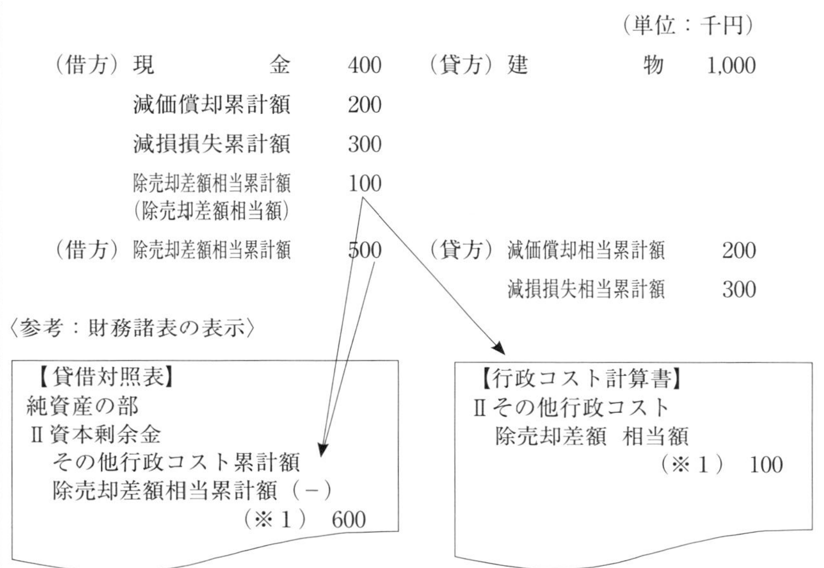

（※１）　貸借対照表および行政コスト計算書の表示方法

当期の売却損相当額である100を除売却差額相当額として当期の行政コスト計算書に表示する。また，これに減価償却相当累計額200および減損損失累計額300からの振替額の合計額500を加えた額を，貸借対照表上，資本剰余金の減額項目である除売却差額相当累計額600として表示する。

ロ．X2年４月１日に800千円で売却した場合（現金取引とする）

〈会計処理〉

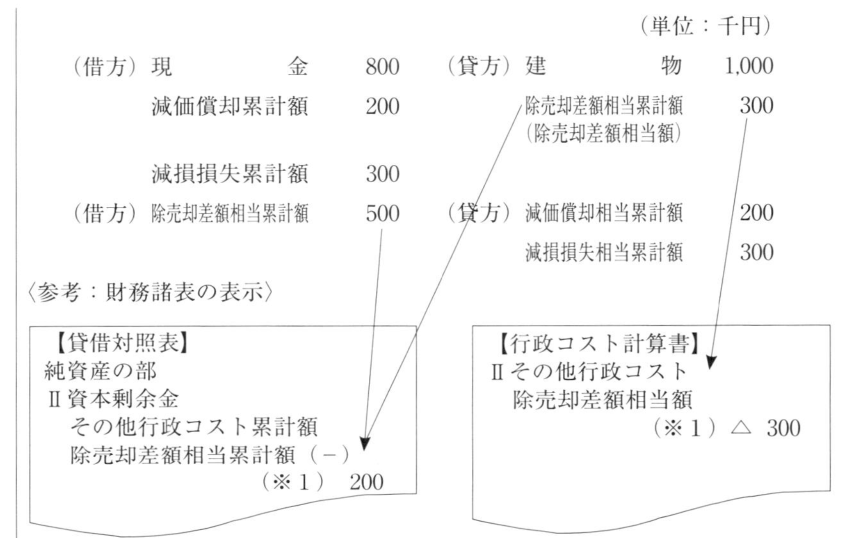

（単位：千円）

（借方）	現金	800	（貸方）	建物	1,000
	減価償却累計額	200		除売却差額相当累計額 （除売却差額相当額）	300
	減損損失累計額	300			
（借方）	除売却差額相当累計額	500	（貸方）	減価償却相当累計額	200
				減損損失相当累計額	300

〈参考：財務諸表の表示〉

【貸借対照表】
純資産の部
Ⅱ資本剰余金
その他行政コスト累計額
除売却差額相当累計額（－）
（※１）　200

【行政コスト計算書】
Ⅱその他行政コスト
除売却差額相当額
（※１）△　300

（※１）　貸借対照表および行政コスト計算書の表示方法

当期の売却益相当額である300を除売却差額相当額△300として当期の行政コスト計算書に表示する。また，これに減価償却相当累計額200および減損損失累計額300からの振替額の合計額500を加えた額を，貸借対照表上，資本剰余金の減額項目である除売却差額相当累計額200として表示する。

③　令和元事業年度におけるその他行政コスト累計額の計算方法

令和元事業年度の除売却差額相当累計額の期首残高は，平成28年２月改訂Q＆AのQ79-１「14　資本金及び資本剰余金の明細」における資本剰余金の内訳項目である「損益外除売却差額相当額」の平成30事業年度における期末残高から平成30事業年度までに計上された資本剰余金（国庫納付差額）を控除した額となる。

そして，上記で計算された除売却差額相当累計額の期首残高に，令和元事業年度に発生したその他行政コストである除売却差額相当額を加減算した金額が，令和元事業年度の貸借対照表における除売却差額相当累計額となる（Q57-３）。

同様に，従来の会計基準において，損益外項目として表示していた科目は，以下のとおり読み替えられる（Q69-２）。

平成30事業年度の表示項目	令和元事業年度の表示項目	令和元事業年度の当期首残高
損益外減価償却累計額	減価償却相当累計額	平成30事業年度の期末残高を引き継ぐ
損益外減損損失累計額	減損損失相当累計額	同上
損益外利息費用累計額	利息費用相当累計額	同上
―	承継資産に係る費用相当累計額	―
損益外除売却差額相当額	除売却差額相当累計額	前記参照（Q57-３）

なお，控除した資本剰余金（国庫納付差額）は狭義の資本剰余金に含まれ，Q79-１「14　資本剰余金の明細」における資本剰余金の内訳項目に表示されることとなる。

これは，平成28年２月改訂Q＆AのQ79-１「14　資本金及び資本剰余金の明細」の記載上の注意⑥に「資本剰余金（国庫納付差額）については，損益外除売却差額相当額の欄に記載する」旨を規定していたため，損益外除売却差額相当額には資本剰余金（国庫納付差額）が含まれているが，平成30年９月の会計基準の改訂により，資本剰余金（国庫納付差額）はその他行政コストに含めないこととされたため（Q20-１Ａ３），その他行政コスト累計額である除売却差額相当累計額にも含めないこととしたものである。

⑷　目的積立金に係る会計処理

〈関連する基準等〉

〈基　準〉第67，97

〈Q＆A〉Q97-１～97-５

①　制度の概要

目的積立金とは，利益処分において，繰越欠損金を控除してもなお残余がある場合に，経営努力により生じたと主務大臣に認定された額について，中期計画で定める使途に充てるために使途の名称を付した積立金である（第８章④「利益の処分または損失の処理に関する書類」参照）。

したがって，目的積立金については，中期計画であらかじめ定められた「剰余金の使途」に沿い使用することが可能である。

② 会計処理

ａ．費用が発生する場合

費用が発生したときは，その同額を取り崩して目的積立金取崩額に振り替える（基準第97）。なお，この場合の損益計算書上の表示は，当期純利益の後に，「目的積立金取崩額」として表示することとなる（基準第67）。

（設例４−６−５）

【問題】

目的積立金を中期計画に定められた「剰余金の使途」に沿い，委託費として2,000千円使用した。この場合に必要な仕訳を作成しなさい。

【解答】（単位：千円）

（借方）	委託費	2,000	（貸方）	現金	2,000
（借方）	目的積立金	2,000	（貸方）	目的積立金取崩額	2,000

ｂ．固定資産を取得した場合

固定資産を取得した場合には，償却資産，非償却資産を問わず，その取得に要した額を取り崩して資本剰余金に振り替える。なお，当該会計処理は，純資産変動計算書の当期変動額に表示される（基準第97，Ｑ97−１）。

（設例４−６−６）

【問題】

目的積立金を使って中期計画に定められた「剰余金の使途」に沿い，建物20,000千円を取得した。この場合に必要な仕訳を作成しなさい。

【解答】（単位：千円）

（借方）	建物	20,000	（貸方）	現金	20,000
（借方）	目的積立金	20,000	（貸方）	資本剰余金	20,000

減価償却の処理については，当該取得した資産が基準第87第１項の特定の償却資産に該当する場合には，行政コスト計算書上の減価償却相当額として処理される。一方，該当しない場合には損益計算書上の減価償却費として処理され

る（Q97‐２，97‐３）。

なお，上記のそれぞれの会計処理は，前中期目標期間繰越積立金であっても同様である（Q97‐４）。

(5)　自己収入に係る会計処理

〈関連する基準等〉

〈基　準〉第65，86
〈注　解〉注67
〈Q＆A〉Q86‐１～86‐２

①　自己収入の会計処理の概要

受託研究や共同研究等に係る収入など，独立行政法人がそのサービスの提供等により得た収入（自己収入）については，これを実現主義の原則に従い，各期の収益として計上する（基準第86）。

実現主義における実現とは，会計学の通説では，①財貨を引き渡しまたは役務を提供し，②それと引換えに流動性ある対価を獲得することを指すとされている（Q86‐１）。

なお，自己収入を財源として固定資産を取得する場合には，独立行政法人固有の処理は特に必要ない。他方で，独立行政法人の損益の発生原因となることに留意が必要である（第４章⑺「独立行政法人の損益の発生原因分析」参照）。

②　受託収入の会計処理

受託収入とは，独立行政法人が外部からの委託を受けて，提供したサービス等の対価をいう。

Q＆Aでは，実現主義による収益の認識基準として，原則として完成基準によることとしつつ，請負契約のように，契約締結の段階で総収益と総原価が当事者間で合意されており，かつ，契約の結果を信頼性をもって見積ることができる場合には，サービスの進行の程度に応じて収益計上を行う進行基準を採用することを認めている（Q86‐１）。

（設例４‐６‐７）

【問題】

民間企業より２年契約で研究契約を受託した。

なお，契約により総収益を100,000千円とし，研究終了時に一括で支払われることが明示されており，総原価は90,000千円が予定されている。

サービスの進行は，原価の発生と比例するものと仮定し，原価の発生は契約期間を通じて均等であるものと仮定する。

また，入金，支払はすべて現金によるものと仮定する。

この場合に必要な仕訳を作成しなさい。

【解答】（単位：千円）

ａ．完成基準による収益の計上

１年目　費用発生時

（借方）未成研究支出金　45,000　（貸方）現　　　金　45,000

２年目　費用発生時

（借方）未成研究支出金　45,000　（貸方）現　　　金　45,000

研究終了時

（借方）現　　　金　100,000　（貸方）受託研究収入　100,000

（借方）受託研究費用　90,000　（貸方）未成研究支出金　90,000

上記仕訳例のように，完成基準によった場合，研究終了時に一括で収益と費用を計上することとなり，研究終了前に決算期が到来した場合は，それまでに発生した費用を流動資産として計上する。

ｂ．進行基準による収益の計上

１年目　費用発生時

（借方）受託研究費用　45,000　（貸方）現　　　金　45,000

決算時

（借方）未　収　金　50,000　（貸方）受託研究収入　50,000

２年目　費用発生時

（借方）受託研究費用　45,000　（貸方）現　　　金　45,000

研究終了時

（借方）現　　　金　100,000　（貸方）受託研究収入　50,000

（貸方）未　収　金　50,000

上記仕訳例のように，進行基準によった場合，決算期ごとにサービスの進行の程度に応じて収益を計上することとなる。

したがって，１年目に収益計上される額は，総収益100,000千円×進捗率50％（総原価90,000千円に対して，１年目の原価発生額45,000千円）で計算される50,000千円となる。

なお，進行基準の採用にあたっては，総原価および進捗率を合理的に見積ることができることが求められる。

(6)　科学研究費補助金に係る会計処理

〈関連する基準等〉

〈Ｑ＆Ａ〉Ｑ26－２－２，66－５

①　制度の概要

科学研究費補助金とは，研究種目により文部科学省または日本学術振興会が所管および審査を行い，研究機関に所属する研究者個人が行う研究に対して交付される補助金であり，研究機関自体に交付されるものではない。しかし，実際の補助金の取扱事務は，研究機関の事務局で行うことから，当該事務処理に係る経費相当額（間接経費）については，研究機関に配分される。

このような特徴を持つ科学研究費補助金を画一的に処理するため，Ｑ66－５にて取扱いが示されている。

②　会計処理の概要

ａ．申請時の処理

申請段階では未だ入金の事実がないため会計処理は不要である。

ｂ．受領時および支払時の処理

研究機関が科学研究費補助金を受領した場合，研究者個人に配分される部分は，預り金として処理し，研究機関から研究者個人に支払われた際に，預り金を取り崩す。また，補助金に含まれる間接経費部分は，研究機関の収益として処理する（Ｑ66－５）。

（設例４－６－８）

【問題】

文部科学省から科学研究費10,000千円の交付を受けた。うち，研究者個人に7,000千円支払い，間接経費部分3,000千円を預り科学研究費補助金から雑収入に振り替えた。この場合に必要な仕訳を作成しなさい。

【解答】（単位：千円）

（借方）	現金預金	10,000	（貸方）	預り科学研究費補助金	10,000
（借方）	預り科学研究費補助金	10,000	（貸方）	現金預金	7,000
				雑収入	3,000

c．寄附受けの処理

科学研究費補助金で研究者が固定資産を購入した場合には，当該固定資産の所有権は研究者個人に帰属する。しかし，科学研究費補助金取扱規程において，補助金により固定資産を購入した場合にはただちに，所属研究機関に寄附しなければならないとされている。寄附により取得した資産は，基準第26条に従い公正な評価額をもって取得価額とするとされているが，科学研究費補助金で取得した固定資産を研究機関が研究者から寄附を受けた場合には，原則として当該固定資産の取得価額が公正な評価額となる（Q26－２－２）。

寄附金による固定資産の取得については，基準第85および注解65の考え方を踏まえて会計処理する必要がある。

具体的には，寄附を受けた資産の使途が特定されていると認められる場合は，資産見返寄附金の科目で整理し，使途が特定されていない場合は，当該資産の貸借対照表計上価額と同額を受贈益として計上することとなる（Q26－７）。

（設例４－６－９）

【問題】

研究者個人が科学研究費補助金7,000千円で機械装置を購入し，購入と同時に，使途を特定したうえで研究機関に寄贈された。この場合に必要な仕訳を作成しなさい。

【解答】（単位：千円）

（借方）機　械　装　置	7,000	（貸方）資産見返寄附金	7,000

(7)　現物出資に係る会計処理

〈関連する基準等〉

〈基　準〉第19，31
〈Ｑ＆Ａ〉Q26-３，26-５，40-４，55-１，57-１，57-２，87-１，87-２

①　会計処理の概要

政府からの現物出資として受け入れた固定資産および特殊法人などから承継した固定資産については，個別法の現物出資または権利義務承継の根拠規定に基づき評価委員が決定した価額を取得原価とし（基準第31），これをすべて独立行政法人の会計上の財産的基礎をなすものとして資本金に整理する（基準第19）。なお，無償譲与の場合と異なり，重要性の有無にかかわらず，現物出資の対象となるものは，すべて固定資産として計上する必要がある。

また，承継時には，評価委員が決定した取得価額そのもので貸借対照表に計上し，減価償却累計額はゼロとし，その後の減価償却については，その資産にかかる残存耐用年数（当該資産の取得日以降の使用可能期間）について減価償却を行っていくこととなる（Q40-４）。

(8)　無償譲与に係る会計処理

〈関連する基準等〉

〈基　準〉第26，31
〈Ｑ＆Ａ〉Q16-１，26-１～26-７

①　会計処理の概要

無償譲与による固定資産取得の会計処理は，政府（国）からの譲与の場合と政府以外の者からの譲与の場合の２つに大別される。

政府からの譲与については，非償却資産の譲与を受けた場合には譲与資産の公正な評価額を資本剰余金として処理する。また，償却資産の譲与を受けた場合には，譲与資産の公正な評価額を資産見返物品受贈額として処理し，毎期，減価償却費と同額を資産見返物品受贈額戻入として収益に振り替える。

一方，政府以外の者からの譲与については，寄附金により固定資産を取得した場合に準じた会計処理を行うことになる（Q16-1）。

なお，公正な評価額が固定資産の計上基準に満たない消耗品の場合には，借方を消耗品費として費用計上するとともに，貸方に同額を物品受贈益として計上し，費用と収益を対応させる会計処理を行う（Q26-1）。

② 会計処理例

取得後の減価償却および資産見返勘定の戻入，売却および除却に関する会計処理は，基本的には運営費交付金，寄附金等と同様になるため，ここでは固定資産取得時の会計処理のみ例示する。

a．固定資産の取得

（設例4-6-10）

【問題】

国から公正な評価額5,000千円の固定資産（非償却資産），1,000千円の工具器具備品および20千円の消耗品の譲与を受けた。この場合に必要な仕訳を作成しなさい。

【解答】（単位：千円）

（借方）	固定資産 （非償却資産）	5,000	（貸方）	資本剰余金	5,000
（借方）	工具器具備品	1,000	（貸方）	資産見返物品受贈額	1,000
（借方）	消耗品費	20	（貸方）	物品受贈益	20

(9)　事後に財源措置が行われる特定の費用に係る会計処理

〈関連する基準等〉

〈基　準〉第84
〈注　解〉注64
〈Ｑ＆Ａ〉Ｑ84－１，84－２

①　制度の概要

独立行政法人の業務運営に要する費用のうち，事後的に財源措置が想定されている特定の費用に対しては，財源措置予定額を実際の金銭授受に先立って収益を計上するとともに，同額を未収計上する。

なお，後年度において財源措置することとされている特定の費用は，独立行政法人が負担した特定の費用について，事後に財源措置を行うことおよび財源措置を行う費用の範囲，時期，方法等が，たとえば中期計画等または年度計画で明らかにされていなければならない（基準第84）。

②　財源措置予定額収益の計上要件

事後的な財源措置が多用され，仮に不足資金に対する財源供与がいたずらに行われると，効率的，効果的な運営が期待される独立行政法人制度そのものの趣旨が没却されてしまう。このような事態を回避するためには，事後の財源措置が必要とされるケースをあらかじめ明確にしておく必要があり，注解およびＱ＆Ａでは，以下のようなケースに事後的な財源措置を限定する旨，規定している（基準第84，注64，Ｑ84－１）。

・事後に財源措置が行われることが法令の規定により定められている場合
・独立行政法人が行う資金の貸付けに係る貸倒損失のうち独立行政法人の責任の範囲外の部分の補てん等，運営費交付金等による事前の財源措置を困難とする合理的な理由がある場合

なお，当該特定の費用が，貸倒引当金繰入額の場合における国と独立行政法人の責任範囲は，たとえば，債券の種類ごとに債権額の一定割合までは国がその貸倒損失を負担し，これを上回る部分は独立行政法人が負担する等，具体的に定められる必要がある。

〈仕訳〉

(借方)		(貸方)	
未収財源措置予定額（固定資産）	×××	財源措置予定額収益	×××

7 独立行政法人の損益の発生原因分析

(1) 独立行政法人の固有の会計処理と損益均衡

独立行政法人は，利益の獲得を本来の目的とはしておらず，公的なサービスを行うことを目的としている。そのため，独立行政法人の損益計算書は営利企業のような経営成績を明らかにするものではなく，法人の経営努力を反映する利益情報を提供する計算書として位置付けられている。こういった独立行政法人の性格を踏まえ，独立行政法人会計には固有の会計処理が定められており，法人が中期計画等に沿って通常の運営を行った場合には，運営費交付金や補助金等の財源措置との関係において，基本的に損益が均衡するよう設計されている。

一方で，独立行政法人固有の会計処理を適用していても法人の経営努力以外の原因で損益均衡とならない場合がある。損益の発生原因分析は，このような要因を分析することにより，財源措置との関係で適切な会計処理が行われたことを確かめるのに有用な手続となる。

(2) 損益の発生原因

ここでは損益の発生原因となる取引について，代表的なものを例示する。損益が発生するのにはさまざまな原因があるため，期中から発生原因を整理しておくことで決算をスムーズに進めることが可能となる。

① 自己収入を財源として固定資産を取得した場合

自己収入を財源として固定資産を取得した場合，資産見返負債を計上する必要はない。したがって，自己収入はその実現に伴い収益計上されるのに対し，自己収入を財源として取得した固定資産は，耐用年数にわたり減価償却を通じて費用計上されるため（償却資産を前提とする），損益が均衡しないこととなる。

多くの場合，図のように収入が先に計上され，後から費用が計上されることとなり，収入があった年度に利益が，その後の年度に損失が生じる（Q81-9）。

自己収入を財源として固定資産を購入した場合

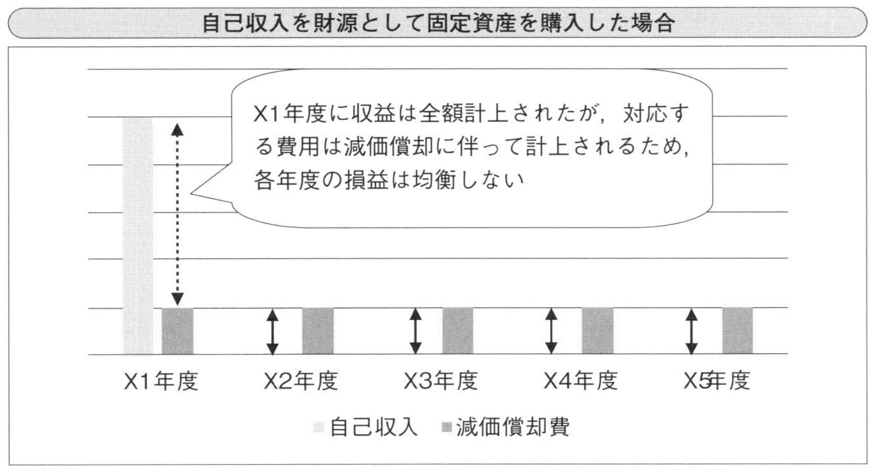

②　運営費交付金を財源としてファイナンス・リース取引のリース料を支払う場合（Q81-11）

運営費交付金を財源としてリース料を支払う場合で，当該リース取引がファイナンス・リース取引に該当する場合，リース料の支払（リース債務の減少および支払利息（＊２））を業務の進行と認識し，リース料支払に応じて運営費交付金債務を収益化していく。この際，損益計算書に費用として計上されるのは，支払利息相当分と当該リース資産の減価償却費（＊１）のみである。

支払利息相当額を利息法によって配分した場合には，リース期間が進むにつれてリース債務の元本が減少し，支払利息相当額の計上もリース期間を通じて均等とはならないため，通常，各年度の損益は均衡しない。

なお，ファイナンス・リース取引が損益に与える影響については財務諸表に注記する（基準第33，詳細は第２章③(5)「リース取引」を参照）。

〈契約時〉

（借方）リース資産	○○○	（貸方）リース債務	○○○

〈毎年度〉

（借方）	減価償却費＊1	×××	（貸方）	減価償却累計額	×××
	現　　　　金	△△△		運営費交付金債務	△△△
	運営費交付金債務	△△△		運営費交付金収益	△△△
	リース債務	▲▲▲	＊2		
	支払利息＊1	▼▼▼		現　　　　金	△△△

＊１：損益計算書に費用として計上される額
＊２：業務の進行＝運営費交付金収益の計上額

③　運営費交付金を財源としてたな卸資産を購入した場合

運営費交付金を財源としてたな卸資産（重要性が認められるたな卸資産（基準第81第６項⑴イ，Q81-14）を除く）を購入した場合，運営費交付金債務は購入時にその支出額に応じて収益化される。一方で，たな卸資産は貸借対照表に計上され，その消費に応じて費用化されていくため，両者の認識時期に差が生じ，損益が均衡しないこととなる。

④　期間進行基準等による利益の発生

管理部門の活動について期間進行基準を採用した場合や，単年度で業務完了するとみなす収益化単位の業務について業務達成基準を採用した場合には，運営費交付金配分額の全額が年度末に収益化されることとなる。予算の未執行額が存在することなどにより，当該年度に発生した費用が収益化額を下回る場合には，結果として利益が計上されることとなる。

⑤　中期目標等の最終年度における利益の発生

中期目標等の期間の最後の事業年度においては，残余の運営費交付金債務について精算のための収益化を行う。この場合，収益に見合う費用が存在しないため，結果として利益が計上されることとなる。

⑥　その他の場合

損益が発生する原因は，前述の他にもさまざまなものがある。

・資産除去債務について，基準第91による特定の除却費用等としない場合

・不要財産の国庫納付に係る損益（Q98-1⑴②aロ等）

・財源措置が予定されていない貸倒引当金繰入額（基準第84）

⑶　損益分析

損益計算書の当期総損益に損益の発生原因を加減し，財源措置との関係において損益が均衡しているか分析を行う。

（設例４－７－１）

【問題】

X1年度の損益計算書に計上された当期総利益は8,000千円であった。損益が均衡しない理由として以下の①から④を特定している。これをもとに損益分析を実施しなさい。

〈前提条件〉

①　X1年度に発生した自己収入10,000千円を財源として，8,000千円の固定資産の取得および2,000千円の費用への充当を行った。当該固定資産は耐用年数５年，残存価額０円で減価償却している。

②　X1年度において，運営費交付金を財源としたファイナンス・リース取引によるリース料の支払額は5,000千円である。また，当該リース取引により損益計算書に計上した減価償却費は4,800千円，支払利息は300千円である。

③　X1年度に運営費交付金を財源として2,000千円のたな卸資産を購入した（重要性が認められるたな卸資産には該当しない）。X1年度末の貸借対照表における当該たな卸資産残高は1,500千円であった。

④　X1年度に管理部門の活動に割り当てられた運営費交付金配分額は8,000千円であった。管理部門の活動は，すべて期間進行基準により収益化する。また，X1年度に管理部門の活動により発生した費用の総額は7,800千円であり，予算の未執行額が200千円発生した。

【解答】

①　X1年度には自己収入10,000千円を計上したのに対し，8,000千円÷５年＝1,600千円の減価償却費および2,000千円の費用が計上されている。したがって，10,000千円－1,600千円－2,000千円＝6,400千円の利益が生じている。

② リース料の支払に伴い運営費交付金収益を5,000千円計上したのに対し，減価償却費は4,800千円，支払利息は300千円の費用が計上されている。したがって，5,000千円－4,800千円－300千円＝△100千円の損失が生じている。

③ 2,000千円の運営費交付金収益を計上したのに対し，たな卸資産の消費に伴う費用計上額は2,000千円－1,500千円＝500千円である。したがって，1,500千円の利益が生じている。

④ 期間進行基準により運営費交付金収益8,000千円を計上したのに対し，7,800千円の費用が計上されている。したがって，8,000千円－7,800千円＝200千円（予算の未執行額）の利益が生じている。

〈損益分析〉

損益計算書
（X1年４月１日～X2年３月31日）　（単位：千円）

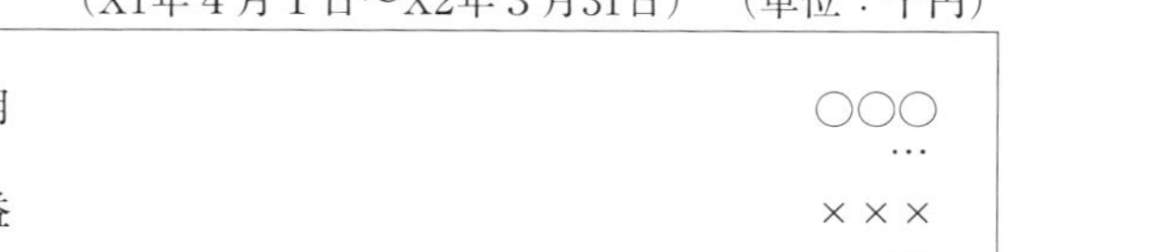

経常費用	○○○
…	…
経常収益	×××
…	…
当期総利益	8,000

損益計算書　当期総利益	8,000千円
①自己収入を財源として取得した固定資産の影響	△6,400千円
②ファイナンス・リース取引による影響	100千円
③運営費交付金を財源として購入したたな卸資産の影響	△1,500千円
④期間進行基準等による影響	△200千円
計	0円

当期総利益を分析した結果，①から④の理由を除くと損益均衡になっていることが確かめられた。

第5章

純資産変動計算書

1 純資産変動計算書の目的と表示

〈関連する基準等〉

〈基　準〉第47，68，69

〈注　解〉注46

〈Q＆A〉Q69-1，69-2

(1) 独立行政法人における純資産変動計算書の目的

基準第47　純資産変動計算書の作成目的

純資産変動計算書は，独立行政法人の財政状態と運営状況との関係を表すため，一会計期間に属する独立行政法人のすべての純資産の変動を記載しなければならない。

純資産変動計算書は，一会計期間に生じた純資産の変動を表示する財務書類である。独立行政法人会計においては，財政状態は貸借対照表，運営状況は行政コスト計算書および損益計算書で表示される。貸借対照表に計上される純資産の一会計期間における変動は，行政コスト計算書（その他行政コストの計上による資本剰余金の増減），損益計算書（利益または損失の計上による利益剰余金の増減）により表現されるが，一方，政府からの出資による変動といった，行政コスト計算書および損益計算書のどちらにも反映されない変動要因も存在する。そこで，独立行政法人の財政状態および運営状況との関係を表すものとして，純資産変動計算書の作成が求められている。

⑵ 表示方法

基準第68　表示区分，分類及び表示項目

1　純資産変動計算書には，貸借対照表の純資産の部の分類及び表示項目に係る当期首残高，当期変動額及び当期末残高を表示しなければならない。

2　当期変動額は，資本金の当期変動額，資本剰余金の当期変動額，利益剰余金（又は繰越欠損金）の当期変動額及び評価・換算差額等の当期変動額に分類しなければならない。

3　利益剰余金（又は繰越欠損金）の当期変動額は，利益の処分又は損失の処理及びその他に区分して表示しなければならない。

4　評価・換算差額等の当期変動額には，当期変動額の純額を表示するものとする。

5　当期変動額については，これらを構成する純資産の変動の内容に応じて区分し，それぞれにその内容を表す適切な名称を付して表示するものとする。

6　当期変動額の表示は，概ね貸借対照表における表示の順序によることとする。

注46　純資産変動計算書の表示について

1　資本金合計，資本剰余金合計又は利益剰余金（又は繰越欠損金）合計の表示は省略することができる。

2　貸借対照表の純資産の部における資本剰余金の表示項目は，資本剰余金，その他行政コスト累計額及び民間出えん金に区分されるが，そのうち資本剰余金については，その内訳項目を表示し，内訳項目ごとに当期首残高，当期変動額及び当期末残高の各金額を純資産変動計算書に表示することができる。この場合，附属明細書に含まれる資本剰余金の明細を作成しないことができる。

純資産変動計算書の様式は242・243ページのとおりである。

純資産変動計算書においては，貸借対照表の純資産の部の分類および表示項目ごとに，変動要因が詳細に表示される。これにより，行政コスト計算書におけるその他行政コストと貸借対照表純資産の部のその他行政コスト累計額の増減の関係，損益計算書における利益（または損失）と貸借対照表純資産の部における当期未処分利益（または当期未処理損失）の増減の関係が明瞭に表現される。特に，当期未処分利益（または当期未処理損失）の欄には，内訳として当期総利益（または当期総損失）欄が設けられており，当期純利益（または当期純損失）に目的積立金取崩額を加味し，当期総利益（または当期総損失）を表示する独立行政法人の損益計算書の数値とのつながりが明瞭になる工夫がなされている。

純資産変
（令和○○年４月１日～

	Ⅰ　資本金				Ⅱ　資本			
						その他行政コスト		
	政府出資金	地方公共団体出資金	（何）出資金	資本金合計	資本剰余金	減価償却相当累計額（－）	減損損失相当累計額（－）	利息費用相当累計額（－）
当期首残高								
当期変動額								
Ⅰ　資本金の当期変動額								
出資金の受入								
不要財産に係る国庫納付等による減資								
Ⅱ　資本剰余金の当期変動額								
固定資産の取得								
固定資産の除売却								
減価償却								
固定資産の減損								
時の経過による資産除去債務の増加								
承継資産の使用等								
不要財産に係る国庫納付等								
出えん金の受入								
・・・								
その他の資本剰余金の当期変動額（純額）								
Ⅲ　利益剰余金（又は繰越欠損金）の当期変動額								
(1)　利益の処分又は損失の処理								
前中期目標期間からの繰越し								
利益処分による積立								
利益処分（又は損失処理）による取り崩し								
国庫納付金の納付								
・・・								
(2)　その他								
当期純利益（又は当期純損失）								
前中期目標期間繰越積立金取崩額								
目的積立金取崩額								
・・・								
その他の利益剰余金の当期変動額（純額）								
Ⅳ　評価・換算差額等の当期変動額（純額）								
当期変動額合計								
当期末残高								

動計算書
令和○○年３月31日）

剰余金				Ⅲ　利益剰余金（又は繰越欠損金）						Ⅳ　評価・換算差額等			純資産合計
累計額		民間出えん金	資本剰余金合計	前中期目標期間繰越積立金	（何）積立金	積立金	当期未処分利益（又は当期未処理損失）		利益剰余金（又は繰越欠損金）合計	その他有価証券評価差額金	繰延ヘッジ損益	評価・換算差額等合計	
承継資産に係る費用相当累計額（－）	除売却差額相当累計額（－）							うち当期総利益（又は当期総損失）					

第6章

行政コスト計算書

1 行政コスト計算書の目的と表示

〈関連する基準等〉

〈基　準〉第20，45，60，61

〈注　解〉注14，15

〈Q＆A〉Q20-1，20-2，Q45-1

(1) 行政コスト計算書の目的

基準第45　行政コスト計算書の作成目的

1　行政コスト計算書は，独立行政法人の運営状況を明らかにするため，一会計期間に属する独立行政法人のすべての費用とその他行政コストとを記載して行政コストを表示しなければならない。

2　行政コスト計算書は，行政コストの状況を表すとともに，フルコスト情報の提供源となる。

独立行政法人は，公共的見地から確実に実施されることが必要な事務・事業を行うという特性を持つことから，その成果の判断には，売上高，利益額等といった損益計算書等が提供する財務情報のみではなく，サービスの実施状況に着目した情報も必要になる。当該特性を勘案すると，提供したサービスであるアウトプットの情報と使用した資源であるインプットの情報を対比することが業績の評価に有用であり，当該インプット情報には，フルコスト情報が必要であると考えられた。そのため，財務諸表を構成する書類として，フルコスト情報を提供する行政コスト計算書の作成が求められている。

損益計算書と行政コスト計算書の比較

	位置付け	表示される情報	作成目的
損益計算書	ともに財務諸表の1つであり，一会計期間の運営状況を表す。	収益と費用の差額に，費用に対応する積立金の取崩額を加えて利益を表示する。	インセンティブを与える仕組みに基づく独立行政法人の経営努力を反映する利益情報を提供する。
行政コスト計算書		費用に，損益計算書に計上されない財産的基礎の消費額を加え，行政コストを表示する。	業績評価に資するフルコスト情報の提供源とする。

(2) 行政コストの定義

基準第20　行政コストの定義

1　独立行政法人の行政コストとは，サービスの提供，財貨の引渡又は生産その他の独立行政法人の業務に関連し，資産の減少又は負債の増加をもたらすものであり，独立行政法人の拠出者への返還により生じる会計上の財産的基礎が減少する取引を除いたものをいう。

2　行政コストは，費用及びその他行政コストに分類される。

行政コスト計算書はフルコスト情報の提供源になることから，そこで表される行政コストには，損益計算書上の費用に加え，独立行政法人の損益計算書の役割に照らして費用と扱うべきでない財産的基礎の消費額(その他行政コスト)が含まれる。

行政コスト ＝ 損益計算書上の費用 ＋ その他の行政コスト

①　損益計算書上の費用

損益計算書上に表示される費用項目が行政コストに含まれる。なお，以下の点に留意する。

・為替差損益のように同一の会計年度内において収益と費用の両者が生じる

ものについては，両者の差額が費用となる場合にのみ行政コストに含める（Q20-１）。

・関係会社株式に係る評価差額の費用処理額については，期首における前期末費用処理額の戻入益と，期末における費用処理額の差額が費用となる場合にのみ行政コストに含める（Q27-10）。

②　その他行政コスト

その他行政コストには下記の取引が該当する。

・「第87　特定の資産に係る費用相当額の会計処理」を行うこととされた償却資産の減価償却相当額（注15第２項⑴。第４章[6]⑴「特定の償却資産に係る費用相当額の会計処理」を参照）

・「第87　特定の資産に係る費用相当額の会計処理」を行うこととされた償却資産および非償却資産について，固定資産の減損に係る独立行政法人会計基準の規定により，独立行政法人が中期計画等または年度計画で想定した業務運営を行ったにもかかわらず生じた減損額（注15第２項⑵。第２章[3]⑹「減損会計」を参照）

・「第91　資産除去債務に係る特定の除去費用等の会計処理」を行うこととされた除去費用等に係る減価償却相当額および利息費用相当額（注15第２項⑶。第２章[4]⑷「資産除去債務」を参照）

・「第87　特定の資産に係る費用相当額の会計処理」を行うこととされた有形固定資産および無形固定資産を除く承継資産（個別法の権利義務承継の根拠規定に基づく資産をいう。以下同じ）に係る費用相当額（注15第２項⑷。第４章[6]⑵「特定の承継資産に係る費用相当額の会計処理」を参照）

・独立行政法人の会計上の財産的基礎が減少する取引に関連する，「第87　特定の資産に係る費用相当額の会計処理」を行うこととされた償却資産および非償却資産の売却，交換または除却等に直接起因する資産または負債の増減額（または両者の組み合わせ）（注15第２項⑸。第４章[6]⑶「固定資産の除・売却の会計処理」を参照）

・「第99　不要財産に係る国庫納付等に伴う譲渡取引に係る会計処理」を行うことによる資本剰余金の減額または増額（注15第２項⑹。第４章[5]「不要

財産に係る国庫納付等」を参照）

なお，除売却差額相当額が売却益相当額となることがあるが，行政コスト計算書の構成要素の整理上，費用と収益のような，行政コストの反対に位置する概念は定められていないため，このような場合はその他行政コストのマイナスとして取り扱うこととされている（Q20-1）。

(3) 行政コスト計算書の表示

基準第60　表示区分，分類及び表示項目

1　行政コスト計算書には，コストの発生原因ごとに，損益計算書上の費用及びその他行政コストに分類して，行政コストを表示しなければならない。

2　その他行政コストは，「第20　行政コストの定義」におけるその他行政コストに含まれる取引を，それぞれ減価償却相当額，減損損失相当額，利息費用相当額，承継資産に係る費用相当額及び除売却差額相当額として表示しなければならない。

基準第61に示される行政コスト計算書の標準的な様式は下表のとおりである。

行政コスト計算書の様式

行政コスト計算書

（令和○○年４月１日～令和○○年３月31日）

Ⅰ　損益計算書上の費用	×××	
（何）業務費		
一般管理費	×××	
財務費用	×××	
雑損	×××	
臨時損失	×××	
法人税，住民税及び事業税	×××	
法人税等調整額	×××	
損益計算書上の費用合計		×××
Ⅱ　その他行政コスト		

減価償却相当額	×××	
減損損失相当額	×××	
利息費用相当額	×××	
承継資産に係る費用相当額	×××	
除売却差額相当額	×××	
その他行政コスト合計		×××
Ⅲ　行政コスト		×××

(4)　行政コスト計算書の設例

（設例６－１－１）

【問題】

以下の前提条件に基づき，A法人の行政コスト計算書を作成しなさい。

〈前提条件〉

・A法人の前期末および当期末時点の貸借対照表は以下のとおりである。

（単位：円）

	前期末	当期末	
資産の部			
Ⅰ．流動資産			
…			
Ⅱ．固定資産			
建物	5,000	4,000	※１，２
減価償却累計額	－2,000	－2,400	※２，３
工具器具備品	3,000	3,000	※１
減価償却累計額	－1,000	－2,000	※３
土地	10,000	10,000	
減損損失累計額	0	－5,000	※４
負債の部			
Ⅰ．流動負債			
…			

運営費交付金債務	1,250	200	
…			
Ⅱ．固定負債			
資産見返負債	2,000	1,000	
長期借入金	2,000	2,000	
…			
純資産の部			
Ⅰ．資本金			
政府出資金	1,000	1,000	
Ⅱ．資本剰余金			
資本剰余金	15,000	15,000	
その他行政コスト累計額			
減価償却相当累計額	−2,000	−2,400	※2，3
減損損失相当累計額	0	−5,000	※4
除売却差額相当累計額	0	−700	※2
…			

※1　A法人の貸借対照表における建物は，将来の収益獲得が予定されない資産として特定されている。工具器具備品は運営費交付金を財源としている。

※2　当期首において，建物（取得価額1,000，減価償却累計額400）を300で売却した。

※3　当期末において，建物800，工具器具備品1,000の減価償却を行った。

※4　当期末において，土地に時価の著しい下落による5,000の減損が発生した。当該減損は中期計画等または年度計画で想定した業務運営を行ったにもかかわらず生じたものである。

・A法人の当期の損益計算書は以下のとおりである。

経常費用		
○○業務費	5,500	
一般管理費	2,100	
財務費用	20	
経常費用合計		7,620
経常収益		
運営費交付金収益	1,050	

手数料収入	2,000	
受託収入	4,000	
資産見返負債戻入	1,000	
経常収益合計		8,050
経常利益		430
臨時損失		200
税引前当期純利益		230
法人税，住民税及び事業税		60
法人税等調整額		10
当期純利益		160

【解答】

行政コスト計算書

（令和○○年４月１日～令和○○年３月31日）

Ⅰ．損益計算書上の費用		
○○業務費	5,500	
一般管理費	2,100	
財務費用	20	
臨時損失	200	
法人税，住民税及び事業税	60	
法人税等調整額	10	
損益計算書上の費用		7,890
Ⅱ．その他行政コスト		
減価償却相当額	800	
減損損失相当額	5,000	
除売却差額相当額	300	
その他行政コスト計		6,100
Ⅲ．行政コスト		13,990

〈解説〉

Ⅰ．損益計算書上の費用については，損益計算書に計上される各費用項目を記載する。当該費用には，経常費用のみならず，臨時損失，法人税等も含まれることに留意する。

Ⅱ．その他行政コストについては，当期に生じた注15第２項に示される取引金額を集計する。当設例におけるその他行政コスト発生取引および仕訳は以下のとおりである。

・基準第87の特定資産（建物）の当期首における売却取引（注15第２項(5)）

（借方）	現金及び預金	300	（貸方）	建物	1,000
	減価償却累計額	400			
	除売却差額相当累計額 （除売却差額相当額）	300			
	除売却差額相当累計額	400		減価償却相当累計額	400

・基準第87の特定資産（建物）の減価償却の実施（注15第２項(1)）

（借方）	減価償却相当累計額 （減価償却相当額）	800	（貸方）	減価償却累計額	800

・土地の減損の計上（注15第２項(2)）

（借方）	減損損失相当累計額 （減損損失相当額）	5,000	（貸方）	減損損失累計額	5,000

以上より，その他行政コストの金額は，以下のとおりである。

減価償却相当額＝800

減損損失相当額＝5,000

除売却差額相当額＝300

なお，上記の仕訳におけるかっこ書きの勘定科目名称およびその他行政コスト累計額の振替仕訳（減価償却相当累計額から除売却差額相当累計額への振替仕訳）の意味については，第４章⑥(3)「固定資産の除・売却の会計処理」を参照。

2 行政コスト計算書における注記事項

〈関連する基準等〉

〈基　準〉第62
〈注　解〉注43
〈Q & A〉Q62-1～62-16

(1) 注記の内容および必要性

基準第62　注記事項

1　行政コスト計算書には，独立行政法人の業務運営に関して国民の負担に帰せられるコストを注記しなければならない。

2　独立行政法人の業務運営に関して国民の負担に帰せられるコストは，行政コストから自己収入等，法人税等及び国庫納付額を控除し，国又は地方公共団体の資源を利用することから生ずる機会費用を加算することにより算定される。

独立行政法人の業務運営に関して国民の負担に帰せられるコストを計算する財務諸表として作成が求められていた行政サービス実施コスト計算書が，令和元事業年度より適用となった改正基準等により廃止になった。一方で，当該情報は財務諸表利用者である国民にとって関心のある重要な情報であることに鑑み，改正基準においては，従前の行政サービス実施コストに相当する金額の注記を求めている。

行政コストと従来の行政サービス実施コストとの関係

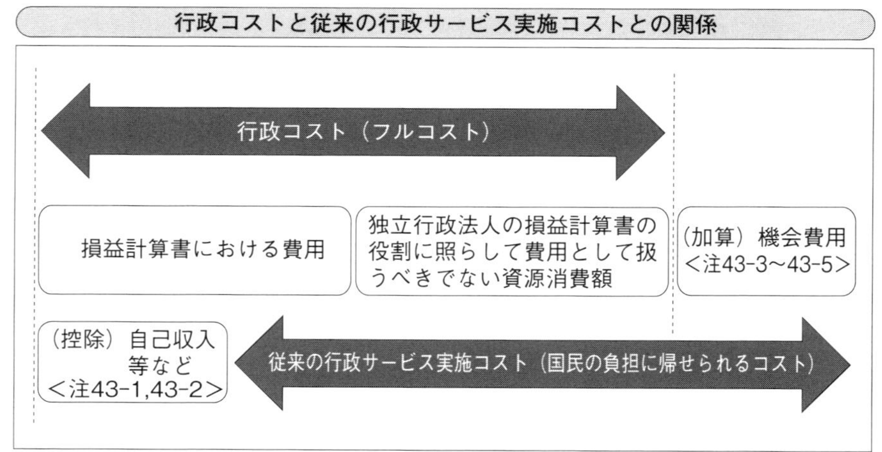

(2) 行政コストから控除される自己収入等

行政コストのうち，自己収入等で賄われている費用は，国民の負担に帰するわけではないため，注記額の算出の際に控除する。一方，収入であっても，税金を取得原資とする収入項目については，最終的に国民負担となるため，注記額の算出上控除することができない。控除の可否をまとめると下表のとおりである。

収入項目の行政コストからの控除の可否

収入の区分	行政コストからの控除可否	理由・留意点等
注解第43		
運営費交付金収益	×	取得原資が税金であるため
施設費収益	×	取得原資が税金であるため
補助金等収益	×	取得原資が税金であるため
特殊法人又は他の独立行政法人等から交付される補助金又は助成金等に係る収益のうち，当該交付法人が国又は地方公共団体から交付された補助金等を財源とするもの	×	取得原資が税金であるため

国からの現物出資が，消費税の課税仕入とみなされることによって生じた還付消費税に係る収益	×	取得原資が税金であるため
財源措置予定額収益	×	取得原資が税金であるため
Q＆A62-7		
資産見返運営費交付金戻入	×	取得原資が税金であるため
資産見返補助金等戻入	×	取得原資が税金であるため
資産見返寄附金戻入	○	財源が税金からの拠出でないため
資産見返物品受贈額戻入	×	取得原資が税金であるため
国からの物品受贈益	×	取得原資が税金であるため
国からの受託収入	○	対価性があるため
引当見返に係る収益	×	取得原資が税金であるため
科学研究費補助金その他の補助金に係る間接経費相当額	×	直接の対価性がないため

⑶　行政コストから控除される法人税等および国庫納付額

法人税等や国庫納付額（利益処分によるものを除く）は，損益計算書に費用計上されているため，行政コストに含まれるが，利益の一部や不要財産を国に納付するものであり，最終的に国民の負担に帰するものではないため，注記額算出時に控除する。

⑷　国または地方公共団体の資源を利用することから生ずる機会費用

機会費用とは，一般に「他の機会に用いられたならば得られたであろう利益」を総称して用いられ，ここでは，独立行政法人が国または地方公共団体の資源を利用することで，ほかに用いられたならば得られたであろう利益が失われ，結果として国民負担となる費用を指す。

当該機会費用として注記額算出の際に行政コストに加算するのは以下①～④の４項目であり，その他は注記額に含める必要はない（Q62-8）。計算にあたっては，一定の仮定計算を行い，計算方法を注記する（注43第５項）。

① 国または地方公共団体の財産の無償または減額された使用料による貸借取引から生ずる機会費用（注43第３項(1)）

国等が，市場取引ではなく，独立行政法人へ無償または減額された使用料で資産等を賃貸したことで得られなくなった収入部分である。

〈計算式〉

機会費用＝市場価格－独立行政法人の実際支払額

〈留意点〉

・市場価格は，たとえば近隣の地代や賃貸料等を参考に計算する（注43第５項）。

・民間事例がない場合でも，なんらかの合理的な仮定計算を行う必要がある（Q62-10）。

・委託費に基づいて研究資材等を購入する場合の無償使用コストの扱いについては，委託契約の内容に応じて対応する必要がある。たとえば，購入した資材の所有権が独立行政法人に帰属するとされている場合には，その資材の使用は委託契約の一部であり，自らの財産を使用しているため，「無償使用」の問題は生じないとされている（Q62-３）。

② 政府出資または地方公共団体出資等から生ずる機会費用（注43第３項(2)）

国等が当該出資金額を市場で運用したならば得られたであろう金額である。

〈計算式〉（注43第５項(2)，Q62-16）

機会費用＝政府出資等の額×一定利率

政府出資等の額＝資本金のうち政府出資金および地方公共団体出資金の合計額
＋資本剰余金（※１，※２）
－減価償却相当累計額（※２）
－減損損失相当累計額（※２）
－利息費用相当累計額
－承継資産に係る費用相当累計額
－除売却差額相当累計額（※２）

※１　「基準第81　運営費交付金の会計処理」，「基準第82　施設費の会計処理」および「基準第83　補助金等の会計処理」を行った結果計上された額。預り施設費，建設仮勘定見返施設費を含む（Q62-12）。

※2　目的積立金を財源として生じた資本剰余金に対応する額を除く。

〈留意点〉

・政府出資等の額が期首と期末で異なる場合は，期首と期末の平均をとる（Q62-13）。

・一定利率については，決算日（当日が土・日曜日の場合は直前の営業日）における10年もの国債（新発債）の利回り（日本相互証券が公表しているもの）を用いる（Q62-11）。

③　国または地方公共団体からの無利子または通常よりも有利な条件による融資取引から生ずる機会費用（注43第3項(3)）

国等が市場と同等の条件ではなく，政策的に独立行政法人へ低利融資を行ったことにより，得られなくなった収入部分である。

〈計算式〉

機会費用＝当該融資の年度平均残高×（通常の調達利率－実際の融資利率）

〈留意点〉

・通常の調達利率とは，債券発行や借入金により資金調達を行っている独立行政法人にあっては，当該債券および借入金の調達金利の年平均利率によることとし，無利子または低利融資以外に資金調達を行っていない独立行政法人にあっては，決算日（当日が土・日曜日の場合は直前の営業日）における10年もの国債（新発債）の利回り（日本相互証券が公表しているもの）を用いる（Q62-15）。

④　国または地方公共団体との人事交流による出向職員から生ずる機会費用（注43第3項(4)）

国等との人事交流による出向職員であり国等に復帰することが予定される職員で，独立行政法人での勤務に係る退職給与は支給しない条件で採用している場合は，退職給付に係る将来の費用は独立行政法人においては発生しないことから，退職給付引当金の計上は要しないこととなる。一方で，国等にとっては，当該職員が復帰後退職する際に独立行政法人での勤務期間分を含め，退職金を支払わなければならないため，国または地方公共団体の資源を利用することから生ずる機会費用に該当する。

〈計算式〉

① 期末在職者に係る機会費用＝当期末退職給付見積額－前期末退職給付見積額

② 期中帰任者に係る機会費用＝帰任時退職給付見積額－前期末退職給付見積額

③ 機会費用＝①＋②

〈留意点〉

・①の算式で，期中着任者については，前期末退職給付見積額ではなく，着任時の退職給付見積額を用いる（Q62-5）。

・期中帰任または着任者については，帰任または着任時の前後いずれか近い方の期末日に帰任または着任したものとみなして計算することが認められる。ただし，9月末帰任者の交替要員として10月以降に別の出向者が着任した場合には，帰任者は期首（前期末）に帰任し，着任者も期首（前期末）に着任したものとみなして計算する必要がある（Q62-5）。

(5) 令和元事業年度における留意事項

平成30年9月改訂会計基準の適用初年度である令和元事業年度においては，以下について留意が必要となる。

・承継資産に係る費用が過年度に計上されており，当期において取得前に特定されたとみなされた場合は，過年度に計上された費用の合計額を「承継資産の特定に伴う利益」の科目で臨時利益に振り替えるとともに，その他行政コストおよびその他行政コスト累計額を計上する（第4章6(2)参照）。

　また，ここで計上される，「承継資産の特定に伴う利益」は，独立行政法人の業務運営に関して国民の負担に帰せられるコストの計算上，自己収入等として控除しないことに留意する（Q87-8）。

・財源措置が運営費交付金により行われることが明らかな場合の賞与および退職給付等については，従来引当金の計上が行われていなかったが，令和元事業年度より引当金の計上を行うことになる。初年度においては，期首時点で発生している金額を引当金として計上する必要がある（第2章4(3)参照）。この際に計上される臨時損失については，損益計算書上の費用として行政コストに該当し，独立行政法人の業務運営に関して国民の負担に帰せられるコストの計算に含まれる。一方，引当金計上とともに，同額の引当見返も計上されるが，同時に計上される臨時利益については，独立行政法人の業務運営に関して国民の負担に帰せられるコストの計算上，自己収入等として控除しないことに留意する（Q62-7）。

(6)　行政コスト計算書の注記に関する設例

（設例6－2－1）

【問題】

設例6－1－1に以下の条件を追加し，A法人の行政コスト計算書の注記を作成しなさい。

〈追加する前提条件〉

・A法人の損益計算書に計上されている手数料収入，受託収入は民間企業との取引であり，収入の原資が最終的に国民の負担に属さないものである。

・A法人の損益計算書に国庫納付額は計上されていない。

・A法人は，国から建物，土地を年額100で賃借している。なお，近隣の地代や賃借料を参考にすると，市場より賃借した場合は年額300である。

・10年利付国債の当期末利回りは2.0％である。

・貸借対照表に計上されている長期借入金は全額国から無利子で借り入れたものである。なお，当該借入以外に資金調達を行っていない。

・当期末時点の国からの人事交流による出向職員は前期末から在籍している1名のみである。復帰後退職する際に国より支払われる退職金のうち，独立行政法人での勤務期間に対応する部分について，A法人の給与規則に定める退職給付支給基準等を参考に計算しており，前期末時点は5，当期末時点は10と算出された。

【解答】

行政コスト計算書関係

1．独立行政法人の業務運営に関して国民の負担に帰せられるコスト

行政コスト	13,990円
自己収入等	△6,000円
法人税等及び国庫納付額	△70円
機会費用	464円

独立行政法人の業務運営に関して
国民の負担に帰せられるコスト　　　8,384円

2．機会費用の計上方法

(1) 国又は地方公共団体の財産の無償又は減額された使用料による貸借取引から生ずる機会費用の計算方法

近隣の地代や賃貸料等を参考に計算しております。

(2) 政府出資又は地方公共団体出資等から生ずる機会費用の計算に使用した利率

10年利付国債の令和○○年３月末利回りを参考に2.0％で計算しております。

(3) 国又は地方公共団体からの無利子又は通常よりも有利な条件による融資取引から生ずる機会費用の計算に使用した利率

10年利付国債の令和○○年３月末利回りを参考に2.0％で計算しております。

(4) 国又は地方公共団体との人事交流による出向職員から生ずる機会費用の計算方法

当該職員が国又は地方公共団体に復帰後退職する際に支払われる退職金のうち，独立行政法人での勤務期間に対応する部分について，給与規則に定める退職給付支給基準等を参考に計算しております。

〈解説〉

1．独立行政法人の業務運営に関して国民の負担に帰せられるコストの各金額は下記のとおり算出している。

・行政コストは，行政コスト計算書に計上されている金額を用いる。

・自己収入等＝手数料収入2,000＋受託収入4,000＝6,000
運営費交付金収益および資産見返負債戻入は，取得原資が税金であり，最終的に国民の負担に帰するため，自己収入等に該当せず，控除できない。

・法人税等および国庫納付額＝法人税，住民税及び事業税60＋法人税等調整額10＝70

・機会費用は以下の合計により算出している。

① 国からの減額された使用料による賃借取引の機会費用　300－100＝200

② 政府出資等による機会費用

{(1,000＋15,000－2,000)＋(1,000＋15,000－2,400－5,000－700)}÷２×2.0％＝219

③ 国からの無利子での借入による機会費用　2,000×2.0％＝40

④ 国からの出向職員から生ずる機会費用　10－５＝５

①＋②＋③＋④＝464

第7章

キャッシュ・フロー計算書

1 キャッシュ・フロー計算書の目的と表示

〈関連する基準等〉

〈基　準〉第48
〈注　解〉注40

基準第48　キャッシュ・フロー計算書の作成目的

キャッシュ・フロー計算書は，独立行政法人の一会計期間におけるキャッシュ・フローの状況を報告するため，キャッシュ・フローを一定の活動区分別に表示しなければならない。

<注40>キャッシュ・フロー計算書の位置付けについて

キャッシュ・フロー計算書は，一会計期間におけるキャッシュ・フローの状況を一定の活動区分別に表示するものであり，貸借対照表及び損益計算書と同様に独立行政法人の活動の全体を対象とする重要な情報を提供するものである。このようなキャッシュ・フロー計算書の重要性にかんがみ，独立行政法人の財務諸表の一つに位置付けられる。

キャッシュ・フロー計算書は，独立行政法人の一会計期間におけるキャッシュ・フローの状況を示す財務書類である。独立行政法人の一会計期間の状況を示す財務書類として損益計算書がある。しかし，損益計算書は，収益から費用を差し引いて利益を計算するものであり，発生主義を前提としているため，損益計算書からキャッシュ・フローの状況を把握することはできない。そこで，独立行政法人のキャッシュ・フローの状況を明らかにするため，キャッシュ・

フロー計算書を作成することとされている。キャッシュ・フロー計算書は，独立行政法人における活動の全体を対象にした重要な情報を提供する財務諸表の１つとして位置付けられている。

（設例７－１－１）損益計算書とキャッシュ・フロー計算書

【問題】

以下の前提に基づき，令和×１年度および令和×２年度のキャッシュ・フローを計算しなさい。

〈前提条件〉

・令和×１年度および令和×２年度の貸借対照表および損益計算書は以下のとおりである。

〈貸借対照表〉	令和×１年度	令和×２年度
未収手数料	100	—
〈損益計算書〉		
手数料収入	1,000	1,050

・令和×１年度の未収手数料は令和×２年度に全額入金され，新たな未収入金は発生していない。

【解答】

・令和×１年度のキャッシュ・フロー

手数料収入　1,000－100＝900

・令和×２年度のキャッシュ・フロー

手数料収入　1,050＋100＝1,150

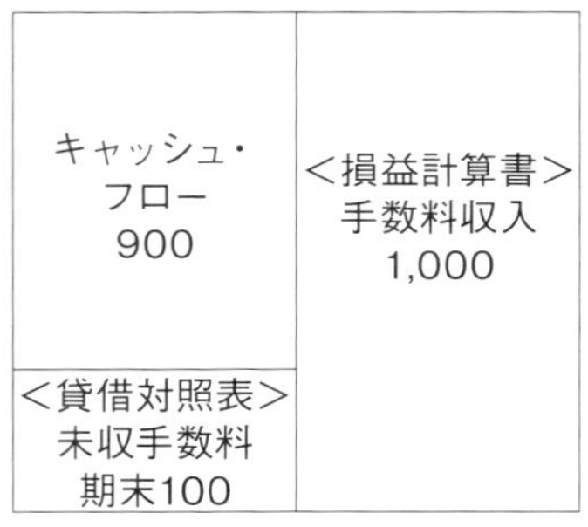

令和X2年度

キャッシュ・フロー 1,150	<貸借対照表> 未収手数料 期首100
	<損益計算書> 手数料収入 1,050

２年間を通算すれば損益計算書の手数料収入とキャッシュ・フロー計算書の手数料収入は2,050で同額となるが，単年度別でみると債権・債務の増減額だけ違いが生じる。

なお，企業会計においても，「連結キャッシュ・フロー計算書等の作成基準」（平成10年３月13日企業会計審議会）等に基づき，有価証券報告書提出会社にはキャッシュ・フロー計算書の作成が求められているが，企業会計におけるキャッシュ・フロー計算書と独立行政法人のキャッシュ・フロー計算書には以下のような相違点があるため，留意が必要である。

独立行政法人会計と企業会計のキャッシュ・フロー計算書の比較

項　目	独立行政法人会計	企業会計	参　照
資金の範囲	手元現金および要求払預金	現金及び現金同等物	⑵資金の範囲
営業活動（業務活動）によるキャッシュ・フローの表示方法	直接法のみ（※）	直接法，間接法の選択適用（※）	⑶表示区分 ②業務活動によるキャッシュ・フロー ⑤表示方法
利息，配当金の表示	受取利息及び配当金，支払利息ともに業務活動によるキャッシュ・フローに表示	受取利息及び配当金，支払利息ともに営業活動によるキャッシュ・フローに表示する方法 または 受取利息及び配当金は投資活動，支払利息は財務活動によるキャッシュ・フローに表示する方法	⑶表示区分 ②業務活動によるキャッシュ・フロー

※直接法：営業収入，原材料又は商品の仕入れによる支出等，主要な取引ごとにキャッシュ・フローを総額表示する方法

間接法：税引前当期純利益に，非資金損益項目，営業活動に係る資産及び負債の増減並びに「投資活動によるキャッシュ・フロー」及び「財務活動によるキャッシュ・フロー」の区分に含まれるキャッシュ・フローに関連して発生した損益項目を加減算して「営業活動によるキャッシュ・フロー」を表示する方法

2 資金の範囲

〈関連する基準等〉

〈基　準〉第24
〈注　解〉注18，19
〈Q＆A〉Q24-1

基準第24　キャッシュ・フロー計算書の資金

独立行政法人のキャッシュ・フロー計算書が対象とする資金の範囲は，手元現金及び要求払預金とする。

＜注18＞貸借対照表との関連性について

キャッシュ・フロー計算書の資金の期末残高と貸借対照表上の科目との関連性については注記するものとする。

＜注19＞要求払預金について

要求払預金には，例えば，当座預金，普通預金，通知預金及びこれらの預金に相当する郵便貯金が含まれる。

民間企業の作成する連結キャッシュ・フロー計算書では，対象とする資金の範囲を現金及び現金同等物と定めているが，独立行政法人のキャッシュ・フロー計算書が対象とする資金の範囲には，基準および注解から明らかなように，現金同等物は含まれない（Q24-1）。また，要求払預金には当然のことながら定期預金も含まれない。

3 表示区分

〈関連する基準等〉

〈基　準〉第70
〈注解〉注47 ～ 51
〈Q＆A〉Q70-1～70-3，72-1，72-2

(1) 活動内容による区分

キャッシュ・フロー計算書の作成にあたっては，一会計期間の収支状況が明瞭に表示されるよう，資金の増減を取引の種類ごとに分類して集計し，これらを業務活動によるキャッシュ・フロー，投資活動によるキャッシュ・フローおよび財務活動によるキャッシュ・フローの３つに区分して表示する（基準第70第１項）。３つの区分のうちいずれ区分に計上するかについては，その資金の増減をもたらした取引の法人にとっての性質により判断する。

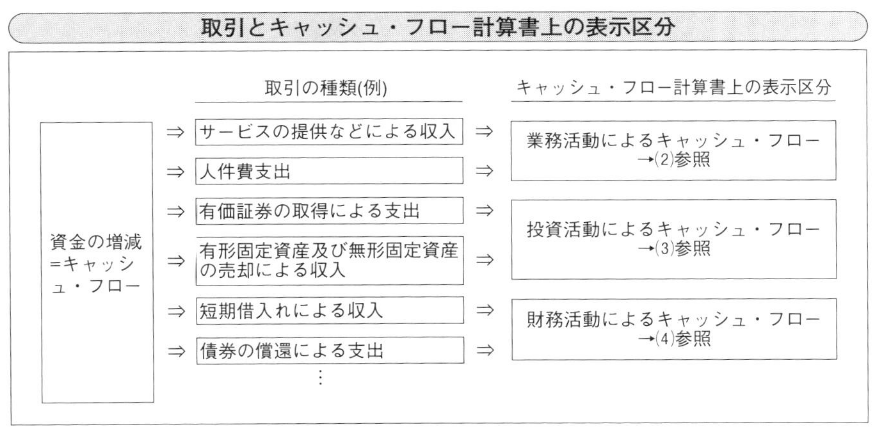

(2) 業務活動によるキャッシュ・フロー

業務活動によるキャッシュ・フローは，独立行政法人がその目的とする業務に関連してどのくらいの資金を獲得し，使用したかを示すものであり，独立行政法人の通常の業務の実施にかかる資金の状態を表す。サービスの提供などによる収入，原材料，商品またはサービスの購入による支出など，投資活動および財務活動以外の取引によるキャッシュ・フローを記載する（基準第70第２項，注47第２項）。

国からの運営費交付金，国または地方公共団体からの補助金等については，業務を実施する財源として交付される資金であり，法人の業務遂行によって最終的に損益計算書上で収益計上されるものであることから，その収入額は業務活動によるキャッシュ・フローの区分に表示する（注47第３項，４項）。また，国庫納付（不要財産に係る国庫納付を除く）については，法人の業務活動に伴い生じた余剰の一部を国庫納付するものであるため，業務活動によるキャッシュ・フローの区分に計上する（基準第70第５項，Q70-１）。

独立行政法人は，通則法第47条で余裕金の運用先を安全資産に限るなど，本来実施すべき業務以外の資産運用などによる収益の獲得は期待されていないうえに，出資や長期借入れも原則として禁止されているため，これらの活動から生ずる受取利息，受取配当および支払利息はいずれも法人の業務に起因するものとして取り扱われる。このため，受取利息，受取配当および支払利息はいずれも業務活動によるキャッシュ・フローの区分に記載することになる（基準第70第６項，注47第９項）。

以上の結果，業務活動によるキャッシュ・フローの区分には，次のようなものが記載される。

＜注48＞業務活動によるキャッシュ・フローの区分について

業務活動によるキャッシュ・フローの区分には，例えば，次のようなものが記載される。

(1) 原材料，商品又はサービスの購入による支出
(2) 人件費支出（職員及び役員に対する報酬の支出）
(3) その他の業務支出
(4) 運営費交付金収入
(5) 受託収入，手数料収入等サービスの提供等による収入（(4)，(6)及び(8)に掲げるものを除く。）
(6) 補助金等収入

(7)　補助金等の精算による返還金の支出
(8)　寄附金収入（「第85　寄附金の会計処理」により資本剰余金として計上されるものを除く。）
(9)　利息及び配当金の受取額
(10)　利息の支払額
(11)　国庫納付金の支払額
(12)　法人税等の支払額

なお，サービスの提供等により取得した手形の割引による収入等，業務活動にかかる債権・債務から生じたキャッシュ・フローは，業務活動によるキャッシュ・フローの区分に表示することになる（注47第５項）。

また，受取利息と支払利息は両建てで総額表示する（注51）。

(3)　投資活動によるキャッシュ・フロー

投資活動によるキャッシュ・フローの区分には，固定資産の取得など，将来に向けた運営基盤の確立のために行われる投資活動にかかる資金の状態を表すため，通常の業務活動の実施の基礎となる固定資産の取得および売却，投資資産の取得および売却などによるキャッシュ・フローを記載する（基準第70第３項，注47第７項）。

投資活動によるキャッシュ・フローの区分には，次のようなものが記載される。

<注49>投資活動によるキャッシュ・フローの区分について

1　投資活動によるキャッシュ・フローの区分には，例えば，次のようなものが記載される。
(1)　有価証券の取得による支出
(2)　有価証券の売却による収入
(3)　有形固定資産及び無形固定資産の取得による支出
(4)　有形固定資産及び無形固定資産の売却による収入
(5)　施設費による収入

(6) 施設費の精算による返還金の支出
(7) 資産除去債務の履行による支出
2 ただし，独立行政法人の通常の業務活動として実施される，例えば，次のようなものは業務活動によるキャッシュ・フローの区分に記載される。
(1) 資金の貸付けを業務とする独立行政法人が行う貸付けによる支出
(2) 出資及び貸付けにより民間企業に研究資金を供給することを業務とする独立行政法人が行う出資及び貸付けによる支出

なお，独立行政法人に対して国から交付される施設費については，通常交付目的が固定資産の購入であるため，その収入額を投資活動によるキャッシュ・フローの区分に記載する（注47第７項）。

また，有価証券の売買による収支，貸付金の収支については，一般的には投資活動によるキャッシュ・フローの区分に表示されるが，上記注49第２項のように，独立行政法人が業として貸付業務を行っているような場合には，業務活動によるキャッシュ・フローの区分に記載される（注49第２項，Q70-２）。

(4) 財務活動によるキャッシュ・フロー

財務活動によるキャッシュ・フローの区分には，増資・減資による資金の収入・支出，債券の発行・償還および借入れ・返済による収入・支出等，資金の調達および返済によるキャッシュ・フローを記載する（基準第70第４項，注47第８項）。

財務活動によるキャッシュ・フローの区分には，次のようなものが記載される。

＜注50＞財務活動によるキャッシュ・フローの区分について

財務活動によるキャッシュ・フローの区分には，例えば，次のようなものが記載される。
(1) 短期借入れによる収入
(2) 短期借入金の返済による支出
(3) 債券の発行による収入

(4)　債券の償還による支出
(5)　長期借入れによる収入
(6)　長期借入金の返済による支出
(7)　金銭出資の受入による収入
(8)　不要財産に係る国庫納付等による支出
(9)　民間出えん金（「第85　寄附金の会計処理」により，資本剰余金に計上される寄附金に限る。）の受入による収入

なお，通則法第46条の2または第46条の3の規定に基づく不要財産の国庫納付等は，業務活動に伴い生じた余剰の一部の納付ではなく，独立行政法人においてその財政基盤の適正化および国の財政への寄与を図るため，業務の見直し等により不要となった財産について国庫納付を行うものであることから，業務活動ではなく，財務活動によるキャッシュ・フローの区分に表示する（Q70-3）。

(5)　表示方法

基準第71　表示方法

1　業務活動によるキャッシュ・フローは，主要な取引ごとにキャッシュ・フローを総額表示する方法により表示しなければならない。

2　投資活動によるキャッシュ・フロー及び財務活動によるキャッシュ・フローは，主要な取引ごとにキャッシュ・フローを総額表示しなければならない。

3　資金に係る換算差額は，他と区別して表示する。

基本的にはいずれも総額表示による。同時に，「主要な取引ごとに」と規定されており，例示項目でなく金額も僅少である場合には，「その他」にまとめて表示することも可能と解される。

たとえば前期まで「その他」としてまとめて表示していた項目のうち，金額的に重要性が出てきた項目があれば，「その他」から区分し新たな項目を設けて表示することになる。この場合には，後述するように表示区分の記載内容の変更の注記が必要となる。

また，キャッシュ・フロー計算書の表示区分は，業務活動，投資活動および

財務活動の３つが主要な区分であるが，資金のうちに外貨建ての資金がある場合には，その換算差額を「資金に係る換算差額」という別区分を設けて表示する（基準第71第３項）。

(6) キャッシュ・フロー計算書の様式

基準第72に示されるキャッシュ・フロー計算書の標準的な様式は次表のとおりである。

キャッシュ・フロー計算書の様式

キャッシュ・フロー計算書

（令和○○年４月１日～令和○○年３月31日）

Ⅰ　業務活動によるキャッシュ・フロー	
原材料，商品又はサービスの購入による支出	－×××
人件費支出	－×××
その他の業務支出	－×××
運営費交付金収入	×××
受託収入	×××
手数料収入	×××
・・・・・・・・・・・・・・	×××
補助金等収入	×××
補助金等の精算による返還金の支出	－×××
寄附金収入	×××
小計	×××
利息及び配当金の受取額	
利息の支払額	－×××
・・・・・・・・・・・・・・	×××
国庫納付金の支払額	－×××
法人税等の支払額	－×××
業務活動によるキャッシュ・フロー	×××
Ⅱ　投資活動によるキャッシュ・フロー	
有価証券の取得による支出	－×××
有価証券の売却による収入	×××
有形固定資産の取得による支出	－×××
有形固定資産の売却による収入	×××
施設費による収入	×××
施設費の精算による返還金の支出	－×××
資産除去債務の履行による支出	－×××
・・・・・・・・・・・・・・	×××
投資活動によるキャッシュ・フロー	×××
Ⅲ　財務活動によるキャッシュ・フロー	
短期借入れによる収入	×××
短期借入金の返済による支出	－×××
債券の発行による収入	×××
債券の償還による支出	－×××
長期借入れによる収入	×××
長期借入金の返済による支出	－×××
金銭出資の受入による収入	×××
不要財産に係る国庫納付等による支出	－×××
民間出えん金の受入による収入	×××
・・・・・・・・・・・・	×××
財務活動によるキャッシュ・フロー	×××
Ⅳ　資金に係る換算差額	×××
Ⅴ　資金増加額（又は減少額）	×××
Ⅵ　資金期首残高	×××
Ⅶ　資金期末残高	×××

4 非資金取引等の注記

〈関連する基準等〉

〈基　準〉第73
〈注　解〉注52
〈Q＆A〉Q73-1，73-2

基準第73　注記事項

キャッシュ・フロー計算書については，次の事項を注記しなければならない。

(1) 資金の期末残高の貸借対照表科目別の内訳
(2) 重要な非資金取引
(3) 各表示区分の記載内容を変更した場合には，その内容

＜注52＞重要な非資金取引について

キャッシュ・フロー計算書に注記すべき重要な非資金取引には，例えば，次のようなものがある。

(1) 現物出資の受入による資産の取得
(2) 不要財産の現物による国庫納付又は払戻しによる資産の減少
(3) 資産の交換
(4) ファイナンス・リース による資産の取得
(5) 重要な資産除去債務の計上

キャッシュ・フロー計算書に注記する重要な非資金取引とは，キャッシュの出入を伴わないために業務活動，投資活動および財務活動のいずれの区分においても把握することのできない経済取引であって，法人の財務内容に大きな変更となるものをいう。たとえば，ファイナンス・リースにより資産を取得した場合には，翌期以降の資金の流出に大きな影響を与えることから，ここでいう重要な非資金取引に該当する。

また，重要性のある物品の譲与を受けた場合の資産の取得に関しても，資金を介在していないことから，非資金取引に該当する（Q73-1）。

一方，減価償却については，確かにキャッシュの流出を伴わない費用ではあ

るが，その実態は費用の期間配分を行う会計上の処理であってここでいう経済取引ではないため，注記事項とはならない（Q73-2）。

参考までに，注記事項の具体例を以下に示す。

1　資金の期末残高と貸借対照表に掲記されている科目の金額との関係
　（令和○○年３月31日現在）

現金及び預金勘定	×××
定期預金	△×××
資金残高	×××

2　重要な非資金取引の内容

①　当事業年度において新たに計上したファイナンス・リース取引にかかる資産および債務の金額は，それぞれ○○○円，×××円であります。

②　当事業年度において国から現物出資により受け入れた資産の金額は○○○円であります。

3　表示方法の変更

○○○は，前事業年度まで業務活動によるキャッシュ・フローの「その他」に含めて表示しておりましたが，金額的重要性が増したため，当事業年度から区分掲記することにしました。

なお，前会計年度の「その他」に含まれている「○○○」は，×××円です。

第8章

その他開示書類

1 注記事項

〈関連する基準等〉

〈基　準〉第59，62，80
〈注　解〉注38，43，54 ～ 59
〈Ｑ＆Ａ〉Ｑ59-１，62-１，80-１ ～ 80-10

基準第80　注記

1　独立行政法人の財務諸表には，重要な会計方針，重要な債務負担行為，税効果会計，その作成日までに発生した重要な後発事象，固有の表示科目の内容その他独立行政法人の状況を適切に開示するために必要な会計情報を注記しなければならない。

2　重要な会計方針に係る注記事項は，まとめて記載するものとする。その他の注記事項についても，重要な会計方針の注記の次に記載することができる。

独立行政法人は，附属明細書と同様に，会計面における説明責任の確保の観点から，財務諸表を作成するにあたり採用した会計処理の原則，手続および表示の方法や，財務諸表の利用者に対して注意を喚起する必要のある事項，そのほか特に必要と認められる事項について注記として開示することが求められている。以下，順に説明する。

(1) 重要な会計方針

<注56>重要な会計方針等の開示について

1 重要な会計方針，表示方法又は会計上の見積りの変更を行った場合には，重要な会計方針の次に，次の各号に掲げる事項を記載しなければならない。

(1) 会計処理の原則又は手続を変更した場合には，その旨，変更の理由及び当該変更が財務諸表に与えている影響の内容

(2) 表示方法を変更した場合には，その内容

(3) 会計上の見積りの変更を行った場合には，その旨，変更の内容，及び当該変更が財務諸表に与えている影響の内容

2 会計方針とは，独立行政法人が財務諸表の作成に当たって，その会計情報を正しく示すために採用した会計処理の原則及び手続をいう。

なお，会計方針の例としては次のようなものがある。

(1) 運営費交付金収益の計上基準

(2) 減価償却の会計処理方法

(3) 賞与引当金及び見積額の計上基準

(4) 退職給付に係る引当金及び見積額の計上基準

(5) 法令に基づく引当金等の計上根拠及び計上基準

(6) 有価証券の評価基準及び評価方法

(7) たな卸資産の評価基準及び評価方法

(8) 債券発行差額の償却基準

(9) 外貨建資産及び負債の本邦通貨への換算基準

(10) 未収財源措置予定額の計上基準

なお，上記注56以外にも，Q80-3において重要な会計方針の例として以下が示されている。

・特定の承継資産（独立行政法人会計基準第87第2項）の会計処理方法

・消費税等の会計処理方法

① 重要な会計方針の注記

Q80-3において記載例が示されているが，実際には，各法人の判断にもとづき，各法人固有で採用した会計処理についても記載することが望ましい。

Q80-３における記載例

重要な会計方針

１．運営費交付金収益の計上基準
業務達成基準を採用しております。
管理部門の活動については，期間進行基準を採用しております。
期中に震災対応のために突発的に発生した××業務については，当該業務の予算，期間等を見積もることができず，業務と運営費交付金との対応関係を示すことができないため，費用進行基準を採用しております。

２．減価償却の会計処理方法
(1)　有形固定資産（リース資産を除く。）
定額法を採用しております。
なお，主な資産の耐用年数は以下のとおりであります。
建物　○○～○○年
機械装置　○○～○○年
・・・・・・・・・・・・
また，特定の償却資産（独立行政法人会計基準第87第１項）及び資産除去債務に対応する特定の除去費用等（独立行政法人会計基準第91）に係る減価償却に相当する額については，減価償却相当累計額として資本剰余金から控除して表示しております。
(2)　無形固定資産（リース資産を除く。）
定額法を採用しております。
なお，法人内利用のソフトウェアについては，法人内における利用可能期間（○年）に基づいております。
(3)　リース資産
リース期間を耐用年数とし，残存価額を零とする定額法によっております。

３．特定の承継資産（独立行政法人会計基準第87第２項）の会計処理方法
個別法に基づく承継資産のうち，○○に係る費用相当額については，承継資産に係る費用相当累計額として資本剰余金から控除して表示しております。

４．賞与引当金の計上基準
役職員の賞与の支給に備えるため，賞与支給見込額のうち，当事業年度に負担すべき金額を計上しております。なお，役職員の賞与については，運営費交

付金により財源措置がなされる見込みであるため，賞与引当金と同額を賞与引当金見返として計上しております。

5．退職給付に係る引当金の計上基準並びに退職給付費用の処理方法

(1)　原則法で処理している場合

職員の退職給付に備えるため，当該事業年度末における退職給付債務及び年金資産の見込額に基づき計上しております。

退職給付債務の算定にあたり，退職給付見込額を当事業年度末までの期間に帰属させる方法については期間定額基準によっております。

過去勤務費用は，その発生時の職員の平均残存勤務期間以内の一定の年数（○年）による定額法により費用処理しております。

数理計算上の差異は，各事業年度の発生時における職員の平均残存勤務期間以内の一定の年数（○年）による定額法により按分した額をそれぞれ発生の翌事業年度から費用処理することとしております。

なお，運営費交付金により財源措置がなされる見込みである退職一時金については，期末自己都合要支給額を退職給付債務とする方法を用いた簡便法を採用しており，退職給付引当金と同額を退職給付引当金見返として計上しております。

また，運営費交付金により，掛金及び年金積立不足額に対して財源措置がなされる見込みである確定給付企業年金等については，退職給付引当金と同額を退職給付引当金見返として計上しております。

(2)　退職一時金について簡便法を採用している場合

確定給付企業年金等から支給される年金給付については，職員の退職給付に備えるため，当該事業年度末における退職給付債務及び年金資産の見込額に基づき計上しております。

退職給付債務の算定にあたり，退職給付見込額を当事業年度末までの期間に帰属させる方法については期間定額基準によっております。

過去勤務費用は，その発生時の職員の平均残存勤務期間以内の一定の年数（○年）による定額法により費用処理しております。

数理計算上の差異は，各事業年度の発生時における職員の平均残存勤務期間以内の一定の年数（○年）による定額法により按分した額をそれぞれ発生の翌事業年度から費用処理することとしております。

退職一時金については，期末自己都合要支給額を退職給付債務とする方法を用いた簡便法を適用しております。このうち，運営費交付金により財源措置がなされる見込みである退職一時金については，退職給付引当金と同額を退職給付引当金見返として計上しております。

また，運営費交付金により，掛金及び年金積立不足額に対して財源措置がなされる見込みである確定給付企業年金等については，退職給付引当金と同額を退職給付引当金見返として計上しております。

6．法令に基づく引当金等の計上根拠及び計上基準

○○準備金

○○○○○の費用に充てる（損失に備える）ため，○○法第○○条に定める基準に基づき計上しております。

7．有価証券の評価基準及び評価方法

(1)　売買目的有価証券

時価法（売却原価は移動平均法により算定）

(2)　満期保有目的債券

償却原価法（利息法）

(3)　関係会社株式

移動平均法による原価法（持分相当額が下落した場合は，持分相当額）

(4)　その他有価証券

期末日の市場価格等に基づく時価法（評価差額は純資産直入法により処理し，売却原価は移動平均法により算定）

8．たな卸資産の評価基準及び評価方法

(1)　原材料

移動平均法による低価法

(2)　貯蔵品

移動平均法による低価法

(3)　未成受託研究支出金

個別法による低価法

9．債券発行差額の償却方法

債券発行差額は，債券の償還期間にわたって償却しております。

10．外貨建資産及び負債の本邦通貨への換算基準

外貨建金銭債権債務は，期末日の直物為替相場により円貨に換算し，換算差額は損益として処理しております。
11. 消費税等の会計処理
消費税の会計処理は，税込方式によっております。

② 会計方針の変更

従来採用していた一般に公正妥当と認められた会計方針から他の一般に公正妥当と認められた会計方針に変更すること会計方針の変更という。会計方針を変更した場合，新たな会計方針を過去の期間のすべてに遡及適用する処理は行わず，その変更の影響は，当事業年度以降の財務諸表において認識する（Q80-9）。

なお，会計方針の変更の具体的な範囲および注記例は，次のとおりである。

a．具体的な範囲

事　　象	具体的な取扱い
有形固定資産の減価償却方法	会計方針の変更に該当し，その変更にあたっては，注56第１項(1)の注記を行う。
会計処理の変更に伴う表示方法の変更	会計方針の変更に該当する。
会計処理の対象となる会計事象等の重要性が増したことに伴う本来の会計処理の原則および手続への変更	従来，会計処理の対象となる会計事象等の重要性が乏しかったため，本来の会計処理によらずに簡便な会計処理を採用していたが，当該会計事象等の重要性が増したことにより，本来の会計処理に変更する場合，当該変更は，会計方針の変更に該当しない。
会計処理の対象となる新たな事実の発生に伴う新たな会計処理の原則および手続の採用	会計方針の変更に該当せず，追加情報として取り扱う。
連結または持分法の適用の範囲に関する変動	財務諸表の作成にあたって採用した会計処理の原則および手続に該当しないため，会計方針の変更に該当しない。

b．注 記 例

会計処理の原則または手続を変更した場合には，その旨，変更の理由および当該変更が財務諸表に与えている影響の内容を記載する（注解56第１項(1)）。

> **（会計方針の変更）**
> 商品の評価方法については，前事業年度まで総平均法を採用しておりましたが，○○○（正当な理由の内容を記載する。）のため，当事業年度より，先入先出法を採用しております。
> これにより，前事業年度と同一の方法によった場合と比べて，当事業年度末における△△費が○○円減少し，経常利益および当期純利益が同額増加しております。また，行政コストが○○円減少しております。

③　表示方法の変更

従来採用していた一般に公正妥当と認められた表示方法から他の一般に公正妥当と認められた表示方法に変更することを表示方法の変更という。流動資産から固定資産への区分変更や，経常損益から臨時損益への区分変更等，財務諸表の表示区分を越える変更は，表示方法の変更として取り扱う。また，キャッシュ・フローの表示の内訳の変更については，表示方法の変更として取り扱う（Q80-9(2)）。

表示方法を変更した場合には，その内容を記載する（注56第１項(2)）。

具体的な注記例は次のとおりである。

> **（表示方法の変更）**
> 前事業年度まで，「投資その他の資産」の「その他」に含めていた「長期貸付金」は，金額的重要性が増したため，当事業年度より独立掲記しております。

④　会計上の見積りの変更

新たに入手可能となった情報に基づいて，過去に財務諸表を作成する際に行った会計上の見積りを変更することを会計上の見積りの変更という。会計上の見積りの変更が変更期間のみに影響する場合には，当該変更期間に会計処理を行い，当該変更が将来の期間にも影響する場合には，将来にわたり会計処理を行う（Q80-9(3)）。

会計上の見積りの変更を行った場合には，その旨，変更の内容，および当該変更が財務諸表に与えている影響の内容を記載する（注56第１項(3)）。

具体的な注記例は次のとおりである。

> **（会計上の見積りの変更）**
>
> 当法人が保有する備品Xは，従来，耐用年数を10年として減価償却を行ってきましたが，当事業年度において，○○○（変更を行うこととした理由などの変更の内容を記載する。）により，耐用年数を６年に見直し，将来にわたり変更しております。
>
> この変更により，従来の方法と比べて，当事業年度の減価償却費が○○円増加し，経常利益及び当期純利益が同額減少しております。また，行政コストが○○円増加しております。

なお，過去の見積りが合理的な方法により行われていないことに起因して，会計上の見積りを変更する必要が生じた場合には，「過去の誤謬」として処理することになる。

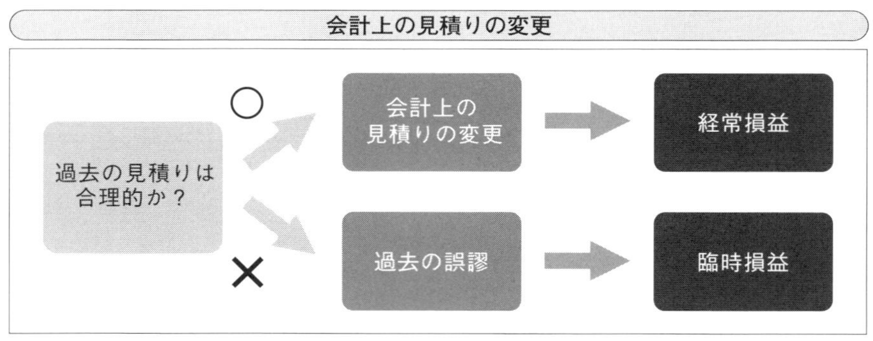

⑤　過去の誤謬

誤謬とは，原因となる行為が意図的であるか否かにかかわらず，財務諸表作成時に入手可能な情報を使用しなかったことによる，またはこれを誤用したことによる誤りのことをいう。具体的には，次のとおり。

- 財務諸表の基礎となるデータの収集または処理上の誤り
- 事実の見落としや誤解から生じる会計上の見積りの誤り

●会計方針の適用の誤りまたは表示方法の誤り

なお，過去の財務諸表の誤謬であっても，独立行政法人会計基準においては遡及修正を行わないため，過年度の損益修正額は当期の損益として認識する。また，当該修正額は原則として，臨時損益の区分に表示する。

(2)　重要な債務負担行為

債務負担行為とは，独立行政法人が金銭の納付を内容とする債務を負担する行為であって，その会計年度内に契約は結ぶものの，実際の支出の全部または一部が翌期以降になるものをいう。債務負担行為は，大きく分けて，建物や施設などの工事請負契約あるいは重要な物品購入契約のような将来確実に支出がなされるもの，損失補償および保証契約のように偶発債務であるものの2つに分類される。これらの債務負担行為のうち，独立行政法人の事業に照らして，内容的または金額的に重要性のあるものについて，財務諸表に注記が求められている（基準第80，Q80-1）。

(3)　重要な後発事象

＜注57＞重要な後発事象の開示について

1　財務諸表には，その作成日までに発生した重要な後発事象を注記しなければならない。後発事象とは，貸借対照表日後に発生した事象で，次期以降の財政状態及び運営状況に影響を及ぼすものをいう。重要な後発事象を注記事項として開示することは，当該独立行政法人の将来の財政状態や運営状況を理解するための補足情報として有用である。

2　重要な後発事象の例としては，次のようなものがある。

(1)　独立行政法人の主要な業務の改廃

(2)　中期計画等の変更

(3)　国又は地方公共団体からの財源措置の重大な変更

(4)　火災，出水等による重大な損害の発生

後発事象を開示する趣旨に鑑み，上記のみならず，法人による財務諸表の作成日以降，監事の監査報告日または会計監査人の監査報告日までに発生した後

発事象に関しても，財務諸表に注記を行うことが望ましい（Q80-2）。

⑷　固有の表示科目の内容に関する注記

＜注54＞財務諸表の表示に関する注記
　財務諸表に表示する「第12章　独立行政法人固有の会計処理」に伴う科目等については，財務諸表上に注記すること等により明瞭に表示する。

表示の方法としては，たとえば，貸借対照表上の科目名に（注）を付したうえで，貸借対照表の下に「(注）これらは，独立行政法人固有の会計処理に伴う勘定科目である。」と明記する方法が考えられる。

また，（注）を付すべきと考えられる「独立行政法人固有の会計処理」に伴う科目名等については，Q80-5-2において例示されている。

⑸　その他独立行政法人の状況を適切に開示するために必要な会計情報

主要な業務の廃止など，法人や勘定の存続に係る重要事項（Q80-5-3）については開示が必要である。加えて，金融商品関係や退職給付関係など，民間企業が財務諸表に開示している事項についても，各独立行政法人の状況に応じた適切な開示が求められている（Q80-5）。

⑹　金融商品および賃貸等不動産の時価等に関する注記

①　金融商品の時価等の開示

＜注59＞金融商品及び賃貸等不動産の時価等に関する注記
1　保有する金融商品については，期末の時価等について注記する。

ａ．時　　価

イ．定　　義

「時価」とは，公正な評価額をいい，観察可能な市場（公設の取引所およびこれに類する市場のほか，随時，売買・換金等を行うことができる取引システム等も含まれる）において形成された市場価格，気配または指標その他の相場（以下「市場価格」という）に基づく価額をいう。市場価格が観察できない場合には，合理的に算定された価額を公正な評価額とする。

ロ．市場価格に基づく価額

売買が行われている市場において金融資産の売却により入手できる現金の額または取得のために支払う現金の額をいう。具体的には，以下の金融資産について公表されている取引価格（例：上場株式について，期末日における株価の終値）を市場価格とする。

- 取引所に上場されている金融資産
- 店頭において取引されている金融資産
- 上記に準じて随時，売買・換金等が可能なシステムにより取引されている金融資産

ハ．合理的に算定された価額

算定方法はさまざま存在するが，最もよく用いられている方法は割引現在価値法である。

割引現在価値法とは，対象金融資産から発生する将来キャッシュ・フローを見積り，適切な市場利子率で割り引いて現在価値にする方法で，原則として信用リスク等のリスクを将来キャッシュ・フローに反映させるか，または，割引率をリスク要因で補正することが望ましいとされている。なお，信用リスク等のリスクを将来キャッシュ・フローに反映させることができる場合には，割引率は，リスク・フリーに近い市場利子率を使用する。

割引現在価値の算出イメージ

（前提条件）
・X0年4月1日（当期首）に100を年利2%,
　期間4年で貸し付けた。（当期末時点で残り3年）
・利息は毎年3月末，元本は貸付終了時一括返済。
・割引率は３%。

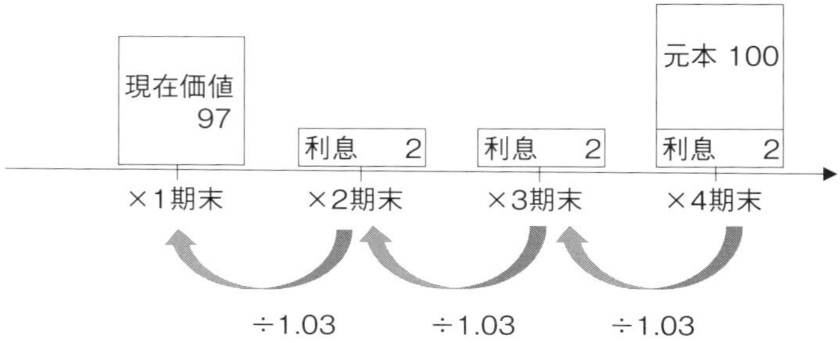

b．注記事項

重要性の乏しいものを除き，次の事項を，すべての財務諸表にそれぞれ注記することとされている。

- 金融商品の状況に関する事項
- 金融商品の時価等に関する事項

イ．金融商品の状況に関する事項

① 金融商品に対する取組方針

② 金融商品の内容およびそのリスク

③ 金融商品に係るリスク管理体制

④ 金融商品の時価等に関する事項についての補足説明

ロ．金融商品の時価等に関する事項

期末日における貸借対照表計上額，時価およびこれらの差額をいう。

なお，時価を把握することが極めて困難と認められるため，時価を注記していない金融商品については，当該金融商品の概要，貸借対照表計上額およびその理由を注記する必要がある（Q80-６-６）。

〔Q80-6-6に基づく記載例〕

1．金融商品の状況に関する事項

当法人は，資金運用については短期的な預金および公社債等に限定し，財政融資資金および金融機関からの借入および財投機関債の発行により資金を調達しております。

未収債権等に係る顧客の信用リスクは，債権管理規程等に沿ってリスク低減を図っております。また，投資有価証券は，独立行政法人通則法第47条の規定等にもとづき，公債および△△△格以上の社債のみを保有しており，株式等は保有しておりません。

借入金等の使途は運転資金（主として短期）および事業投資資金（長期）であり，主務大臣により認可された資金計画に従って，資金調達を行っております。

2．金融商品の時価等に関する事項

期末日における貸借対照表計上額，時価およびこれらの差額については，次のとおりであります。

（単位：百万円）

	貸借対照表計上額	時価	差額
(1)　現金及び預金	×××	×××	—
(2)　未収金	×××	×××	—
(3)　有価証券及び投資有価証券	×××	×××	×××
①　満期保有目的の債券	×××	×××	×××
②　その他有価証券	×××	×××	×××
(4)　破産更生債権等	×××	×××	—
(5)　未払金	(×××)	(×××)	(—)
(6)　短期借入金	(×××)	(×××)	(—)
(7)　財政機関債	(×××)	(×××)	(×××)
(8)　長期借入金	(×××)	(×××)	(×××)
(9)　デリバティブ取引	—	—	—

（注）負債に計上されているものは，（　）で示しております。

（注1）　金融商品の時価の算定方法並びに有価証券及びデリバティブ取引に関する事項

(1)　現金及び預金，(2)　未収金

これらは短期間で決済されるため，時価は帳簿価額にほぼ等しいことから，当該帳簿価額によっております。

(3)　有価証券及び投資有価証券

これらの時価について，債券は取引所の価格又は取引金融機関から提示された価格によっております。

(4)　破産更生債権等

破産更生債権等については，担保及び保証による回収見込額等に基づいて貸倒見積高を算定しているため，時価は決算日における貸借対照表価額から現在の貸倒見積高を控除した金額に近似しており，当該価額をもって時価としております。

(5)　未払金

未払金は短期間で決済されるため，時価は帳簿価額にほぼ等しいことから，当該帳簿価額によっております。

(6)　短期借入金

短期借入金は短期間で決済されるため，時価は帳簿価額にほぼ等しいことから当該帳簿価額によっております。

(7)　財投機関債

当法人の発行する財投機関債の時価は，市場価格によっております。

(8)　長期借入金

長期借入金の時価については，元利金の合計額を同様の新規借入を行った場合に想定される利率で割り引いて算定する方法によっております。変動金利による長期借入金は金利スワップの特例処理の対象とされており（下記(9)参照），当該金利スワップと一体として処理された元利金の合計額を，同様の借入を行った場合に適用される合理的に見積られる利率で割り引いて算定する方法によっております。

(9)　デリバティブ取引

金利スワップの特例処理によるものは，ヘッジ対象とされている長期借入金と一体として処理されているため，その時価は，当該長期借入金の時価に含めて記載しております（上記(8)参照）。

（注２）　非上場株式（貸借対照表計上額xxx百万円）は，市場価格がなく，かつ将来キャッシュ・フローを見積ることなどができず，時価を把握することが極めて困難と認められるため，「(3)　有価証券及び投資有価証券　その他有価証券」には含めておりま

せん。

なお，貸付等の資金供給を主な業務としている独立行政法人については，一般的な独立行政法人より詳細な開示が求められている（Q80-6-6）。

②　賃貸等不動産の時価等の開示

<注59>金融商品及び賃貸等不動産の時価等に関する注記
2　賃貸等不動産を保有している場合には，期末の時価等について注記する。

a．賃貸等不動産の定義

賃貸等不動産とは，棚卸資産に分類されている不動産以外のものであって，賃貸収益またはキャピタル・ゲインの獲得を目的として保有されている不動産（ファイナンス・リース取引の貸手における不動産を除く）をいう。

したがって，物品の製造や販売，サービスの提供，経営管理に使用されている場合は賃貸等不動産には含まれない。

b．賃貸等不動産の範囲

賃貸等不動産には次の不動産が含まれる。

(1)　貸借対照表において投資不動産（投資の目的で所有する土地，建物その他の不動産）として区分されている不動産
(2)　将来の使用が見込まれていない遊休不動産
(3)　上記以外で賃貸されている不動産

また，貸借対照表上は通常，次の科目に含まれるものとされている。

(1)　有形固定資産に計上されている，土地，建物（建物附属設備を含む），構築物および建設仮勘定
(2)　無形固定資産に計上されている借地権
(3)　投資その他の資産に計上されている投資不動産

c．範囲決定に際しての留意点

なお，独立行政法人が保有し，賃貸している不動産の中には，一定の政策目的を遂行するために保有しているものがあり，当該不動産については，賃貸料が近隣の類似不動産と比較して廉価に設定されているものがある。このような政策目的により独立行政法人が賃貸する不動産については，必ずしも賃貸収益またはキャピタル・ゲインの獲得自体を目的として保有されているとはいい難いものの，独立行政法人の資産の有効活用の観点等から，賃貸収益を得ている不動産については，原則として企業会計と同様に時価等の開示を行うことが適当と考えられる（Q80-7-2）。

d．時　　価

イ．時価の定義

「時価」とは，公正な評価額をいう。通常，それは観察可能な市場価格に基づく価額をいい，市場価格が観察できない場合には合理的に算定された価額をいう。

ロ．時価の種類

合理的に算定された価額の具体例は以下のとおり。

重要な場合	重要性が乏しい場合（Q80-7-3）
➢自社における合理的な見積り ➢「不動産鑑定評価基準」による方法または類似の方法 ➢契約により取り決められた一定の売却予定価額	➢実勢価格や査定価格などの容易に入手できる評価額 ➢適切に市場価格を反映していると考えられる指標（固定資産税評価額や路線価による相続税評価額等）に基づく価額 ➢適正な帳簿価額（償却資産のみ）

ハ．時価算定時の留意点

独立行政法人が保有する賃貸等不動産の中には，たとえば，政策目的により賃貸料が近隣の類似不動産と比較して廉価に設定されているものや，使用目的の変更や処分を独立行政法人が独自に行うことができない等の制約のあるものがあり，これらの賃貸等不動産については，どのような前提で評価を行うかにより結果として評価額に大きな差が生じることが想定される。

このため，各独立行政法人においては，開示対象となる賃貸等不動産の状況，独立行政法人の運営における経済性・効率性等を適切に勘案して，時価の算定方法および算定の前提条件件を決定し，時価の算定を行うことが必要である。

なお，算定の前提条件等については，注記事項にあわせて開示することが適当と考えられる（Q80-7-2）。

e．注記事項

重要性が乏しい場合を除き，以下の事項を，すべての財務諸表にそれぞれ注記することとされている。

- 賃貸等不動産の概要
- 賃貸等不動産の貸借対照表計上額および期中における主な変動
- 賃貸等不動産の当期末における時価および算定方法
- 賃貸等不動産に関する収益および費用等の状況

また，管理状況等に応じて，注記事項を用途別，地域別等に区分して開示することもできる。

なお，賃貸等不動産の当期末における時価は，当期末における取得原価から減価償却累計額および減損損失累計額を控除した金額と比較できるように記載する必要がある。

［Q80-7-6における記載例］

当法人は，□□□長が認めた者の住宅等を確保するため，全国に△△住宅（土地を含む）を有しております。これらの賃貸等不動産の貸借対照表計上額，当期増減額及び時価は次のとおりであります。

（単位：百万円）

貸借対照表計上額			当期末の時価
前期末残高	当期増減額	当期末残高	
××	××	××	××

（注１）　貸借対照表計上額は，取得原価から減価償却累計額及び減損損失累計額を控除した金額であります。

（注２） 当期増減額のうち，主な増減額は次のとおりであります。

取得等による増加（○○住宅ほか○箇所）　　××百万円

譲渡等による減少（○○住宅ほか○箇所）　　××百万円

（注３） 当期末の時価は，主として「不動産鑑定評価基準」に基づいて当法人で算定した金額（指標等を用いて調整を行ったものを含む。）であります。

また，賃貸等不動産に関する令和××年３月期における収益及び費用等の状況は次のとおりであります。

（単位：百万円）

賃貸収益	賃貸費用	その他 （売却損益等）
××	××	××

（※） 実務上把握することが困難なため，賃貸費用に計上していない費用がある場合には，その旨明記します。

ｆ．開示にあたっての留意事項

イ．注記を省略できる場合について

企業会計においては，賃貸等不動産の総額に重要性が乏しいときは注記を省略することができるとされている。独立行政法人会計においても，その総額に重要性が乏しい場合には，当該賃貸等不動産について法令等に基づき処分等を行うことが予定されている場合等，独立行政法人の公共的性格に基づく質的側面からの重要性が認められる場合を除き，注記を省略することができるとされている。

当該賃貸等不動産の総額に重要性が乏しいかどうかは，賃貸等不動産の貸借対照表日における時価を基礎とした金額と当該時価を基礎とした総資産の金額との比較をもって判断することとなる（Q80-７-３）。

ロ．時価の把握が困難な場合について

企業会計と同様に，独立行政法人会計基準においても，賃貸等不動産の時価を把握することが極めて困難な場合は，時価を注記せず，重要性の乏しいものを除き，その事由，当該賃貸等不動産の概要および貸借対照表計上額を他の賃貸等不動産とは別に記載することとされている（Q80-７-５）。

企業会計において，賃貸等不動産の時価を把握することが極めて困難な場合として，「例えば，現在も将来も使用が見込まれておらず売却も容易にできない山林や着工して間もない大規模開発中の不動産などが考えられるが，賃貸等不動産の状況は一様ではないため，状況に応じて適切に判断する必要があると考えられる」との考え方が示されている。

政策目的を遂行するために独立行政法人が保有している賃貸等不動産の中には，規模，構造，使用方法等の多くの側面において，民間企業にはまったくみられない特異性を有する資産が存在する。このような賃貸等不動産については，時価を把握することが極めて困難な場合も想定されることから，当該賃貸等不動産の状況に応じて各法人で適切に判断することが必要である（Q80-７-５）。

時価の把握が困難な場合の記載例として，企業会計では以下の開示例が示されている。

Ａプロジェクト（貸借対照表計上額××）は，大規模な賃貸商業施設を開発するものであり，開発の初期段階にあることから，時価を把握することが極めて困難であるため上表には含めていません。

(7)　退職給付に係る注記

独立行政法人会計基準においては，退職給付に係る具体的な注記内容を定めていないため，「退職給付に関する会計基準の適用指針」（企業会計基準適用指針第25号）を参考とし，次の事項を，すべての財務諸表にそれぞれ注記することとされている。

- 法人の採用する退職給付制度の概要（国家公務員共済組合法の退職等年金給付制度を採用している場合には，その旨を含む）
- 退職給付債務の期首残高と期末残高の調整表
- 年金資産の期首残高と期末残高の調整表
- 退職給付債務および年金資産と貸借対照表に計上された退職給付引当金および前払年金費用の調整表
- 退職給付に関連する損益
- 年金資産に関する事項（年金資産の主な内訳を含む）
- 数理計算上の計算基礎に関する事項

●その他の退職給付に関する事項

〔Q80-10における記載例〕

①　全ての制度を原則法で会計処理している場合

（退職給付に係る注記）

1．採用している退職給付制度の概要

当法人は，職員の退職給付に充てるため，積立型，非積立型の確定給付制度及び確定拠出制度並びに国家公務員共済組合法の退職等年金給付制度を採用している。

確定給付企業年金制度（積立型制度である。）では，給与と勤務期間に基づいた一時金又は年金を支給する。

退職一時金制度（非積立型制度である。）では，退職給付として，給与と勤務期間に基づいた一時金を支給する。

2．確定給付制度

(1)　退職給付債務の期首残高と期末残高の調整表

期首における退職給付債務	15,000
勤務費用	1,040
利息費用	700
数理計算上の差異の当期発生額	1,700
退職給付の支払額	△400
過去勤務費用の当期発生額	300
制度加入者からの拠出額	160
期末における退職給付債務	18,500

(2)　年金資産の期首残高と期末残高の調整表

期首における年金資産	7,000
期待運用収益	350
数理計算上の差異の当期発生額	50
事業主からの拠出額	640
退職給付の支払額	△200
制度加入者からの拠出額	160

期末における年金資産	8,000

(3)　退職給付債務及び年金資産と貸借対照表に計上された退職給付引当金及び前払年金費用の調整表

積立型制度の退職給付債務	12,000
年金資産	△8,000
積立型制度の未積立退職給付債務	4,000
非積立型制度の未積立退職給付債務	6,500
小計	10,500
未認識数理計算上の差異	△2,280
未認識過去勤務費用	△270
貸借対照表に計上された負債と資産の純額	7,950
退職給付引当金	7,950
前払年金費用	—
貸借対照表に計上された負債と資産の純額	7,950

(4)　退職給付に関連する損益

勤務費用	1,040
利息費用	700
期待運用収益	△350
数理計算上の差異の当期の費用処理額	70
過去勤務費用の当期の費用処理額	30
臨時に支払った割増退職金	50
合　計	1,540

(5)　年金資産の主な内訳

年金資産合計に対する主な分類ごとの比率は，次のとおりである。

債券	48%
株式	39%
現金及び預金	8％
その他	5％
合　計	100%

(6) 長期期待運用収益率の設定方法に関する記載

年金資産の長期期待運用収益率を決定するため，現在及び予想される年金資産の配分と，年金資産を構成する多様な資産からの現在及び将来期待される長期の収益率を考慮している。

(7) 数理計算上の計算基礎に関する事項

期末における主要な数理計算上の計算基礎（加重平均で表している。）

割引率　5.0%

長期期待運用収益率　5.5%

3．確定拠出制度

当法人の確定拠出制度への要拠出額は，3,000であった。

4．退職等年金給付制度

当法人の退職等年金給付制度への要拠出額は，3,000であった。

②　退職一時金制度を簡便法で会計処理している場合（退職一時金制度のみの法人）

（退職給付に係る注記）

1．採用している退職給付制度の概要

当法人は，職員の退職給付に充てるため，非積立型の退職一時金制度及び国家公務員共済組合法の退職等年金給付制度を採用している。

非積立型の退職一時金制度では，給与と勤務期間に基づいた一時金を支給しており，簡便法により退職給付引当金及び退職給付費用を計算している。

2．確定給付制度

(1) 簡便法を適用した制度の，退職給付引当金の期首残高と期末残高の調整表

期首における退職給付引当金	3,000
退職給付費用	700
退職給付の支払額	△400
期末における退職給付引当金	3,300

(2)　退職給付に関連する損益

簡便法で計算した退職給付費用　700

3．退職等年金給付制度

当法人の退職等年金給付制度への要拠出額は，3,000であった。

③　退職一時金制度を簡便法で会計処理している場合

(退職給付に係る注記)

1．採用している退職給付制度の概要

当法人は，職員の退職給付に充てるため，積立型，非積立型の確定給付制度及び確定拠出制度並びに国家公務員共済組合法の退職等年金給付制度を採用している。

確定給付企業年金制度（積立金制度である。）では，給与と勤務期間に基づいた一時金又は年金を支給する。

退職一時金制度（非積立型制度である。）では，退職給付として，給与と勤務期間に基づいた一時金を支給しており，簡便法により退職給付引当金及び退職給付費用を計算している。

2．確定給付制度

(1)　退職給付債務の期首残高と期末残高の調整表（(3)に掲げられたものを除く）

期首における退職給付債務	10,000
勤務費用	540
利息費用	500
数理計算上の差異の当期発生額	800
退職給付の支払額	△200
過去勤務費用の当期発生額	200
制度加入者からの拠出額	160
期末における退職給付債務	12,000

(2)　年金資産の期首残高と期末残高の調整表

期首における年金資産	7,000
期待運用収益	350
数理計算上の差異の当期発生額	50
事業主からの拠出額	640
退職給付の支払額	△200
制度加入者からの拠出額	160
期末における年金資産	8,000

(3)　簡便法を適用した制度の，退職給付引当金の期首残高と期末残高の調整表

期首における退職給付引当金	3,000
退職給付費用	700
退職給付への支払額	△400
期末における退職給付引当金	3,300

(4)　退職給付債務及び年金資産と貸借対照表に計上された退職給付引当金及び前払年金費用の調整表

積立型制度の退職給付債務	12,000
年金資産	△8,000
積立型制度の未積立退職給付債務	4,000
非積立型制度の未積立退職給付債務	3,300
小計	7,300
未認識数理計算上の差異	△1,110
未認識過去勤務費用	△180
貸借対照表に計上された負債と資産の純額	6,010
退職給付引当金	6,010
前払年金費用	—
貸借対照表に計上された負債と資産の純額	6,010

(5)　退職給付に関連する損益

勤務費用	540
利息費用	500
期待運用収益	△350
数理計算上の差異の当期の費用処理額	40

過去勤務費用の当期の費用処理額	20
簡便法で計算した退職給付費用	700
合　計	1,450

(6)　年金資産の主な内訳

年金資産合計に対する主な分類ごとの比率は，次のとおりである。

債券	48%
株式	39%
現金及び預金	8％
その他	5％
合　計	100%

(7)　長期期待運用収益率の設定方法に関する記載

年金資産の長期期待運用収益率を決定するため，現在及び予想される年金資産の配分と，年金資産を構成する多様な資産からの現在及び将来期待される長期の収益率を考慮している。

(8)　数理計算上の計算基礎に関する事項

期末における主要な数理計算上の計算基礎（加重平均で表している。）

割引率　5.0%

長期期待運用収益率　5.5%

３．確定拠出制度

当法人の確定拠出制度への要拠出額は，3,000であった。

４．退職等年金給付制度

当法人の退職等年金給付制度への要拠出額は，3,000であった。

(8)　その他行政コスト累計額のうち，独立行政法人に対する出資を財源に取得した資産に係る金額の注記

基準第59　注記事項

> 貸借対照表については，その他行政コスト累計額のうち，独立行政法人に対する出資を財源に取得した資産に係る金額を注記しなければならない。

その他行政コスト累計額は，独立行政法人の実質的な会計上の財産的基礎の減少の程度を表示し，当該資産の更新に係る情報提供の機能を果たすとされている（注68）。従来の基準においては，資本剰余金の中に，資本金を財源として取得した償却資産から生じた損益外減価償却累計額がどの程度含まれているのか把握できず，仮に同じような償却資産を購入するとした場合に必要となりそうな財源措置の種類や金額を判断するための情報がなかったが，現行の基準では，その他行政コスト累計額のうち出資を財源に取得した資産に係る金額を注記することにより，資本金に係る財産的基礎の減少の程度が明らかにすることが求められている。

なお，当該金額の算定にあたっては，独立行政法人の資産管理の実態等に応じて，たとえば，その他行政コスト累計額について，資本金と資本剰余金の比率で按分した額を資本金に係る額とするなど，簡便な方法で算定することも認められると考えられる（Q59-１）。

また，当該注記の記載方法は，出資を財源に取得した資産に係るその他行政コスト累計額の合計額を記載すれば足り，その他行政コスト累計額の内訳別に記載する必要はない（Q59-２）。

⑼　ファイナンス・リース取引に関する注記

第２章③⑸「リース会計」を参照のこと。

⑽　減損会計に関する注記

第２章③⑹「減損会計」を参照のこと。

⑾　資産除去債務に関する注記

第２章④⑷「資産除去債務」を参照のこと。

⑿　不要財産の国庫納付に関する注記

第４章5「不要財産に係る国庫納付等」を参照のこと。

⒀　独立行政法人の業務運営に関して国民の負担に帰せられるコストの注記

第６章「行政コスト計算書」参照のこと。

コラム

『30秒でわかる「会計方針の変更と会計上の見積りの変更」』

実務上，混同しやすい項目の１つに「会計方針の変更」と「会計上の見積りの変更」がある。

前者は，「従来採用していた一般に公正妥当と認められた会計方針から他の一般に公正妥当と認められた会計方針に変更すること」と定義され，後者は，「新たに入手可能となった情報に基づいて，過去に財務諸表を作成する際に行った会計上の見積りを変更すること」と定義されている。

法律に基づいた処理方法で計算・表示する官庁会計とは異なり，企業会計においては，１つの会計事実に対して複数の会計処理方法からの選択が認められる場合がある（棚卸資産の評価方法における『先入先出法』と『平均原価法』など）。このような場合，毎期会計処理を変更してしまうと，財務諸表の比較可能性が損なわれてしまうため，会計方針は継続適用が原則とされている。言い換えれば，理由なく会計方針を変更することは認められておらず，会計方針を変更することが，法人の事業や環境変化に対応したものであり，より適切に財務諸表に反映するためであることなどの正当な理由の存在が必要となる。

他方，会計上の見積りの変更は，会計処理方法そのものを変更したわけではなく，新たな事実や状況の変化により見積りの結果が変わったに過ぎない。会計上の見積りは，財務諸表作成時における入手可能な情報に基づく最善の見積りであり，その後の状況変化により当然に変わりうるものである。この点が，継続適用を原則とする会計方針と大きく異なる。

なお，会計方針の変更，会計上の見積りの変更を行った場合には，いずれも以下の項目について財務諸表上の記載が必要となる。

- ◆変更した旨
- ◆変更の理由（会計方針の変更の場合）
- ◆変更の内容（会計上の見積りの変更の場合）
- ◆当該変更が財務諸表に与えている影響の内容

2 附属明細書

〈関連する基準等〉

〈基　準〉第79
〈注　解〉注53
〈Q＆A〉Q79-1

(1) 附属明細書の意義

独立行政法人の財務諸表は，広く国民にとってわかりやすい形で会計情報を開示するものでなければならない。その一方で，重要な情報や，各種専門家による高度な分析に耐えうるような詳細な情報についても十分に開示される必要がある。

そこで，貸借対照表や損益計算書などについては，理解可能性の観点から，いたずらに複雑なものとならない表示形式で作成すると同時に，これだけでは重要な情報が開示されてないと考えられる項目について，これらを補うために附属明細書や注記として詳細な情報が開示されることになる。そのうち，明細書形式が適切と判断されるものが附属明細書であり，その作成項目が基準により定められている。

また，独立行政法人の附属明細書は，財務諸表本表および附属明細書の各項目との間に関連性を有する箇所も多く，それら項目間の整合性を確保することは非常に重要である。

基準第79条　附属明細書

独立行政法人は，貸借対照表，行政コスト計算書及び損益計算書等の内容を補足するため，次の事項を明らかにした附属明細書を作成しなければならない。

(1)　固定資産の取得及び処分並びに減価償却費（「第87　特定の資産に係る費用相当額の会計処理」及び「第91　資産除去債務に係る特定の除去費用等の会計処理」による減価償却相当額も含む。）の明細並びに減損損失累計額

(2)　たな卸資産の明細

⑶　有価証券の明細
⑷　長期貸付金の明細
⑸　長期借入金及び（何）債券の明細
⑹　引当金の明細
⑺　資産除去債務の明細
⑻　法令に基づく引当金等の明細
⑼　保証債務の明細
⑽　資本剰余金の明細
⑾　運営費交付金債務及び運営費交付金収益の明細
⑿　国等からの財源措置の明細
⒀　役員及び職員の給与の明細
⒁　開示すべきセグメント情報
⒂　科学研究費補助金の明細
⒃　上記以外の主な資産，負債，費用及び収益の明細

＜注53＞附属明細書による開示について

1　安定供給を確保する目的で保有する備蓄資産については，備蓄量，貸借対照表価額及び時価を明らかにしなければならない。

2　セグメント情報との関係，国民に対する情報開示等の観点から，独立行政法人が実施する業務の目的ごとに固定資産をグルーピングして表示することが適切な場合は，業務の目的ごとに固定資産の状況を明らかにしなければならない。

3　有価証券については，流動資産に計上した有価証券と投資有価証券を区分し，さらに売買目的有価証券，満期保有目的の債券，関係会社株式及びその他有価証券に区分して記載するほか，その他の関係会社有価証券を保有する場合は当該有価証券は区分して記載しなければならない。

4　長期貸付金については，関係法人長期貸付金とその他の貸付金に区分して記載しなければならない。

5　債務保証基金等，他の資産と区分して運用することが，当該資金を拠出（出資，出えんを含む。）した者から要請されている特定の運用資産については，当該資産の運用状況を明らかにしなければならない。

6　引当金の明細において，資産の控除項目として計上される引当金については，当該資産の総額との関係を明らかにしなければならない。

これらの附属明細書を作成する各明細のひな型や記載上の注意については，別途Q79-１で示されている。

〈Q79-１〉

(1)　財務報告及び財務諸表において遵守されるべき基本的観点は基準の一般原則に記述されているところであるが，一般的に「理解可能性」といった観点についても財務報告及び財務諸表には強く求められているところである。

(2)　この理解可能性からして，貸借対照表や損益計算書等についてはいたずらに複雑とならないことが求められ，余りにも詳細な情報は貸借対照表や損益計算書等には表示されないこととなる。

(3)　しかし，そのような貸借対照表や損益計算書等の表示だけであると重要な情報が十分に開示されなくなるおそれがあるため，これを補うために附属明細書及び注記として詳細な情報が開示される。そのうち明細書形式が適切と判断されるものが附属明細書である。

(4)　附属明細書の作成に当たっては，このような附属明細書の意義を十分に考慮することが必要である。

(5)　さらに，国民その他の利害関係者の理解可能性を高めるために，附属明細書の情報を補足・補完することが有用なことがある。例えば，独立行政法人固有の会計処理に伴い生じた科目に関連して，各法人の判断に基づき，関連する附属明細書に情報を追加することにより，国民その他の利害関係者による法人の業務運営の状況の理解を助けることがある。具体的には，承継資産に係る費用相当額（会計基準第87第２項）に係る記載などについて，各法人の判断に基づき，関連する附属明細書に適切に反映をすることが必要であると考える。

(2) 附属明細書のひな形および記載上の注意（Q79－1）

① 固定資産の取得，処分，減価償却費（「第87　特定の資産に係る費用相当額の会計処理」及び「第91　資産除去債務に係る特定の除去費用等の会計処理」による減価償却相当額も含む。）及び減損損失累計額の明細

資産の種類		期首残高	当期増加額	当期減少額	期末残高	減価償却累計額		減損損失累計額		差引当期末残高	摘要
							当期償却額		当期減損額		
有形固定資産（減価償却費）	建　物										
	構築物										
	…										
	計										
有形固定資産（減価償却相当額）	建　物										
	構築物										
	…										
	計										
非償却資産	土　地										
有形固定資産合計	建　物										
	構築物										
	…										
	計										
無形固定資産	特許権										
	借地権										
	…										
	計										
投資その他の資産	…										
	…										
	計										

（記載上の注意）

① 有形固定資産（会計基準第11に掲げられている資産），無形固定資産（会計基準第12に掲げられている資産），投資その他の資産（会計基準第13に掲げられている資産）について記載すること。

② 減価償却費が費用に計上される有形固定資産と，会計基準第87第1項及び第91の規定により減価償却相当額がその他行政コストに計上される有形固定資産各々について記載すること。

③　「無形固定資産」,「投資その他の資産」についても，会計基準第87第１項及び第２項の規定により減価償却相当額及び費用相当額がその他行政コストに計上されるものがある場合には,「有形固定資産」に準じた様式により記載すること。

④　「有形固定資産」,「無形固定資産」,「投資その他の資産」の欄は，貸借対照表に掲げられている科目の区別により記載すること。

⑤　「期首残高」,「当期増加額」,「当期減少額」，及び「期末残高」の欄は，当該資産の取得原価によって記載すること。

⑥　「減価償却累計額」の欄には，減価償却費を損益計算書に計上する有形固定資産にあっては減価償却費の累計額を，会計基準第87第１項に定める特定の償却資産及び第91に定める特定の除去費用等に係る償却資産にあっては減価償却に相当する額の累計額を，無形固定資産及び投資その他の資産にあっては償却累計額を記載すること。

⑦　期末残高から減価償却累計額及び減損損失累計額を控除した残高を,「差引当期末残高」の欄に記載すること。

⑧　災害による廃棄，滅失等の特殊な理由による増減があった場合，又は同一の種類のものについて貸借対照表の総資産の１％を超える額の増加若しくは減少があった場合（ただし，建設仮勘定の減少のうち各資産科目への振替によるものは除く）は，その理由及び設備等の具体的な金額を脚注する。

②　たな卸資産の明細

種　類	期　首 残　高	当期増加額		当期減少額		期　末 残　高	摘　要
		当期購入・ 製造・振替	その他	払出・振替	その他		
計							

（記載上の注意）

①　会計基準第９⑸から⑽に掲げられているたな卸資産を対象として，たな卸資産の種類ごとに記載する。

② 「当期増加額」の欄のうち，「その他」の欄には，当期購入・製造又は他勘定からの振替以外の理由によるたな卸資産の増加額を記載し，増加の理由を注記すること。

③ 「当期減少額」の欄のうち，「その他」の欄には，たな卸資産の売却・利用による払出し又は他勘定への振替以外の理由によるたな卸資産の減少額を記載し，減少の理由を注記すること。

④ 販売用不動産については，別表として記載すること。

③ 有価証券の明細

(1) 流動資産として計上された有価証券

売買目的有価証券	銘　柄	取得価額	時　価	貸借対照表計上額	当期損益に含まれた評価損益	摘　　要
	計					
満期保有目的債券	種類及び銘　柄	取得価額	券面総額	貸借対照表計上額	当期費用に含まれた評価差額	摘　　要
	計					
貸借対照表計上額合計						

(2) 投資その他の資産として計上された有価証券

満期保有目的債券	種類及び銘　柄	取得価額	券面総額	貸借対照表計上額	当期費用に含まれた評価差額	摘　　要
	計					
関係会社株式	銘　柄	取得価額	純資産に持分割合を乗じた価額	貸借対照表計上額	当期費用に含まれた評価差額	摘　　要
	計					

	種類及び銘　柄	取得価額	時価	貸借対照表計上額	当期費用に含まれた評価差額	その他有価証券評価差額	摘要
その他有価証券							
	計						
貸借対照表計上額合計							

（記載上の注意）

① 会計基準第27に定める有価証券で貸借対照表に計上されているものについて記載すること。

② 流動資産に計上した有価証券と投資その他の資産に計上した有価証券を区分し，売買目的有価証券，満期保有目的債券，関係会社株式及びその他有価証券に区分して記載すること。

③ 為替差損益については，当期費用に含まれた評価差額の欄に（　）内書で記載すること。

④ その他有価証券の「当期費用に含まれた評価差額」の欄には，会計基準第27第３項により評価減を行った場合の評価差額を記載すること。

④　長期貸付金の明細

区　分	期首残高	当　期増加額	当期減少額		期末残高	摘　要
			回収額	償却額		
関係会社長期貸付金						
その他の長期貸付金						
○○貸付金						
××貸付金						
計						

（記載上の注意）

① 長期貸付金の「区分」欄は，関係会社長期貸付金とその他の貸付金に区分し，さらに，その他の長期貸付金については，適切な種別等に区分して記載すること。

② 長期貸付金について当期減少額がある場合には，その原因の概要を「摘要」欄に記載すること。

⑤　長期借入金の明細

区　分	期首残高	当期増加	当期減少	期末残高	平均利率(%)	返済期限	摘　要
計							

（記載上の注意）

①　会計基準第16(5)に定める長期借入金について記載すること。

②「平均利率」の欄は，加重平均利率を記載すること。

⑥　(何) 債券の明細

銘　柄	期首残高	当期増加	当期減少	期末残高	利率（%）	償還期限	摘　要
計							

（記載上の注意）

当該独立行政法人の発行している債券（当該事業年度中に償還済となったものを含む。）について記載すること。

⑦　引当金の明細

区　分	期首残高	当期増加額	当期減少額		期末残高	摘　要
			目的使用	その他		
計						

（記載上の注意）

①　前期末及び当期末貸借対照表に計上されている引当金（貸倒引当金，退職給付引当金及び法令に基づく引当金等を除く。）について，各引当金の設定目的ごとの科目区分により記載すること。

②「当期減少額」の欄のうち「目的使用」の欄には，各引当金の設定目的である支出又は事実の発生があったことによる取崩額を記載すること。

③ 「当期減少額」のうち「その他」の欄には，目的使用以外の理由による減少額を記載し，減少の理由を「摘要」欄に記載すること。

⑧ 貸付金等に対する貸倒引当金の明細

区　分	貸付金等の残高			貸倒引当金の残高			摘　要
	期首残高	当期増減額	期末残高	期首残高	当期増減額	期末残高	
○○貸付金							
一般債権							
貸倒懸念債権							
破産更生債権等							
○○割賦元金							
一般債権							
貸倒懸念債権							
破産更生債権等							
……							
計							

(記載上の注意)

① 「区分」欄は，貸借対照表に計上した資産の科目ごとに区分し，さらに，当該科目ごとに，会計基準第29に定める「一般債権」,「貸倒懸念債権」及び「破産更生債権等」の三つに区分して記載すること。

② 各々の貸倒見積高の算定方法を「摘要」欄に記載すること。

⑨ 退職給付引当金の明細

区　分	期首残高	当期増加額	当期減少額	期末残高	摘　要
退職給付債務合計額					
退職一時金に係る債務					
確定給付企業年金等に係る債務					
整理資源に係る債務					
恩給負担金に係る債務					
未認識過去勤務費用及び未認識数理計算上の差異					
年金資産					
退職給付引当金					

（記載上の注意）

① 会計基準第16(7)に定める退職給付に係る引当金について記載すること。

② 退職給付債務については，会計基準第38に定める「退職一時金に係る部分」，「確定給付企業年金等に係る部分」，「整理資源に係る部分」及び「恩給負担金に係る部分」の四つに区分して記載すること。

⑩ 資産除去債務の明細

区　分	期首残高	当期増加額	当期減少額	期末残高	摘　要
計					

（記載上の注意）

① 貸借対照表に計上されている資産除去債務について，当該資産除去債務に係る法的規制等の種類ごとの区分により記載すること。

② 資産除去債務に対応する除去費用等について第91　特定の有無を「摘要」欄に記載すること。

⑪ 法令に基づく引当金等の明細

区　分	期首残高	当期増加額	当期減少額	期末残高	摘　要
計					

（記載上の注意）

① 前期末及び当期末貸借対照表に計上されている各引当金等の科目の区分により記載すること。

② 根拠となった法令並びに引当金等の引当て及び取崩しの基準を「摘要」欄に記載すること。

⑫ 保証債務の明細

ａ．保証債務の明細

区　分	期首残高		当期増加		当期減少		期末残高		保証料収益
	件数	金額	件数	金額	件数	金額	件数	金額	金額

（記載上の注意）

本表は，債務の保証業務を行う全ての独立行政法人が記載すること。

b．保証債務と保証債務損失引当金との関係の明細

区　分	保証債務の残高			保証債務損失引当金の残高			摘　要
	期首残高	当期増減額	期末残高	期首残高	当期増減額	期末残高	
計							

（記載上の注意）

① 本表は，債務の保証業務を主たる業務として行う独立行政法人であって，会計基準第93により，保証債務見返の科目を計上する法人において作成すること。なお，これ以外の法人にあっては，保証債務損失引当金の明細は，「⑦　引当金の明細」に記載すること。

② 本表は，「⑧　貸付金等に対する貸倒引当金の明細」に準じて作成すること。

⑬　資本剰余金の明細

区　分	期首残高	当期増加額	当期減少額	期末残高	摘　要
施設費					
運営費交付金					
補助金等					
寄附金等					
目的積立金					
減資差益					
国庫納付差額					
計					

（記載上の注意）

① 発生源泉の区分に分けて記載すること。

② 当期増加額又は当期減少額がある場合には，その発生の原因の概要を「摘要」欄に記載すること。

⑭ 運営費交付金債務及び当期振替額等の明細

(1) 運営費交付金債務及び運営費交付金収益は多くの独立行政法人において金額的に非常に重要な項目と言えるばかりでなく，国から受領することから判断して質的にも重要な項目と考えられる。

(2) 運営費交付金は補助金とは異なり，国が事前に使途を特定しないという意味でのいわば渡し切りの交付金であることから，独立行政法人は，運営費交付金をどのように使用したかを説明する責任を有しており，通則法では，独立行政法人は，運営費交付金について，国民から徴収された税金その他の貴重な財源で賄われることに留意し，中期計画に従って適切かつ効率的に使用しなければならない，とされている（通則法第46条第２項）。

(3) 運営費交付金は受入時に全て負債として認識されるが，その後の振替処理は運営費交付金収益のみならず，固定資産取得原資とされた場合の他の負債等への振替処理もあるように，複数の項目への振替処理が行われることになる。

(4) また，運営費交付金収益への振替処理は「業務の進行に応じて収益化」されるため，運営費交付金が収受された年度に必ずしも収益化されるわけではなく，複数年度にわたることも考えられる。

(5) さらに，法令等，中期計画等又は年度計画に照らして客観的に財源が措置されていると明らかに見込まれる引当金に見合う将来の収入について計上された引当金見返については，引当金の取崩し時に当該引当金見返とそれに見合う運営費交付金債務を相殺することになる。

(6) 運営費交付金債務及び当期振替額等の明細は，以上のような項目の重要性とその処理の多様性から要請されている訳であるが，このため明細書の作成に当たっては多様な処理の内容について記述することが要請されることとなる。

(7) 具体的には次の内容が明細書に開示されることが必要と考える。

・運営費交付金債務の期首残高

・運営費交付金の当期交付額

・運営費交付金債務の当期振替額
・引当金見返との相殺額及びその内訳
・運営費交付金収益への振替額及びその内訳
・資産見返運営費交付金への振替額及びその内訳
・資本剰余金への振替額及びその内訳
・運営費交付金の主な使途
・運営費交付金債務の期末残高及び使用見込み

(8)　なお，運営費交付金が交付されない独立行政法人においては，当該明細の作成は必要ない。

運営費交付金債務及び当期振替額等の明細（様式及び記載例）

(1)　運営費交付金債務の増減の明細

期首残高	当期交付額	当期振替額				引当金見返との相殺	期末残高
		運営費交付金収益	資産見返運営費交付金	資本剰余金	小計		
5,000	10,000	5,950	550	0	6,500	1,000	7,500

(2)　運営費交付金債務の当期振替額及び主な使途の明細

①　運営費交付金収益への振替額及び主な使途の明細

区分	運営費交付金収益	運営費交付金の主な使途	
		費用	主な使途
業務達成基準による振替額			
A事業	2,600	2,500	人件費：500，○○費：300，△△費：200，その他：1,500
B事業	1,100	1,000	人件費：200，○○費：100，△△費：50，その他：650
C事業	550	500	人件費：100，○○費：100，△△費：70，その他：230
期間進行基準による振替額	1,150	990	人件費：400，○○費：300，△△費：100，その他：190
費用進行基準による振替額	550	550	人件費：50，○○費：200，△△費：200，その他：100
会計基準第81第４項による振替額	0	―	
合計	5,950	5,540	

（記載上の注意）

① 「業務達成基準による振替額」の区分は，セグメントごとに記載すること。ただし，それよりも細かい，例えば収益化単位の業務を記載することを妨げるものではない。

② 「主な使途」には，人件費が含まれている場合には，人件費は金額の多寡によらず記載すること。人件費以外の使途については，法人の判断で記載すること。ただし，「人件費」と「その他」のみの記載は許容されない。開示した「主な使途」の合計額は，「費用」欄の金額と整合させること。

③ 会計基準第81第4項による振替額の欄は，中期目標期間の最終年度以外は設けないことができる。

④ Q81-11に基づくリース取引に係る運営費交付金の収益化額のうち，管理部門に係るリース取引については「期間進行基準による振替額」欄に記載し，管理部門に係るリース取引以外のリース取引については「業務達成基準による振替額」欄に記載する。

⑤ 運営費交付金の主な使途には，引当金見返に係る収益に見合う費用は含めない。

② 資産見返運営費交付金及び資本剰余金への振替額並びに主な使途の明細

セグメント	資産見返運営費交付金への振替		資本剰余金への振替	
	振替額	主な使途	振替額	主な使途
A事業	130	業務用器具備品：80 ○○建物間仕切り工事：30 その他：20	0	
B事業	0		0	
C事業	0		0	
共通	420	△△建物：420	0	
合計	550		0	

(3) 引当金見返との相殺額の明細

セグメント	引当金見返との相殺	
	相殺額	主な相殺額の内訳
A事業	700	賞与引当金見返　400 退職給付引当金見返　200 △△引当金見返　100
B事業	0	
C事業	0	

共通	300	賞与引当金見返　100 退職給付引当金見返　200
合計	1,000	

(4)　運営費交付金債務残高の明細

運営費交付金債務残高		使用見込み
業務達成基準を採用した業務に係る分	6,500	○翌事業年度に繰り越した運営費交付金債務残高と使用見込みは以下のとおりである。 A事業のXプロジェクトが，プロジェクトの見直しのため，翌事業年度以降に再度実施することとされたことから，翌事業年度に3,500収益化予定 B事業のY計画が，…翌事業年度に2,000収益化予定 C事業のZ業務が，…翌事業年度に1,000収益化予定
費用進行基準を採用した業務に係る分	500	○費用進行基準を採用した業務は，期中に震災対応のために突発的に発生した○○業務である。 ○繰り越した運営費交付金債務残高については，翌事業年度において収益化する予定である。
配分留保額	500	○法人運営上の不測の事態に備えるため留保している額：300 ○単年度で業務完了するとみなした上で会計処理を行っている△△業務の一部について，資材調達業者の倒産により当事業年度に実施できなかったため，新たな業者を選定した上で翌事業年度に実施するため留保している額：150 ○運営費交付金配分額を超過して配分留保額から支出した額：50 当該超過支出額については，資金的裏付けがないため，会計基準第81第4項により，中期目標期間の最後の事業年度において収益化する予定である。
計	7,500	

(記載上の注意)

「使用見込み」には，債務残高の今後の使用見込みを具体的に記載するとともに，繰越事由を具体的に記載すること。

また，Q81-33で解説されている配分留保額は，「配分留保額」の欄に，債務残高の今後の使用見込みについて，Q81-33A３，５及び８で示した繰越事由ごとに金額とその必要性を具体的に記載すること。

⑮　運営費交付金以外の国等からの財源措置の明細

a．施設費の明細

区　　分	当期交付額	左の会計処理内訳			摘　　要
		建設仮勘定見返施設費	資本剰余金	その他	
計					

（記載上の注意）

①　当期交付額は，補助金等の額の確定が行われた額を記載すること（精算による国庫へ返還する金額を含まず，出納整理期間に精算交付される予定の額を含む。）。

②「区分」欄は，補助金等の交付決定の区分ごとにその名称を記載すること。

b．補助金等の明細

区　　分	当期交付額	左の会計処理内訳					摘　要
		建設仮勘定見返補助金等	資産見返補助金等	資本剰余金	長期預り補助金等	収益計上	
計							

（記載上の注意）

①　当期交付額は，補助金等の額の確定が行われた額を記載すること（精算による国庫へ返還する金額を含まず，出納整理期間に精算交付される予定の額を含む。）。

②「区分」欄は，補助金等の交付決定の区分ごとにその名称を記載すること。

③　引当金見返との相殺については，「運営費交付金債務及び当期振替額等の明細」を参考に記載すること。

c．長期預り補助金等の明細

区　　分	期首残高	当期増加額	当期減少額	期末残高	摘　　要
計					

（記載上の注意）

①　当期増加額は，「⑮ b．補助金等の明細」の長期預り補助金等の額と一致する。
②　「区分」欄は，補助金等の交付決定の区分ごとにその名称を記載すること。
③　「摘要」欄には，当期減少額の内訳（長期預り補助金等を使用した経費の内訳）を記載すること。

⑯　役員及び職員の給与の明細

(1)　独立行政法人においては，通則法第30条第２項第３号，第35条の５第２項第３号又は第35条の10第３項第３号において人件費の見積りを定めることが求められるとともに，同法第50条の２，第50条の10，第50条の11，第52条又は第57条においてそれぞれ役員等の報酬及び職員の給与に関する規定が設けられている。
(2)　したがって，具体的には次の内容が明細書に開示されることが必要と考える。
- 法人の長，個別法に定める通則法第18条第２項の役員及び監事に対する支給報酬額（退職手当が支給されている場合には退職手当も含む）及び支給人員数
- 職員に対する支給給与額（退職手当が支給されている場合には退職手当も含む）及び支給人員数
- 通則法第50条の２，第50条の11又は第52条により主務大臣に届け出られている役員に対する報酬等の支給の基準についての概要
- 通則法第57条により主務大臣に届け出られている職員に対する給与の支給の基準又は同法第50条の10又は第50条の11により主務大臣に届け出られている職員に対する給与及び退職手当の支給の基準についての概要

(3)　独立行政法人の役員の報酬等及び職員の給与の水準について，主務大臣が総務大臣の定める様式に則って公表する事項についても，明細書に併せて公表することとする。

役員及び職員の給与の明細　（単位：千円，人）

区　分	報酬又は給与		退　職　手　当	
	支　給　額	支給人員	支　給　額	支給人員
役　員	(　　　)	(　　)	(　　　)	(　　)
職　員	(　　　)	(　　)	(　　　)	(　　)
合　計	(　　　)	(　　)	(　　　)	(　　)

（記載上の注意）

① 役員に対する報酬等の支給の基準の概要（例：役員の報酬月額，退職手当の計算方法）並びに職員に対する給与及び退職手当の支給の基準の概要（例：一般職国家公務員に準拠，退職手当の計算方法）を脚注すること（行政執行法人にあっては職員に対する退職手当の支給の基準についての概要の記載は要しない。）。

② 役員について期末現在の人数と上表の支給人員とが相違する場合には，その旨を脚注すること。

③ 支給人員数は，年間平均支給人員数によることとし，その旨を脚注すること。

④ 非常勤の役員又は職員がいる場合は，外数として（　　）で記載することとし，その旨を脚注すること。

⑤ 支給額，支給人員の単位は千円，人とすること。

⑥ 中期計画において損益計算書と異なる範囲で予算上の人件費が定められている場合は，その旨及び差異の内容を脚注すること。

⑰ 科学研究費補助金の明細

種　目	当期受入	件数	摘　要
	(　　　　　　　)		
	(　　　　　　　)		
合　計	(　　　　　　　)		

（記載上の注意）

① 本明細は，文部科学省又は独立行政法人日本学術振興会から交付される科学研究費補助金及び以下の条件を満たすもの及びこれと同等のもの（以下「科学研究費補助金等」という。）を記載対象とする。

(ア) 「補助金等に係る予算の執行の適正化に関する法律」が適用されること

(イ) 補助事業者が個人又はグループであること

(ウ) 補助事業者が公募により決定されること

(エ) 補助事業者の属する機関等により経理を行うことが義務付けられていること

② 当該年度において受け入れた科学研究費補助金等の明細を記載すること。

③ 種目は，科学研究費補助金等の研究種目等に従い記載すること。

④　間接経費相当額を記載し，直接経費相当額については，外数として（　）内に記載すること。

⑱　上記以外の主な資産，負債，費用及び収益の明細

(1)　会計基準では，附属明細書により開示することが適当と判断される事項のうち，各独立行政法人において共通して質的又は金額的に重要な事項を基準第79(1)から(15)に示しているが，独立行政法人の様態のみならず，特定時点のその独立行政法人の置かれている状況如何によっては，(1)から(15)に示した事項以外の事項についても附属明細書として開示することが適当と判断される場合が考えられる。

(2)　このような場合に備えて基準に盛り込まれたのが(16)の「上記以外の主な資産，負債，費用及び収益の明細」である。したがって，必ずしもこの(16)の明細書を作成しなければならないというわけではないが，各独立行政法人においては年度ごとに記載の必要性を慎重に吟味することが求められる。

(3)　記載の必要性の判断に当たっては

①　金額的に重要な事項であるか，あるいは質的に重要な事項（金額が僅少な事項は多くの場合に除かれる）であるか否か

②　貸借対照表等の諸表における表示のみでは，財務報告の利用者の「独立行政法人の業務の遂行状況についての的確な把握」あるいは「独立行政法人の業績の適正な評価」に資すると言えず，このため補足的な情報開示が必要と判断されるか否か

③　明細書の形式による開示が適当と判断されるか否か

という観点について吟味されるべきであり，以上の観点全てから必要と判断される事項が，附属明細書として開示されることとなる。

なお，上記の①及び②の観点から必要とされた事項であって，③の観点から不要となる場合には，注記として開示されることとなる。

コラム

『30秒でわかる「関連公益法人」』

独立行政法人等は，附属明細書において，関連公益法人等の状況を開示することが求められている。関連公益法人等については，独立行政法人との間に資本関係は存在しないものの，独立行政法人を通じて公的な資金が供給されている場合も多いことから，公的な会計主体である独立行政法人としては，関連公益法人等との関係を開示し説明する責任を有しているとされている。

関連公益法人等とは，独立行政法人が財務および事業運営の方針決定に対して重要な影響を与えることができる，または独立行政法人との取引を通じて公的な資金が供給されており，独立行政法人の財務情報として，重要な関係を有する当該公益法人等とされている。具体的には，以下の基準に該当する公益法人等は，公益法人等の財務および事業運営の方針決定に重要な影響を与えることができないことが明らかに示されない限り，関連公益法人等に該当するとされている

理事等の割合	独立行政法人の役職員経験者の占める割合が３分の１以上
事業収入	独立行政法人との取引に係る額が３分の１以上
基本財産	５分の１以上を独立行政法人が出えんしている
会費，寄附等の負担額	５分の１以上を独立行政法人が負担している

上記の判定には，独立行政法人の役職員経験者の退職後の状況や公益法人等の財務諸表が必要となる。そのため，一般的には経理部等が持っている情報のみでは，対応することが難しいと考えられる。

したがって，財務諸表を作成する段階において，情報収集を行うのではなく，事前に独立行政法人の役職員経験者の状況等を把握している部署と連携をとったり，公益法人等から決算書を取り寄せたりといった対応を行うことで，スムーズな開示を行うことができる。

3 セグメント情報の開示

〈関連する基準等〉

〈基　準〉第43
〈注　解〉注39
〈Ｑ＆Ａ〉Ｑ43－１，43－２，79－２，79－３

(1) セグメント情報の開示目的

独立行政法人が開示を求められているセグメント情報とは，当該法人の中期目標等における一定の事業等のまとまりごとの区分に基づく情報のことをいう。

独立行政法人においても企業会計と同様，国民その他の利害関係者に対する説明責任を果たす観点から，その業務の内容が多岐にわたる場合，セグメントごとの情報を開示することが求められている。

また，独立行政法人制度においては，法人運営の効果性・効率性を担保するため，主務大臣が独立行政法人に的確かつ明確な目標を与え，主務大臣自ら評価を行い，独立行政法人はその評価結果を踏まえた業務改善を行うといったＰＤＣＡサイクルが存在している。このサイクルにおける目標の設定および評価は一定の事業等のまとまり(※)ごとに行うこととされている。セグメント情報は，この業績評価のための財務情報を提供することも目的としている。

(※)　一定の事業等のまとまりとは，「独立行政法人の目標の策定に関する指針」（平成26年９月２日　総務大臣決定）において，「法人の内部管理の観点や財務会計との整合性を確保したうえで，少なくとも，目標及び評価において一貫した管理責任を徹底し得る単位」と規定されている。

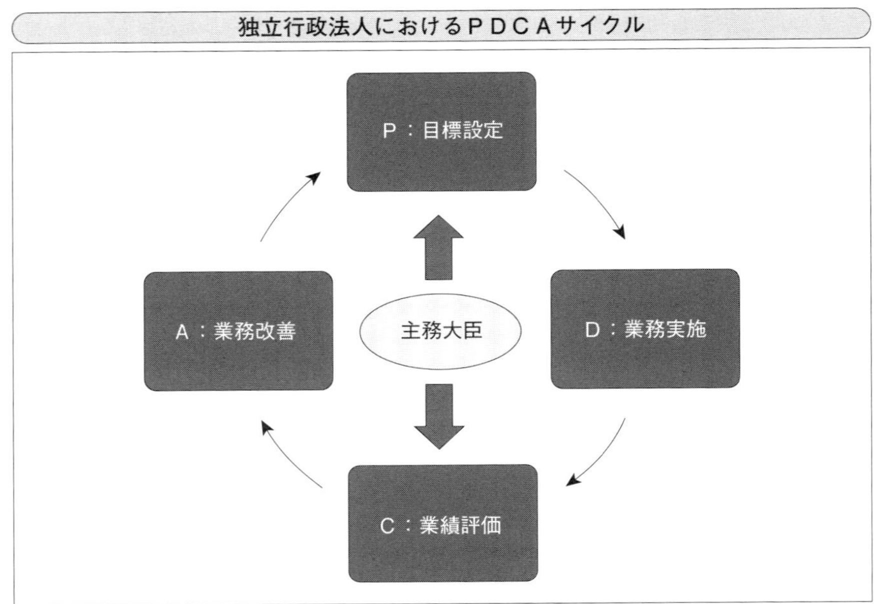

※上記を一定の事業等のまとまりごとに実施する。

⑵　セグメント区分の決定方法

独立行政法人が開示するセグメント情報は，独立行政法人のＰＤＣＡサイクルにおける主務大臣による業績評価に資する情報を提供するために，中期目標等における一定の事業等のまとまりごとの区分に基づくものでなければならない。一定の事業等のまとまりをさらに細分化したセグメント情報を開示することは妨げられていないが，逆に，目標の単位を集約した単位に基づく情報とすることは認められないと解される。

また，一定の事業等のまとまりごとの情報のほか，施設の機能別セグメント，研究分野別セグメント情報など，各法人において適切と考えられるセグメント情報を追加で開示することが可能である。追加セグメント情報の開示は必ずしもQ79-2の様式による必要はないが，国民その他の利害関係者に対してより有用な情報を提供する観点から，少なくとも，行政コスト，事業費用，事業収益，事業損益，総損益および総資産は開示する必要がある（Q79-2Ａ3）。

(3)　セグメント情報の開示様式

セグメント情報として開示すべき事項については，標準的な様式がQ79-2で示されている。

	A事業	B事業	・・・	計	法人共通	合計
Ⅰ　行政コスト						
損益計算書上の費用合計	××	××	××	××	××	××
その他行政コスト						
減価償却相当額	××	××	××	××	××	××
減損損失相当額	××	××	××	××	××	××
利息費用相当額	××	××	××	××	××	××
承継資産に係る費用相当額	××	××	××	××	××	××
除売却差額相当額	××	××	××	××	××	××
その他行政コスト合計	××	××	××	××	××	××
行政コスト	××	××	××	××	××	××
Ⅱ　独立行政法人の業務運営に関して国民の負担に帰せられるコスト	××	××	××	××	××	××
Ⅲ　事業費用，事業収益及び事業損益						
事業費用						
××業務費	××	××	××	××	−	××
△△業務費	××	××	××	××	−	××
・・・	××	××	××	××	−	××
・・・	××	××	××	××	−	××
その他	××	××	××	××	−	××
一般管理費	××	××	××	××	××	××
財務費用	××	××	××	××	××	××
雑損	××	××	××	××	××	××
計	××	××	××	××	××	××
事業収益						
運営費交付金収益	××	××	××	××	××	××
△△収入	××	××	××	××	××	××
・・・	××	××	××	××	××	××
・・・	××	××	××	××	××	××
その他	××	××	××	××	××	××
計	××	××	××	××	××	××
事業損益	××	××	××	××	××	××
Ⅳ　臨時損益等						
臨時損失						
・・・	××	××	××	××	××	××

計	××	××	××	××	××	××
臨時利益 ・・・	××	××	××	××	××	××
計	××	××	××	××	××	××
税引前当期純損益	××	××	××	××	××	××
法人税等	××	××	××	××	××	××
当期純損益	××	××	××	××	××	××
目的積立金取崩額	××	××	××	××	××	××
当期総損益	××	××	××	××	××	××
V　総資産						
土地	××	××	××	××	××	××
建物	××	××	××	××	××	××
構築物	××	××	××	××	××	××
・・・	××	××	××	××	××	××
その他	××	××	××	××	××	××
計	××	××	××	××	××	××

（記載上の留意事項）

① 事業費用は各セグメントの事業実施により発生した事業費用合計とし，主要な事業費用の内訳を開示する。

② 事業収益は各セグメントの事業実施により発生した事業収益合計とし，主要な事業収益（国又は地方公共団体による財源措置等を含む。）の内訳を開示する。

③ 事業損益は事業収益と事業費用の差額を記載するものとする。事業損益の合計は損益計算書の経常損益と一致する。

④ 事業の種類の区分方法及び事業の内容を脚注する。

⑤ 総資産は各セグメントの事業実施に必要となる資産の額を記載し，主要な資産項目の内訳を開示する。

⑥ 費用及び収益等のうち各セグメントに配賦しなかったものは，配賦不能費用及び配賦不能収益等として法人共通の欄に記載し，その金額及び主な内容を脚注する。

⑦ 総資産のうち各セグメントに配賦しなかったものは，法人共通の欄に記載し，その金額及び主な内容を脚注する。

⑧ 目的積立金を財源とする事業費用が含まれている場合は，その旨，金額を脚注する。

⑨ セグメント情報の記載に当たっては，記載対象セグメント，事業費用等の配

分方法，資産の配分方法等について継続性が維持されるよう配慮する。
なお，記載対象セグメント，事業費用等の配分方法，資産の配分方法等を変更した場合には，その旨，変更の理由及び当該変更がセグメント情報に与えている影響を記載する。ただし，セグメント情報に与える影響が軽微な場合には，これを省略することができる。

また，セグメント情報の各項目の金額に含める範囲との関連で，以下の点に留意する必要がある。

①　間接業務費の配賦

注60において，業務費のうち，収益化単位の業務に横断的，共通的に発生する費用（以下「間接業務費」という）については，原則として一定の基準（実態を適切に反映する合理的な基準）を用いて各収益化単位の業務に配分する必要があるとされている。この間接業務費に関して，Q81-22A３では法人の長の判断により間接業務費を各収益化単位の業務に配分しないことも許容されているが，その場合であっても，各セグメントにおける業務損益を適切に表示するため，間接業務費は一定の基準を用いて各セグメントに配分する必要があるとされている（Q81-22A４）。

したがって，間接業務費は必ず各セグメントに配分されることとなり，セグメント情報における「法人共通」欄に業務費用が記載されることはない。

②　一般管理費の取扱い（Q79-３）

経常費用のうち一般管理費については，管理部門における費用を主たる内容とすることが想定されることから，一般管理費に区分されるすべての費用を各セグメントへ配賦することが困難な状況が考えられる。このような場合には，各セグメントへ配賦不能な一般管理費は配賦不能費用として法人共通の欄に記載する。

③　機会費用（Q79-３）

独立行政法人の業務運営に関して国民の負担に帰せられるコストのうち機会

費用についても各セグメントに配賦することが望ましいが，政府出資または地方公共団体出資等の機会費用については，各セグメントへの出資額等不明確な場合も多いと考えられる。このような場合には，配賦不能なコストとして法人共通の欄に記載する。

④　複数の勘定をまたいで「事業等のまとまり」が設定される場合（Q104-2A1）

法人の事務・事業の特性から，セグメントが複数の勘定をまたいで設定されている場合，勘定別財務諸表にセグメント情報を開示したうえで，法人単位財務諸表におけるセグメント情報の開示に当たっては，財務諸表利用者に誤解を与えないよう，勘定別財務諸表におけるセグメント情報との関係性を明らかにしたうえで，区分経理をまたいだ事業等のまとまりごとに開示することが求められている。

4　利益の処分または損失の処理に関する書類

〈関連する基準等〉

〈基　準〉第49，74～78，95，96
〈注　解〉注73
〈Q＆A〉Q76-1，96-1，96-2

(1)　作成目的

基準第49　利益の処分又は損失の処理に関する書類の作成目的
利益の処分又は損失の処理に関する書類は，独立行政法人の当期未処分利益の処分又は当期未処理損失の処理の内容を明らかにするために作成しなければならない。

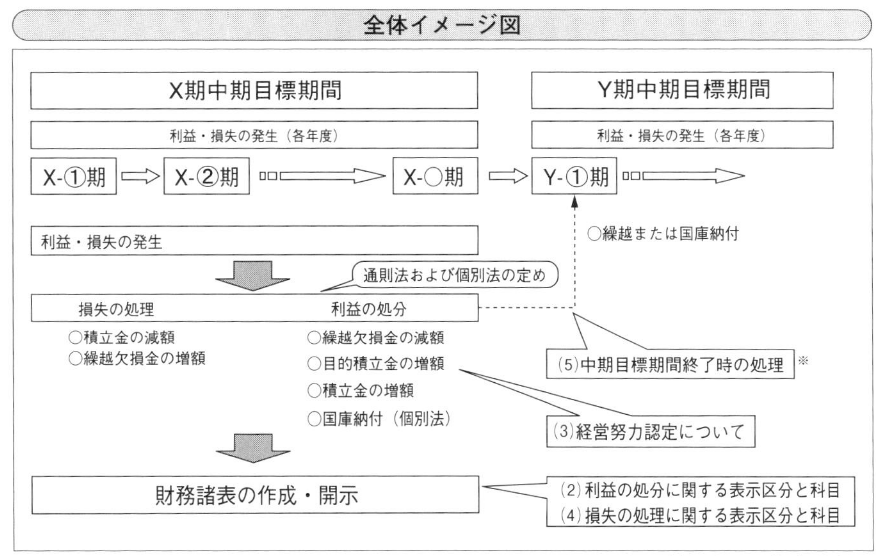

※　行政執行法人は毎事業年度

利益の処分または損失の処理に関する書類は，当期未処分利益の処分または当期未処理損失の処理の内容を明らかにするための書類である。

独立行政法人は，中期目標等による管理・運営が基本であり，この期間を1つの区切りとしている。したがって，毎事業年度の未処分利益は，積立金もしくは目的積立金として整理し，中期目標および中長期目標の期間の最終年度（行政執行法人は毎事業年度）の利益処分において精算され，次の中期目標等期間に繰り越すか国庫に返納することになる。

(2)　利益の処分に関する表示区分と科目

> **基準第74　表示区分**
>
> 1　利益の処分に関する書類は，当期未処分利益と利益処分額に分けて表示しなければならない。中期目標及び中長期目標の期間の最後の事業年度（行政執行法人は毎事業年度）においては，積立金振替額も加えて表示しなければならない。

基準第75　利益の処分に関する書類の科目

1　当期未処分利益は，前期繰越欠損金が存在するときは，当期総利益から前期繰越欠損金の額を差し引いて表示しなければならない。

2　利益処分額の区分には，積立金及び目的積立金を内容ごとに表示するものとする。

基準第95　毎事業年度の利益処分

1　当期未処分利益は，毎事業年度，積立金として整理するもののほか，中期目標及び中長期目標の期間の最後の事業年度を除く毎事業年度，目的積立金として整理するものとする。

独立行政法人における利益処分の流れを図示すると次のようになる。

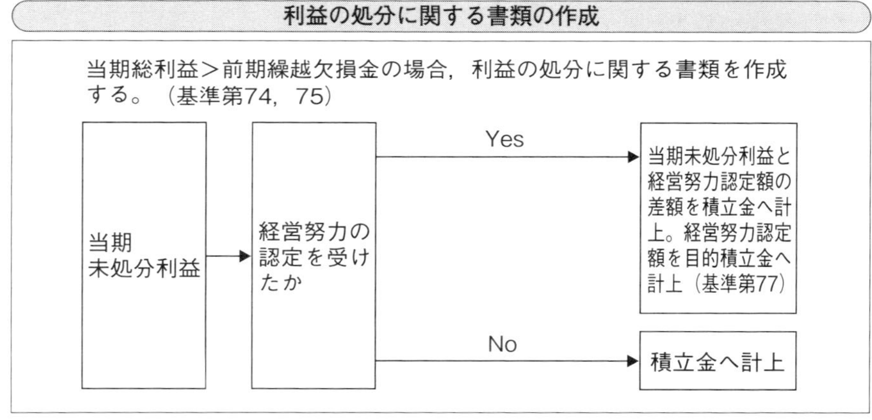

基準第78　利益の処分に関する書類及び損失の処理に関する書類の様式

中期目標期間内における利益の処分に関する書類の標準的な様式は次のようになる（基準第78）。

利益の処分に関する書類

（令和○○年○月○日）

Ⅰ　当期未処分利益			×××
当期総利益		×××	
前期繰越欠損金	×××		
Ⅱ　利益処分額			
積立金		×××	
独立行政法人通則法第44条第３項により			
主務大臣の承認を受けた額			
○○積立金	×××		
△△積立金	×××	×××	×××

(3)　経営努力認定について

基準第77　通則法第44条第３項による承認の額

１　利益の処分に関する書類において，目的積立金として整理しようとするときは，「独立行政法人通則法第44条第３項により主務大臣の承認を受けた額」（承認前にあっては「独立行政法人通則法第44条第３項により主務大臣の承認を受けようとする額」）としてその総額を表示しなければならない。

２　利益の処分に関する書類における「独立行政法人通則法第44条第３項により主務大臣の承認を受けた額」（承認前にあっては「独立行政法人通則法第44条第３項により主務大臣の承認を受けようとする額」）は，当該事業年度における利益のうち独立行政法人の経営努力により生じたとされる額である。

通則法第44条（利益及び損失の処理）

１　独立行政法人は，毎事業年度，損益計算において利益を生じたときは，前事業年度から繰り越した損失を埋め，なお残余があるときは，その残余の額は，積立金として整理しなければならない。ただし，第三項の規定により同項の使途に充てる場合は，この限りでない。

２　独立行政法人は，毎事業年度，損益計算において損失を生じたときは，前項の規定による積立金を減額して整理し，なお不足があるときは，その不足額は，繰越欠損金として整理しなければならない。
3　中期目標管理法人及び国立研究開発法人は，第一項に規定する残余があるときは，主務大臣の承認を受けて，その残余の額の全部又は一部を中期計画（第三十条第一項の認可を受けた同項の中期計画（同項後段の規定による変更の認可を受けたときは，その変更後のもの）をいう。以下同じ。）の同条第二項第七号又は中長期計画（第三十五条の五第一項の認可を受けた同項の中長期計画（同項後段の規定による変更の認可を受けたときは，その変更後のもの）をいう。以下同じ。）の第三十五条の五第二項第七号の剰余金の使途に充てることができる。
4　第一項の規定による積立金の処分については，個別法で定める。

中期目標管理法人および国立研究開発法人は，中期目標および中長期目標の期間の最終年度を除く毎事業年度，当期未処分利益のうち，主務大臣から経営努力として認定された金額を，中期目標等で定める使途に充てるために目的積立金として積み立てられる。一方，経営努力によるものと認定されなかった金額については，積立金として整理する。経営努力認定の基準については，総務省行政管理局が一般的な考え方を示している。

同考え方が定める各種の要件を満たしていることを条件に，自己収入から生じた利益の10割，運営費交付金で賄う経費の節減から生じた利益の５割を，目的積立金として計上することが認められる。

参考として，同考え方を以下に記載する。

〔参考資料〕

独立行政法人における経営努力の促進とマネジメントの強化について

平成30年３月30日
総務省行政管理局

「独立行政法人改革等に関する基本的な方針」（平成25年12月24日閣議決定。以下「閣議決定」という。）等を踏まえて，「独立行政法人における経営努力の促進とマネジメントの強化について」を次のとおり定める。

なお，本基準は，経営努力認定の一般的な考え方を示すものであり，法人の業務の特性などを踏まえた特段の取扱いが必要な案件については，個別に対応することとする。

1　独立行政法人が，法人の長のリーダーシップの下で自主的・戦略的な業務運営を行い最大限の成果を上げていくためには，法人の主体的な経営努力を促進するインセンティブが機能するよう運用を改善していく必要がある。このため，下記(1)から(3)に示す要件を満たしていることを条件に，法人の主体的な活動を通して得た利益の一定割合を，独立行政法人通則法（平成11年法律第103号。以下「通則法」という。）第44条第３項の定めるところにより，目的積立金として計上することを認めることとする。

(1)　年度評価結果等及び年度計画予算について

法人が主務大臣に経営努力認定の申請を行うに当たっては，通則法第32条第１項第１号又は第35条の６第１項第１号に基づいて主務大臣が行う前事業年度実績の評価の結果（年度評価結果）において，下記①から③の要件全てを満たしていることを要する。ただし，中期目標期間又は中長期目標期間の最終年度の翌年度に行う申請については，年度評価結果に代えて，通則法第32条第１項第２号又は第35条の６第１項第２号に基づいて主務大臣が行う評価の結果（見込評価結果）を用いることを認める。（注）

また，法人全体における前事業年度の当期総利益が前事業年度計画予算の当期総利益を上回っていることを要する（区分経理をしている場合には，勘定ごとに申請することとし，当該勘定においても前事業年度の当期総利益が前事業年度計画予算の当期総利益を上回っていることを要する。）。

①　総合評定がＢ以上であること

②　総合評定がＢである場合には，通則法第29条第２項第２号から第５号又は第35条の４第２項第２号から第５号に定める事項に関するいずれかの項目別評定でＡ以上であること

③　総合評定がＢである場合には，通則法第29条第２項第２号から第５号又は第35条の４第２項第２号から第５号に定める事項に関する全ての項目別評定でＣ以下がないこと。ただし，国立研究開発法人については，通則法第35条の４第４項に定める研究開発に関する審議会が，研究開発業務の特性（長期

性，不確実性，予見不可能性，専門性）に起因する結果であると認めた場合は，この限りではない。

(注) 法人は6月末までに財務諸表案（利益処分書類案の中に目的積立金が記載）及び自己評価書を主務大臣に提出し，主務大臣は法人等との調整を経て財務大臣への協議を行い，8月末を目途に承認を行うものとする。ただし，最終年度の翌年度においては，法人は4月末までに財務諸表案及び自己評価書（見込評価結果でも可）を主務大臣に提出し，主務大臣は法人等との調整を経て財務大臣への協議を行い，6月末までに承認を行うものとする。

(2) 自己収入の獲得に係る活動について

自己収入（運営費交付金及び国又は地方公共団体からの補助金等の国民負担に帰さない収益。国又は地方公共団体からの受託収入は自己収入に含まれる。）から生じた利益については，下記①及び②の要件を満たしている場合には，10割を目的積立金として認める。ただし，特許等による知的財産収入に基づく利益については，下記①及び②の要件にかかわらず，10割を目的積立金として認める。

① 経営努力認定の申請対象となる利益が，経常収益（目的積立金及び寄付金以外の財務収益，雑益，その他中期計画又は中長期計画に関連しない活動による収益を除く。）から生じた利益であること。ただし，臨時利益と整理されたものであっても，寄付で得た資産の売却や出資業務として取得した有価証券の売却から生じた利益など，自己収入の獲得として認めることが適切なものについては，個別に対応することとする。

② 経営努力認定の申請対象となる利益が，過去（中期目標期間又は中長期目標期間の年数）の平均実績を上回ること

(3) 運営費交付金で賄う経費の節減に係る活動について

法人において運営費交付金の予算配分が適正に実施されていることを確保するための体制が整備・運用されていることを前提に，下記①から③の要件全てを満たしている場合には，運営費交付金で賄う経費の節減から生じた利益の5割を目的積立金として認める。なお，下記要件のほか，経費節減の努力として認めることが適切ではないものについては，個別に対応することとする。

① 業務の一部未実施や中止等による運営費交付金で賄う経費の節減ではないこと

② 管理部門及び業務達成基準を採用している収益化単位業務における経費節減であること

③ 他の収益化単位業務からの運営費交付金の振替により生じた経費節減ではないこと

さらに，閣議決定において国立研究開発法人における経営努力認定については研究開発の特性を踏まえた柔軟な運用を行うとされていることなどを踏まえ，国立研究開発法人が上記に加えて，1(1)の主務大臣が行う評価の結果で下記①の要件を満たしている場合には7.5割を，下記②又は③の要件を満たしている場合には10割を目的積立金として認めることとする。

① 総合評定がＡであること（下記③の場合を除く。）

② 総合評定がＳであること

③ 総合評定がＡかつ全項目別評定の２分の１以上でＡ以上であること

ただし，業務達成基準の採用及び次期中期目標期間又は次期中長期目標期間への積立金の繰越しを適正に行う観点から，収益化単位業務の実施期間が複数年度にまたがる場合で，かつ，中期目標期間又は中長期目標期間の最終年度にのみ利益を計上する場合は，上記整理により算定された額を収益化単位業務の実施期間で除した額に限り経営努力認定の対象とする（例えば，中期目標期間における収益化単位業務の実施期間を２年と３年に分けて２年目と５年目に利益を計上することとした場合，最終年度である５年目に計上した利益を３年で除した額が対象となる。）。

2　主務大臣は，経営努力認定を得ることを目的として不当に高い評定を付すことのないよう，これまでに行ってきた評価の水準との整合性などを参考にしつつ，「独立行政法人の評価に関する指針」（平成26年９月２日総務大臣決定）を踏まえて，適正かつ厳正に評価を行うこととする。

3　目的積立金の使途については，通則法第44条第３項等を踏まえて，中期計画又は中長期計画において具体的に定めるものとする。なお，運営費交付金で賄う経費の節減により生じた利益に係る目的積立金の使途については，その原資が運営費交付金であることから，通則法第46条の趣旨を勘案して，「運営費交付金で賄う経費」の範囲に限るものとする。

また，次期中期目標期間又は次期中長期目標期間への積立金の繰越しについては，別途定める「次期中期目標期間への積立金の繰越しについて」（平成18年６月22日総務省行政管理局）に基づいて適切に行うこととする。

4　中期目標管理法人及び国立研究開発法人は，利益剰余金及び運営費交付金債務の適切な管理・評価に資するため，通則法第32条第２項又は第35条の６第３項に基づき作成する事業年度実績の自己評価書において，「財務内容の改善に関する事項」の参考情報として，次の様式により目的積立金等の状況を明らかにすることとする。

（単位：百万円，％）

	平成○年度末（初年度）	平成○年度末	平成○年度末	平成○年度末	平成○年度（最終年度）
前期中（長）期目標期間繰越積立金					
目的積立金					
積立金					
うち経営努力認定相当額					
その他の積立金等					
運営費交付金債務					
当期の運営費交付金交付額（a）					
うち年度末残高（b）					
当期運営費交付金残存率（b÷a）					

（注１）　横列は，当目標期間の初年度から最終年度まで設けること。

（注２）　最終年度における「前期中（長）期目標期間繰越積立金」，「目的積立金」，「積立金」には，次期中（長）期目標期間への積立金の繰越しを算定するために各勘定科目の残余を積立金に振り替える前の額を記載すること。

（注３）「うち経営努力認定相当額」には，最終年度に経営努力認定された額を記載すること（最終年度に経営努力認定された利益は「目的積立金」には計上されずに，「積立金」に計上された上で次期中（長）期目標期間に繰り越される。）。

（注４）「その他の積立金等」には，各独立行政法人の個別法により積立が強制される積立金等の額を記載すること。

5　経営努力認定の手続については，閣議決定において，「主務大臣は，法人からの財務諸表提出後，速やかに財務諸表をチェックし，特段の事情がない限り，遅くとも8月末までには承認するよう努める」とされていること等を踏まえ，速やかに行うものとする。
6 「独立行政法人の経営努力認定について」（平成18年7月21日総務省行政管理局）は廃止する。

(4) 損失の処理に関する表示区分と科目

基準第74　表示区分
2　損失の処理に関する書類は，当期未処理損失，損失処理額及び次期繰越欠損金に分けて表示しなければならない。

基準第76　損失の処理に関する書類の科目
1　当期未処理損失は，前期繰越欠損金が存在し，当期総損失を生じた場合は当期総損失に前期繰越欠損金を加えて表示し，前期繰越欠損金が存在し，その額よりも小さい当期総利益を生じた場合は，前期繰越欠損金から当期総利益を差し引いて表示しなければならない。
2　損失処理額の区分には，当期未処理損失を埋めるための各積立金の取崩額を積立金ごとに表示しなければならない。
3　各積立金を取り崩しても当期未処理損失が埋まらないときは，その額は繰越欠損金として整理しなければならない。

基準第95　毎事業年度の利益処分
2　当期未処理損失は，毎事業年度，積立金（目的積立金が残っている場合は当該目的積立金を含む。）を減額して整理し，なお不足がある場合は繰越欠損金として整理するものとする。

独立行政法人における損失処理の流れを図示すると次のようになる。

損失の処理に関する書類の作成

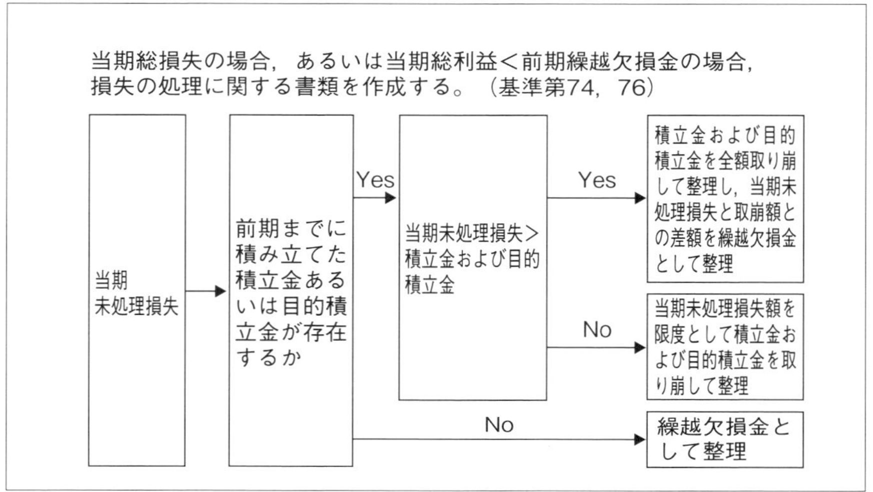

基準第78　利益の処分に関する書類及び損失の処理に関する書類の様式

損失の処理に関する書類の標準的な様式は次のようになる（基準第78）。

損失の処理に関する書類

（令和○○年○月○日）

Ⅰ　当期未処理損失			×××
当期総損失	×××		
（当期総利益）		（×××）	
前期繰越欠損金	×××		
Ⅱ　損失処理額			
○○積立金取崩額	×××		
△△積立金取崩額	×××		
積立金取崩額	×××		×××
Ⅲ　次期繰越欠損金			×××

なお，当期未処理損失の処理にあたり，各種積立金残高があれば取り崩すことになるが，このとき，積立金と目的積立金のどちらを優先的に充当すべきかについては定められていない。これは，個別にその額を明らかにし，主務大臣の承認を得ることにより行えば足り，あらかじめその優先順位について法人が一義的に定めておく必要はないという趣旨によるものである（Q76-1）。

(5)　中期目標期間終了時の処理

基準第96　中期目標及び中長期目標の期間の最後の事業年度（行政執行法人は毎事業年度）の利益処分

独立行政法人の中期目標及び中長期目標の期間の最後の事業年度（行政執行法人は毎事業年度）においては，当期未処分利益は，積立金として整理しなければならない。目的積立金及び個別法の規定に基づく前中期目標等期間繰越積立金が残っている場合は，積立金に振り替えなければならない。

<注73>中期目標及び中長期目標の期間の最後の事業年度（行政執行法人は毎事業年度）の利益処分について

1　独立行政法人制度においては，中期目標等による運営・評価のシステムが導入されており，運営費交付金のルール設定等財務関係においても一の中期目標等及びそれに基づく中期計画等の期間を一つの区切りとしているところである。実際に多くの個別法においても，この中期目標等の期間を一つの区切りとして積立金の次の中期目標等の期間への繰越についての規定が設けられているのもその表れである。そのような独立行政法人においては，運営費交付金等をこの中期目標等の期間の終了時に精算するという考え方に立っていることから，最終年度に損益計算上の利益が生じた場合であっても通則法第44条第3項の処理は行わないほか，目的積立金や前中期目標等期間繰越積立金が使用されずに残っていた場合は，中期目標及び中長期目標の期間の最後の事業年度（行政執行法人は毎事業年度）の利益処分時において，積立金に振り替えることを要するものである。

2　個別法において積立金を次の中期目標等の期間に繰り越す旨の規定が設けられている独立行政法人においては，利益の処分又は損失の処理に関する書類のほか，国庫納付金の計算書の作成を要する。当該計算書においては，中期目標及び中長期目標の期間の最後の事業年度（行政執行法人は毎事業年度）に係る利益処分を行った後の積立金の総額並びにその処分先である国庫納付金の額及び前中期目標等期間繰越積立金として次の中期目標等の期間に繰り越される金額を記載するものとする。

中期目標および中長期目標の期間の最終年度（行政執行法人は毎事業年度）においては，たとえ利益が生じていても利益処分時に目的積立金の設定は行わず，いったんすべて積立金に集約することになる。

そのうえで，規定の定めのある法人は，規定に従い次の中期目標等期間に繰り越すか，国に返還することになる。

このとき，中期目標等期間の最終事業年度において作成が求められる国庫納付金計算書の様式は，たとえば，次のようになるものと考えられる（Q96-１）。

国庫納付金計算書

Ⅰ	積立金	×××
Ⅱ	次期中期目標期間繰越額	×××
Ⅲ	差引国庫納付金額	×××

（設例８－４－１）会計処理の具体例（Q96-２参考）

〈前提〉

・中期目標管理法人とする

・中期目標期間最終年度の前年度（X1年度）

積立金期末残高　25,000　　目的積立金期末残高　950

前中期目標期間繰越積立金期末残高　0（第１期の中期目標期間のため）

当期総利益　1,000（積立金650，目的積立金350積み立て）

・中期目標期間最終年度（X2年度）

当期総利益　500　　目的積立金当期取崩額　1,000

国庫納付額　19,950　　次期中期目標期間繰越額　6,500

○X2年度（中期目標期間最終年度）

（仕訳）

・前年度の利益処分に係る振替処理

借方		貸方	
未処分利益	1,000	積　立　金	650
		目的積立金	350

（利益の処分に関する書類）

利益の処分に関する書類		
Ⅰ　当期未処分利益		500
当期総利益	500	
Ⅱ　積立金振替額		300
目的積立金	300	
Ⅲ　利益処分額		
積立金		800

中期目標期間最終年度のため当期の未処分利益と目的積立金をすべて積立金とすることを意味している（ただし，会計処理は翌年度）

（純資産変動計算書（関連部分を抜粋））

	Ⅱ　資本剰余金	Ⅲ　利益剰余金（又は繰越欠損金）					純資産合計
	資本剰余金	目的積立金	積立金	当期未処分利益	うち当期総利益	利益剰余金合計	
当期首残高	—	950	25,000	1,000	1,000	26,950	26,950
当期変動額							
Ⅲ　利益剰余金の当期変動額							
(1)　利益の処分							
利益処分による積立		350	650	－1,000	－1,000	—	—
(2)　その他							
当期純利益				500	500	500	500
目的積立金取崩額	1,000	－1,000				－1,000	—
当期変動額合計	1,000	－650	650	－500	－500	－500	500
当期末残高	1,000	300	25,650	500	500	26,450	27,450

（国庫納付金計算書）

国庫納付金計算書	
Ⅰ　積立金	26,450
Ⅱ　次期中期目標期間繰越額	6,500
Ⅲ　差引国庫納付額	19,950

財務諸表ではない。主務大臣への提出書類である。

○X3年度（中期目標期間の初年度）

（仕訳）

・前年度の利益処分に係る振替処理

未処分利益　500 ／ 積立金　800

目的積立金　300

前年度に係る利益処分が会計帳簿に反映される。

・国庫納付金，次期中期目標期間繰越積立金の処理

積立金　26,450 ／ 未払国庫納付金　19,950

前中期目標期間繰越積立金　6,500

国庫納付金計算書の情報が会計帳簿に反映される。

（純資産変動計算書（関連部分を抜粋））

	Ⅱ　資本剰余金	Ⅲ　利益剰余金（又は繰越欠損金）						純資産合計
	資本剰余金	前中期目標期間繰越積立金	目的積立金	積立金	当期未処分利益	うち当期総利益	利益剰余金合計	
当期首残高	1,000	―	300	25,650	500	500	26,450	27,450
当期変動額								
Ⅲ　利益剰余金の当期変動額								
(1)　利益の処分								
前中期目標期間からの繰越し		6,500		−6,500				―
積立金への振替			−300	800	−500	−500	―	―
国庫納付金の納付				−19,950			−19,950	−19,950
当期変動額合計	―	6,500	−300	−25,650	―	―	−19,950	−19,950

当期末残高	1,000	6,500	—	—	—	—	6,500	7,500

5 決算報告書

〈関連する基準等〉

〈Ｑ＆Ａ〉Q79-４～79-８

(1) 決算報告書の意義

決算報告書は，予算の執行状況を表すための報告書であり，財務諸表には該当しないが，通則法第38条第２項の規定に基づき財務諸表に添付して主務大臣に提出することが求められている。

独立行政法人は，原則として企業会計原則に基づいて会計処理を行い，財務諸表を作成することとされている（通則法37条)。一方で，独立行政法人においては予算の区分による管理も求められているため，割当予算に対してその執行状況を表す決算報告書が義務付けられている。

(2) 決算報告書の作成

決算報告書は財務諸表には該当せず，独立行政法人会計基準に規定されていないが，Ｑ＆Ａにおいて様式および作成の指針が示されている。

なお，勘定区分のある独立行政法人においては，勘定別に決算報告書を作成することは必須だが，法人単位の収支予算書を作成していない場合は，法人単位の決算報告書を作成する必要はない（Q79-８)。

① 様　　式

決算報告書の様式は次表のとおりであり，事業等のまとまり，すなわちセグメント別に作成することとされている。

決算報告書の開示様式

区分	A事業				B事業				共通				合計			
	予算額	決算額	差額	備考	予算額	決算額	差額	備考	予算額	決算額	差額	備考	予算額	決算額	差額	備考
収入																
運営費交付金																
○○補助金等																
施設整備費補助金																
受託収入																
計																
支出																
業務経費																
○○補助金等事業費																
施設整備費																
受託経費																
一般管理費																
人件費																
計																

② 区　分

「区分」の欄には，年度計画に記載されている予算の名称を記載することとされている（Q79-4①）。

③ 予 算 額

「予算額」の欄には当該年度の年度計画に記載されている予算金額を記載する（Q79-4②）。なお，年度計画の変更により予算額に変更があった場合には，変更後の予算金額を記載する（Q79-4③）。

④ 決 算 額

a．決算額に記載すべき金額

「決算額」の欄には，予算執行した金額を記載し，収入については現金預金の収入額に期首期末の未収金額等を加減算したものを，支出については，現金預金の支出額に期首期末の未払金額等を加減算したものを記載する（Q79-4

④)。

決算報告書は財務諸表と併せて主務大臣に提出され，承認を受けた後，一般の閲覧に供されることとなるため，財務諸表に記載されている数値と予算執行額との関係を明確に開示することが，財務諸表および決算報告書の利用者の理解可能性を高めることになる。しかしながら，会計基準第41の規定により，独立行政法人の財務諸表は発生主義により処理することが定められており，必ずしも財務諸表上の数値と予算執行額は一致しない。そこで，損益計算書の計上額と決算額の集計区分に差がある場合には，その相違の概要を「備考」の欄に記載することとされている（Q79-４⑥，Q79-５Ａ３）。

b．未収金額等および未払金額等

決算額の算出時に加減算を行う未収金額等および未払金額等については，これらに該当する具体的科目名については例示されておらず，年度計画の予算の作成趣旨に基づいて判断されるべきものとされている。

たとえば，年度計画の予算は，国からの財源措置である運営費交付金や補助金等が出納整理期間が設けられている国の予算制度を前提として積算，交付されるため，翌事業年度に支払われる３月分の超過勤務手当等の未払金等についても当事業年度の支出予算として計上されている。このような場合，決算報告書でも同様に，これら超過勤務手当等の未払金等を予算執行額に含めることが考えられる（Q79-６）。

c．前事業年度からの繰越額

決算報告書における決算額において，前事業年度からの繰越に係る決算額と当期分に係る決算額とを区分することは特に必要なく，予算との重要な差があれば，注記等で明らかにすることで足りる（Q79-７）。

⑤　差　　額

「差額」の欄には，予算額と決算額の差額を記載するが，予算額と決算額に著しい乖離が生じた場合には，「備考」欄に差額の生じた理由を簡潔に記載することとされている（Q79-４⑤)。この記載は，「独立行政法人改革等に関する

基本的な方針」（平成25年12月24日閣議決定）の中で，説明責任・透明性の向上の観点から，事業等のまとまりごとに予算の見積りおよび執行実績を明らかにし，著しい乖離がある場合にはその理由を説明することとされているため，求められるものである。

「著しい乖離」かどうかは，決算報告書の科目区分ごとに決算額が予算額に対して10％以上増減したかどうかで判断する。ただし，増減率が10％に満たない場合であっても，差額が生じた理由等の質的側面を重視し，差額の生じた理由を記載することも認められる（Q79-５Ａ４）。

第9章

外貨建取引

1 外貨建取引とは

会計は企業活動を貨幣価値に換算して記録するものであるが，わが国においては円貨にて記録されるのが一般的である。しかしながら，企業取引には海外企業などとの間で外貨により契約・決済されるものもあり，こうした外貨で行われる取引を一般的に外貨建取引という。この場合，外貨建取引を“いつ”，“どのように”円貨に置き換えて記録するかといった換算の問題が生じてくる。また，換算から生じる「決済差額」や「換算差額」を損益計算書などにどのように反映させるかといった問題も生じてくる。

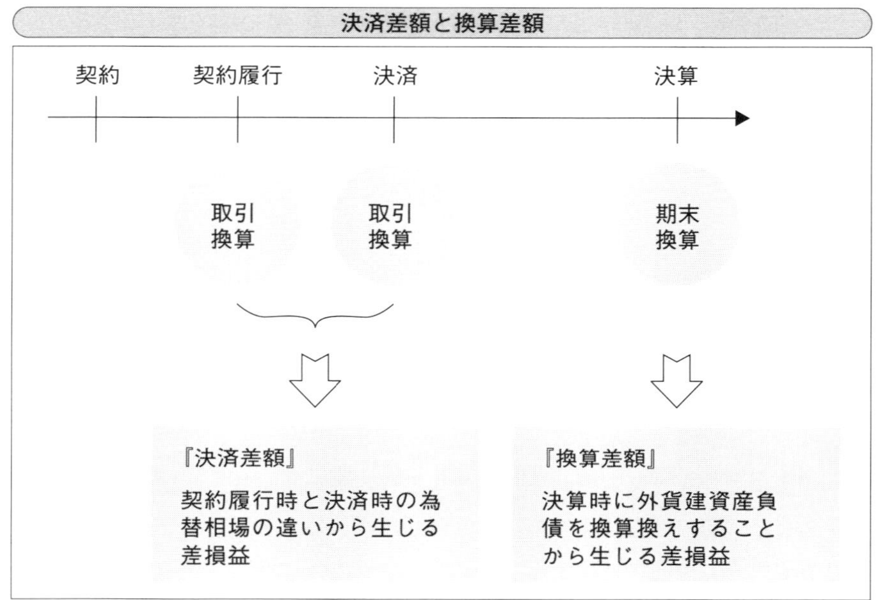

通常の取引では売上日とか仕入日といった契約の履行日とお金の入出金日である決済日が異なる。基準は契約履行と決済は別々の２つの取引であるとみなし，契約履行は契約履行日の換算レートで，決済は決済日の換算レートを用いて記録する考え方を採用している。

2 外貨建取引の会計処理

〈関連する基準等〉

〈基　準〉第34
〈注　解〉注26，27

第34　外貨建取引の会計処理

1　外貨建取引は，原則として，当該取引発生時の為替相場による円換算額をもって記録する。

2　在外事務所における外貨建取引については原則として，主たる事務所と同様に処理する。ただし，外国通貨で表示されている在外事務所の財務諸表に基づき独立行政法人の財務諸表を作成する場合には，在外事務所の財務諸表の費用及び収益（費用性資産の費用化額及び収益性負債の収益化額を除く。）の換算については，期中平均相場によることができる。

3　外国通貨，外貨建金銭債権債務及び外貨建有価証券については，決算時において，次の区分ごとの換算額をもって貸借対照表価額とする。

(1)　外国通貨については，決算時の為替相場による円換算額

(2)　外貨建金銭債権債務については，決算時の為替相場による円換算額

(3)　外貨建有価証券の換算額については，保有目的による区分に応じ，次により換算した額

ア　満期保有目的の外貨建債券については，決算時の為替相場による円換算額

イ　売買目的有価証券及びその他有価証券については，外国通貨による時価を決算時の為替相場により円換算した額

ウ　関係会社株式については，取得時の為替相場による円換算額。ただし，当該会社の財務諸表を基礎とした純資産額に持分割合を乗じて外国通貨により算定した額が外国通貨による取得原価よりも下落した場合には，当該算定額を決算時の為替相場により円換算した額

4　外貨建有価証券について時価の著しい下落又は実質価額の著しい低下により評価額の引下げが求められる場合には，当該有価証券の時価又は実質価額は，外国通貨による時価又は実質価額を決算時の為替相場により円換算した額とする。

5　決算時における換算によって生じた換算差額は，当期の為替差損益として処理する。ただし，外貨建有価証券換算差額については，時価の著しい下落又は実質価額の著しい低下により，決算時の為替相場による換算を行ったことによって生じた換算差額は，当期の有価証券の評価損として処理するほか，次に定めるところにより処理するものとする。

(1)　満期保有目的の外貨建債券について決算時の為替相場による換算を行うことによって生じた換算差額は，当期の為替差損益として処理する。

(2)　売買目的の外貨建債券について決算時の為替相場による換算を行うことによって生じた換算差額は，当期の有価証券評価損益として処理する。

(3) 外貨建の関係会社株式について決算時の為替相場による換算を行うことによって生じた換算差額は，当期の有価証券評価損益として処理する。

(4) 外貨建のその他有価証券について決算時の為替相場による換算を行うことによって生じた換算差額は，純資産の部に計上し，翌期首に取得原価に洗い替える。

<注26>取引発生時の為替相場について

取引発生時の為替相場とは，取引が発生した日における直物為替相場又は合理的な基準に基づいて算定された平均相場，例えば取引の行われた月又は週の前月又は前週の直物為替相場を平均したもの等，直近の一定期間の直物相場に基づいて算出されたものとする。ただし，取引が発生した日の直近の一定の日における直物為替相場，例えば取引の行われた月若しくは週の前月若しくは前週の末日又は当月若しくは当週の初日の直物為替相場によることも認められる。

<注27>外国通貨による記録について

外貨建債権債務及び外国通貨の保有状況並びに決済方法等から，外貨建取引について当該取引発生時の外国通貨により記録することが合理的であると認められる場合には，取引発生時の外国通貨の額をもって記録する方法を採用することができる。この場合には，外国通貨の額をもって記録された外貨建取引は，各月末等一定の時点において，当該時点の直物為替相場又は合理的な基礎に基づいて算定された一定期間の平均相場による円換算額を付するものとする。

民間企業の会計基準とほぼ同様の内容となっており，実務的な対応の詳細は「外貨建取引等の会計処理に関する実務指針」（日本公認会計士協会　会計制度委員会報告第４号）」が参考となる。

(1) 取引発生時の処理

外貨建取引には当該取引発生時すなわち契約履行日の為替相場を用い，さらに決済時には決済日の為替相場を用いることになる。

なお，この為替相場にもいくつかの種類が存在する。

為替相場の種類

決済上または会計記録上の種類	直物為替相場	当日に決済する場合の相場
	先物為替相場	将来特定日（期間）に決済する場合の相場
	平均相場	一定期間の平均値
金融機関の取引上の種類	売相場 TTS（Selling）	①金融機関の外貨の売り価格
	買相場 TTB（Buying）	②金融機関の外貨の買い価格
	中　値 TTM（Middle）	上記①②の中間の価格

注26において，取引発生時の為替相場を直物為替相場または合理的な基準に基づいて算定された直物為替相場の平均相場としている。ただし実務的な対応を考慮し，直近の一定日の直物為替相場を簡便的に用いることも認めている。金融機関の取引上の種類でどの直物為替相場を用いるかについては，一般的にはTTMを用いる。ただし，すべてに継続適用することを条件として収益・債権についてはTTB，費用・債務についてはTTSを用いることもある。

また注27では，やはり実務的な対応から日々の会計記録を円貨ではなく外貨のまま行い，月末など一定の時点においてその時点の直物為替相場などによる円換算額を付することも認めている。

（設例９−２−１）

【問題】

①　５月１日に海外から1,000ドルの材料を仕入れた。

当該取引発生時の直物為替相場は１ドル＝100円であった。

②　上記買掛金を６月30日に決済した。

決済時の直物為替相場は１ドル＝120円であった。

このときに必要な仕訳を作成しなさい。

【解答】（単位：千円）

・５月１日（取引発生時）

①（借方）仕　　入(＊1) 100　（貸方）買　掛　金　100

（＊1） 1,000ドル×100円／ドル

・６月30日（決済日）

② （借方）買　掛　金　100　（貸方）現　金　預　金(＊2) 120
　　　　　為　替　差　損　20
（＊2） 1,000ドル×120円／ドル

(2) 決算時の処理

決算時の期末換算に関する基準の記載内容を簡単にまとめると以下のとおりとなる。

外貨建の資産および負債	為替相場
外国通貨	決算時レート
外貨建金銭債権債務	決算時レート
外貨建有価証券	
満期保有目的の外貨建債券	決算時レート
売買目的有価証券，その他有価証券	外貨時価 × 決算時レート
関係会社株式	取得時レート
時価の著しい下落，または実質価額の著しい低下	外貨時価または外貨実質価額 × 決算時レート

決算時の期末換算によって生じた換算差額は当期の為替差損益として処理することになるが，通常は損益計算書の財務費用または財務収益に表示することになる。なお，外貨建取引から生じる決済差額についても，期末の換算差額と併せて損益計算書の財務費用または財務収益に表示することになる。

ただし，外貨建有価証券の換算差額のうち，時価の著しい下落または実質価額の著しい低下による換算差額については，資産の評価損的な性格を含んでいることから通常は当期の評価損として会計処理するが，外貨建有価証券の種類に応じて下記の会計処理を行うことになる。

外貨建有価証券の種類	会　計　処　理
満期保有目的の外貨建債券	為替差損益
売買目的の外貨建債券	有価証券評価損益
外貨建関係会社株式	有価証券評価損益
外貨建その他有価証券	純資産の部に計上し，翌期首に取得原価に洗い替え

（設例9－2）

【問題】

①　５月１日に海外から1,000ドルの材料を仕入れた。

当該取引発生時の直物為替相場は１ドル＝100円であった。

②　上記買掛金が決算時において未決済であった。

決算時の直物為替相場は１ドル＝95円であった。

このときに必要な仕訳を作成しなさい。

【解答】（単位：千円）

・５月１日（取引発生時）

①（借方）仕　　　入(＊1)　100　（貸方）買　掛　金　100

（＊１）1,000ドル×100円／ドル

・３月31日（決算日）

②（借方）買　掛　金　5　（貸方）為　替　差　益(＊2)　5

（＊２）1,000ドル×（100円／ドル－95円／ドル）

第10章

区分経理の原則

1 区分経理の会計処理

〈関連する基準等〉

〈基　準〉第100，101
〈注　解〉注77，78
〈Q＆A〉Q100-1～100-6

(1) 区分経理の意義

第100　区分経理に係る会計処理の原則

1　法律の規定により，区分して経理し，区分した経理単位（以下「勘定」という。）ごとに財務諸表の作成が要請されている独立行政法人にあっては，それぞれの勘定ごとの財務諸表（以下「勘定別財務諸表」という。）と，独立行政法人全体の財務諸表（以下「法人単位財務諸表」という。）を作成しなければならない。

2　同一環境下で行なわれた同一の性質の取引等に係る会計処理の原則及び手続きは，原則として独立行政法人単位で統一するものとし，合理的な理由がない限り勘定ごとに異なる会計処理の原則及び手続きを適用することは認められない。

＜注77＞区分経理に係る会計処理について

主務省令等により区分して経理することが要請されている場合の，各経理単位の財務諸表はセグメント情報として整理し，勘定別財務諸表には該当しないものとする。

国の予算統制上，個別法により，区分経理が要請される場合がある。この場合，独立行政法人は，勘定別財務諸表と法人単位財務諸表を作成することになる。法人単位財務諸表が求められるのは，国民などの財務情報利用者に対して，法人全体での財源負担や業務運営についての情報を提供するためである。

なお，個別法ではなく，主務省令等により区分経理が要請されている場合に作成される各経理単位の財務諸表は，セグメント情報として整理し，勘定別財務諸表には該当しないものとする。

(2) 法人単位財務諸表の体系および様式

第101　法人単位財務諸表の体系及び様式

1　法人単位財務諸表の体系は，次のとおりである。

(1) 法人単位貸借対照表

(2) 法人単位行政コスト計算書

(3) 法人単位損益計算書

(4) 法人単位純資産変動計算書

(5) 法人単位キャッシュ・フロー計算書

(6) 法人単位附属明細書

2　法人単位財務諸表の様式については，原則として「第４章　財務諸表の体系」から「第11章　附属明細書及び注記」に定めるところによる。ただし，法人単位貸借対照表の純資産の部の利益剰余金（又は繰越欠損金）については，内訳科目を設けず合計額のみを表示し，また法人単位純資産変動計算書の利益剰余金（又は繰越欠損金）の当期変動額には，当期変動額の純額のみを表示することとする。

＜注78＞法人単位財務諸表の体系について

法律の規定により，区分して経理することが要請されている独立行政法人においては，勘定ごとに利益の処分又は損失の処理を行う必要があり，法人単位損益計算書に表示される当期総利益をもとにした利益の処分又は損失の処理は予定されていない。このため，法人単位財務諸表には，利益の処分又は損失の処理に関する書類は含めないものとする。

法人単位財務諸表と勘定別財務諸表の体系は，下表のとおりである。

法人単位財務諸表と勘定別財務諸表

	法人単位財務諸表	勘定別財務諸表
体系	・貸借対照表 ・行政コスト計算書 ・損益計算書 ・純資産変動計算書 ・キャッシュ・フロー計算書 ・附属明細書	・貸借対照表 ・行政コスト計算書 ・損益計算書 ・純資産変動計算書 ・利益の処分又は損失の処理に関する書類 ・キャッシュ・フロー計算書 ・附属明細書
貸借対照表の純資産の部	利益剰余金は合計額のみ表示	利益剰余金は区分して表示
純資産変動計算書	利益剰余金合計の当期変動額を純額で表示	利益剰余金の各内訳項目について当期変動額を要因ごとに区分して表示

両者の体系の違いは，「利益の処分又は損失の処理に関する書類」の作成の有無にある。区分経理が要請されている独立行政法人においては，勘定ごとに利益の処分や損失の処理を行うので，法人単位財務諸表の作成において，当該書類は必要のないものとなる。

2　法人単位財務諸表の作成および開示

〈関連する基準等〉

〈基　準〉第102～104
〈注　解〉注79～81
〈Q＆A〉Q103-1～103-5，Q104-1～104-4

(1)　法人単位財務諸表の作成

法人単位財務諸表は，具体的には以下の手順で作成する。この作成過程は，法人単位附属明細書を作成して開示することになるので，財務諸表と並行して附属明細書を作成していくと，決算業務の効率化に資することになる。

①　各勘定の経理の対象と勘定相互間の関係を把握し，これを明らかにする

書類を附属明細書として開示する（Q104-１）。

② 各勘定間において，同一の環境下で行われた同一の性質の取引等に係る会計処理の原則および手続は，原則として統一する（基準第100，Q100-１）。

③ 共通経費を配賦する前の勘定別損益計算書を作成する。

④ 共通経費を合理的な配賦基準に従って配賦する（基準第103，注解80，Q103-１，103-２）。

⑤ 共通経費を配賦した後の勘定別財務諸表を作成する。

⑥ すべての勘定別財務諸表を合算する（基準第102）。

⑦ 勘定相互間の債権と債務，勘定相互間の損益取引に係る費用と収益を相殺消去し，また，棚卸資産，固定資産その他の資産に含まれる未実現損益も消去し，それぞれ内訳を附属明細書として開示する（基準第104第４項⑷）。

⑧ キャッシュ・フロー計算書における勘定相互間のキャッシュ・フローを相殺消去し，内訳を附属明細書として開示する（基準第104第４項⑸）。

⑨ 法人単位財務諸表を作成する。この際，法人単位財務諸表と各勘定別財務諸表の関係を明らかにする書類を作成し，附属明細書として開示する（基準第104第４項⑵，Q104-３）。

⑩ 勘定ごとの利益の処分または損失の処理の状況とすべての勘定を合算した額を並列的に示す書類を作成し，附属明細書として開示する（基準第104第４項⑶）。

基準上も，以下のように定められている。

第102　法人単位財務諸表作成の基準

法人単位財務諸表は，全ての勘定別財務諸表を合算するほか，次により作成しなければならない。

⑴ 法人単位貸借対照表及び法人単位損益計算書においては，勘定相互間の債権と債務及び勘定相互間の損益取引に係る費用と収益とを相殺消去し，独立行政法人としての資産，負債及び純資産の額並びに費用，収益及び損益の額を示さなければなければならない。

⑵ 勘定相互間の取引によって取得したたな卸資産，固定資産その他の資産に含まれる未実現損益は，その全額を消去しなければならない。ただし，譲渡した勘定の帳簿価額のうち回収不能と認められる部分は消去しないものとする。

(3) 法人単位キャッシュ・フロー計算書においては，勘定相互間のキャッシュ・フローは相殺消去し，独立行政法人としてのキャッシュ・フローの額を示さなければならない。

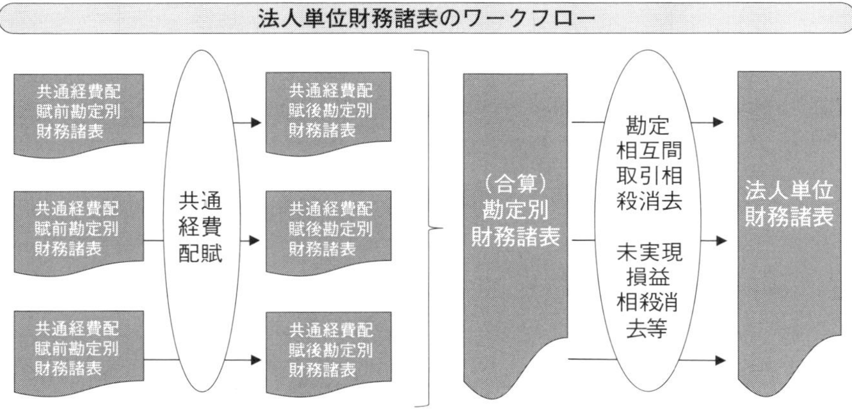

(2) 共通経費等の配賦

第103　共通経費等配賦の原則

1　各勘定の費用及び収益は，各勘定が経理すべき業務に基づき合理的に帰属させ，政策の考慮のために事実の真実な表示をゆがめてはならない。

2　各勘定に直接賦課することが困難な共通経費については，合理的な配賦基準に従って配賦しなければならない。また，配賦基準は，毎期継続して適用する必要があり，みだりに変更してはならない。なお，配賦基準を変更した場合は，その内容，変更の理由及び当該変更が財務諸表に与えている影響の内容を注記しなければならない。

＜注80＞共通経費の配賦基準について

1　共通経費の配賦基準は，主務省令等で定められる必要がある。

2　各勘定に直接賦課することが困難な共通経費には，総務部門，経理部門等独立行政法人全体の業務を所掌している部門の経費のほか，これらの部門に関連して生じた雑益，法人全体として課税される消費税等が含まれる。

3　共通経費の具体的な配賦基準としては，例えば，次のような基準が考えられる。
(1)　共通部門の給与費について，各勘定に属する職員に支給する給与総額の割合により配賦する方法
(2)　事務所借料について，各勘定に属する部門の占有面積の割合により配賦する方法
(3)　納付消費税について，勘定別に算定した納付消費税額の割合により配賦する方法

勘定別財務諸表の作成にあたっては，すべての費用と収益を，合理的な基準に基づいて各勘定に帰属させる必要がある。総務・経理部門のような法人全体の業務を所掌している部門の経費や，法人全体として課税される消費税等など，各勘定に直接賦課させるのが困難な，いわゆる共通経費につき，基準は合理的な配賦基準に従った配賦を要求している。配賦基準は主務省令で定められる必要があり，また，みだりに変更してはならない。

この共通経費の配賦基準については，注解のほか，以下のＱ＆Ａで具体的な考え方が示されている。

Q103-1　注解80第１項に，「共通経費の配賦基準は主務省令等で定める必要がある」旨定められているが，共通経費の配賦基準は必ず主務省令で定める必要があり，独立行政法人が定めることは出来ないのか。

A

1　会計基準「第13章　区分経理の会計処理」は，独立行政法人独自の判断により経理を区分するのではなく，法律の要請による独立行政法人外部からの要請に基づくものであり，区分された勘定ごとに利益処分の方法が異なる場合も多い。共通経費の配賦は，勘定ごとの利益の額にも影響を与えるため，その配賦基準は，区分経理を規定している独立行政法人個別法等の趣旨を踏まえ，国側で定める必要があるとの観点から注解80第１項は設けられている。

2　したがって，注解80第１項の趣旨は，共通経費の配賦基準は国の関与の下で定められる必要があるということであり，例えば，主務省令において共通経費の配賦基準の基本的な考え方を示し，具体的な配賦基準は独立行政法人が作成

の上，主務大臣の承認に係らしめる方法等も認められる。

3　なお，主務省令や主務大臣の承認を経た内規等で定められる配賦基準は，合理的な基準であることが必要なほか，会計担当者の恣意的判断により配賦額が増減することのない程度に具体的に定められる必要がある。

Q103-2　例えばA，B，Cの三つの勘定に区分されている独立行政法人において，各勘定に共通的な経費である理事長の人件費がA勘定に手当されている場合，当該費用はA勘定の費用として処理してよいのか。

A

1　共通経費の配賦は，配賦基準に従って行うことが必要であり，予算手当を基準として配賦することは認められない。

2　なお，配賦基準は，個々の共通経費の各勘定への寄与度や予算手当の方法等を総合的に勘案し，合理的な基準として定められる必要があるが，例えば，三つの勘定に区分され，業務量がA勘定：40%，B勘定30%，C勘定30%の割合であり，理事長，甲理事及び乙理事の3人の理事体制となっている独立行政法人において，「理事長の人件費：A勘定に配賦，理事甲の人件費：B勘定に配賦，理事乙の人件費：C勘定に配賦」といった配賦基準を定めることも合理的な配賦基準として認められるものと考える。

また，A勘定で購入した固定資産をB勘定でも使用する場合，所有権はA勘定にあるため，当該資産はA勘定の勘定別財務諸表に計上され，これに係る減価償却費についてもA勘定で会計処理される。A勘定の資産をB勘定で一時使用した事実は，原則として，勘定相互間の取引として適切に処理することとなる。当該減価償却費について，A勘定とB勘定の共通経費として取り扱うことはできない。

なお，特定の勘定でファイナンス・リース取引によるリース料を負担し，他の勘定と常時共用している場合に，これに伴う減価償却費や支払利息についても同様の会計処理を行う。

Q103-3　A勘定において当該勘定の業務に使用する目的で購入した資産を，他のB勘定の業務に使用させる場合には，どのような会計処理を行うのか。

A

1　当該資産はA勘定で購入したものであり，その所有権もA勘定にあることから，当該資産はA勘定に係る勘定別財務諸表に計上され，これに係る減価償却費についてもA勘定で会計処理される。

2　設問のケースでは，A勘定の資産をB勘定で一時使用した事実を勘定相互間の取引として整理する必要があるかについて検討する必要がある。勘定区分を法律が要請していること，また共通経費については合理的基準により配賦すべきこと（会計基準第103第2項）とされていることから，原則として，勘定相互間の取引として適切に処理する必要がある。

3　なお，当該資産のB勘定における使用状況が，一時的であり，かつ，A勘定の業務に支障を与えない範囲である場合には，重要性の原則を適用して勘定相互間の取引に該当しないものとして整理することも認められるものと考える。

Q103-4　A勘定で購入した固定資産をB勘定でも使用する場合，勘定区分別財務諸表の適正性の観点から，固定資産をA勘定に計上し，減価償却費を共通経費として配分する方法を採用することは可能か。また，可能であるとした場合，この固定資産が会計基準第87第1項による特定化された固定資産であっても，減価償却費相当額を配分すべきか。

A

Q103-3にあるとおり，資産帰属と減価償却は一体で処理すべきであって共通経費として取り扱うことはできない。配賦・請求する場合，一時使用している勘定では減価償却費ではなく賃借料に計上することが適切と考える。以上は特定の償却資産とされた場合も同様である。

Q103-5　特定の勘定でファイナンス・リース取引によるリース料を負担し，他の勘定と常時共用している場合に，これに伴う減価償却費や支払利息については，共通経費として配賦すべきか否か。財源は運営費交付金とする。

A

設問の場合，リース料を負担した勘定で固定資産が計上されることになる。資産計上された固定資産が，他の勘定と共同利用されている場合にはQ103-3に従って勘定間の賃貸借料として処理することになる。

(3)　法人単位財務諸表の開示

第104　財務諸表の開示方法等

1　法律の規定により区分して経理することが要請される独立行政法人においては，法人単位財務諸表の後に勘定別財務諸表を作成し，これらを一体のものとして開示しなければならない。

2　財務諸表の注記は，法人単位財務諸表及び勘定別財務諸表のそれぞれに適切な注記を行わなければならない。

3　独立行政法人の事業内容等の実態から複数の勘定で経理される業務を一括してセグメント情報として開示する必要がある場合には，勘定区分にかかわらずセグメント情報を作成するものとする。この場合には，当該セグメント情報は，法人単位財務諸表に添付するものとする。

4　法人単位財務諸表には，「第79　附属明細書」に定めるもののほか，次の事項を明らかにした法人単位附属明細書を添付しなければならない。

(1)　各勘定の経理の対象と勘定相互間の関係を明らかにする書類

(2)　貸借対照表，行政コスト計算書，損益計算書及びキャッシュ・フロー計算書のそれぞれについて，勘定ごとの金額を表示する欄，勘定相互間の取引を相殺消去するための調整欄及び法人単位の額を示す欄を設け，法人単位財務諸表と各勘定別財務諸表の関係を明らかにする書類

(3)　勘定別の利益の処分又は損失の処理に関する書類について，勘定ごとの金額を示す欄及び合計額を示す欄を設け，勘定ごとの利益の処分又は損失の処理の状況と全ての勘定を合算した額を並列的に示す書類

(4)　法人単位貸借対照表及び法人単位損益計算書において，相殺消去された勘定相互間の債権と債務及び勘定相互間の損益取引に係る費用と収益並びに消去された勘定相互間の取引に係る未実現損益の内訳

(5)　法人単位キャッシュ・フロー計算書において相殺消去された，勘定相互間のキャッシュ・フローの内訳

＜注81＞附属明細書について

勘定別財務諸表に添付すべき附属明細書は，法人単位財務諸表に一括して添付することにより，重複するものについては省略することができる。なお，この場合，法人単位財務諸表に添付する法人単位附属明細書には勘定別の内訳を明らかにしなければならない。

区分経理を行っている独立行政法人において，各勘定をセグメントに区分する場合，セグメント情報は勘定別財務諸表の附属明細書となり，勘定区分にかかわらず法人全体をセグメントに区分する場合，セグメント情報は勘定区分を跨るセグメントであるため，法人単位財務諸表の附属明細書となる（Q104-2）。

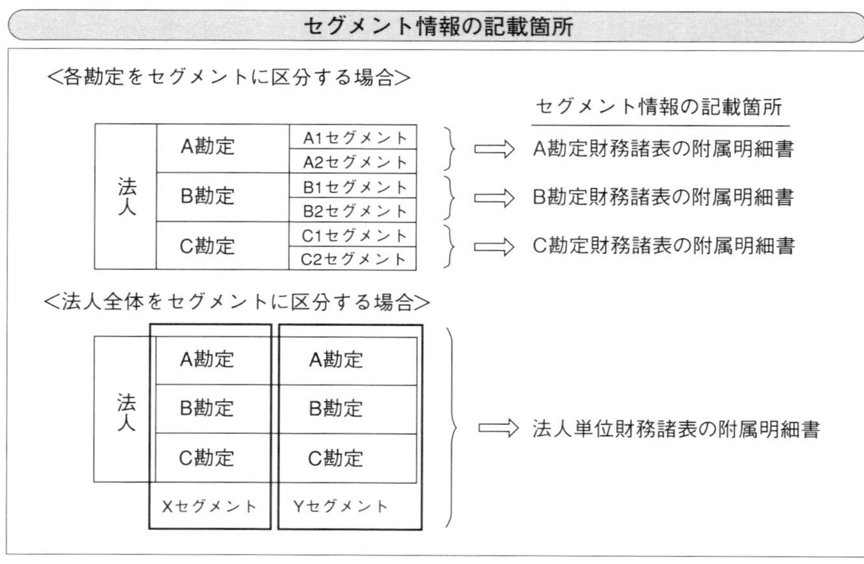

また，基準第104第4項には，法人単位財務諸表に固有の開示項目として5項目が掲げられている。

この中の「勘定相互間の関係を明らかにする書類」については，例えば勘定相互間の資金の流れをフローチャート形式で示したもの等を，各独立行政法人が工夫して作成することになる（Q104-1）。

「法人単位財務諸表と各勘定別財務諸表の関係を明らかにする書類」については，その様式がQ104-3で示されており，抜粋すると以下のとおりになる。

（例）貸借対照表

科　目	A勘定	B勘定	C勘定	調整	法人単位
資産の部					
Ⅰ　流動資産					
・・・					
Ⅱ　固定資産					
1　有形固定資産					
・・・					
2　無形固定資産					
・・・					
3　投資その他の資産					
投資有価証券					
長期貸付金					
他勘定長期貸付金					
・・・					
資産合計					
負債の部					
Ⅰ　流動負債					
・・・					
Ⅱ　固定負債					
資産見返負債					
・・・					
長期借入金					
他勘定長期借入金					
引当金					
・・・					
負債合計					
純資産の部					
Ⅰ　資本金					
政府出資金					
地方公共団体出資金					
・・・					
Ⅱ　資本剰余金					
資本剰余金					
その他行政コスト累計額					
・・・					
Ⅲ　利益剰余金（又は繰越欠損金）					
・・・					
Ⅳ　評価・換算差額等					
・・・					
純資産合計					
負債純資産合計					

なお，法人単位附属明細書において，法人単位財務諸表と各勘定別財務諸表の関係を明らかにする書類は，純資産変動計算書については作成不要である。

第11章

連結財務諸表

1 連結財務諸表とは

〈関連する基準等〉

〈基　準〉第105 ～ 111

〈注　解〉注82 ～ 86

〈Q & A〉Q106-1，107-1 ～ 107-5，108-1，109-1

(1) 作成目的

基準第105　連結財務諸表の作成目的

連結財務諸表は，独立行政法人とその出資先の会社等（以下「関係法人」という。）を公的な資金が供給されている一つの会計主体として捉え，独立行政法人が関係法人集団（独立行政法人及び関係法人の集団をいう。以下同じ。）の財政状態及び運営状況を総合的に報告するために作成するものである。

＜注82＞連結財務諸表の作成目的及び性格について

1　独立行政法人が行う出資等は，法人の設立目的を達成するために業務として行われるものであり，独立行政法人と関係法人の間に必ずしも支配従属関係が認められるわけではないが，独立行政法人と関係法人を公的な資金が供給されている一つの会計主体とみなして，公的な主体としての説明責任を果たす観点から，連結財務諸表の作成，開示を行うものである。

2　このような観点から作成される連結財務諸表は，公的な資金がどのように使用されているかを示すことを主たる目的としており，独立行政法人の評価は，個別財務諸表により行われる必要がある。

3　関係法人には，独立行政法人が出資を行っている民間企業のほか，法人と一定の関係を有する公益法人等が含まれる。

独立行政法人の場合，出資等が行われた会社については，その出資等の目的と性格から，支配従属関係が明確でないものも含まれるため，これらを経済的に「単一の組織体」とみなすことには無理が生じる場合がある。しかし，一方において，独立行政法人は公的会計主体であり，民間企業以上に情報開示の責務があると考えられる。そこで，独立行政法人とその関係法人すなわち関係法人集団を，公的資金が供給されている１つの会計主体とみなし，この集団が，公的な資金をどのように使用しているかを開示することを目的として，連結財務諸表の作成，開示が行われる。

なお，連結財務諸表を作成した場合であっても，独立行政法人の業績評価は個別財務諸表により行われる。

(2)　一般原則

第106　連結財務諸表一般原則

1　連結財務諸表は，関係法人集団の財政状態及び運営状況に関して真実な報告を提供するものでなければならない。

2　連結財務諸表は，関係法人集団に属する独立行政法人及び関係法人が準拠すべき一般に公正妥当と認められる会計基準に準拠して作成された個別財務諸表を基礎として作成されなければならない。

3　独立行政法人の会計は，連結財務諸表によって，国民その他の利害関係者に対し必要な会計情報を明瞭に表示し，関係法人集団の状況に関する判断を誤らせないようにしなければならない。

4　連結財務諸表作成のために採用した基準及び手続は，毎期継続して適用し，みだりにこれを変更してはならない。

ここでの一般原則は，あくまでも連結財務諸表における一般原則として，個別財務諸表とは別に掲げられている。

たとえば，基準第106第２項は，いわゆる準拠性の原則として，連結財務諸表は個別財務諸表を基礎として作成されること，そして個別財務諸表は，その作成主体が準拠すべき「一般に公正妥当と認められる会計基準」に準拠して作成されることを要請している。

(3) 連結の範囲

第107　連結の範囲

1　独立行政法人は，原則としてすべての特定関連会社を連結の範囲に含めなければならない。

2　特定関連会社とは，独立行政法人が政策目的のため法令等で定められた業務として出資する会社であって，次のいずれかに該当する場合には，当該会社は特定関連会社に該当するものとする。

(1)　会社の議決権の過半数を所有しているという事実が認められる場合

(2)　会社に対する議決権の所有割合が百分の五十以下であっても，高い比率の議決権を保有している場合であって，次のような事実が認められる場合

ア　議決権を行使しない株主が存在することにより，株主総会において議決権の過半数を継続的に占めることができると認められる場合

イ　役員，関連会社等の協力的な株主の存在により，株主総会において議決権の過半数を継続的に占めることができると認められる場合

ウ　役員若しくは職員である者又はこれらであった者が，取締役会の構成員の過半数を継続的に占めている場合

エ　重要な財務及び営業の方針決定に関し独立行政法人の承認を要する契約等が存在する場合

3　独立行政法人及び特定関連会社が，他の会社に出資又は投資を行い，多大な影響力を与えていると認められる場合における当該他の会社も，また，特定関連会社とみなすものとする。

4　独立行政法人が，会社の議決権の過半数を所有する場合であっても，当該議決権が，独立行政法人（独立行政法人の設立等に際し，その権利義務を承継した特殊法人等を含む。）の出資によるものでなく，かつ，特定の債務の償還財源に充てるため計画的に売却することが明らかである場合には，当該会社は連結の範囲に含めないものとする。

＜注84＞連結の範囲からの除外について

特定関連会社であって，その資産，収益等を考慮して，連結の範囲から除いても関係法人集団の財政状態，運営状況及び公的資金の使用状況等に関する合理的な判断を妨げない程度に重要性が乏しいものは，連結の範囲に含めないことができる。

関係法人とは，特定関連会社，関連会社，関連公益法人等をいう。

連結財務諸表は，すべての特定関連会社を連結の範囲に含めることが原則だが，特定関連会社であっても重要性が乏しいものは，連結の範囲に含めないことができる。

(4) 連結決算日

第108 連結決算日

1 連結財務諸表の作成に関する期間は一年とし，独立行政法人の会計期間に基づき，毎年三月三十一日をもって連結決算日とする。

2 特定関連会社の決算日が連結決算日と異なる場合には，特定関連会社は，連結決算日に正規の決算に準ずる合理的な手続により決算を行わなければならない。

＜注85＞決算日に差異がある場合の取扱いについて

決算日の差異が三か月を超えない場合には，特定関連会社の正規の決算を基礎として，連結決算を行うことができる。ただし，この場合には，決算日が異なることから生ずる独立行政法人及び連結される特定関連会社間の取引に係る会計記録の重要な不一致について，必要な整理を行うものとする。

特定関連会社の決算日が，連結決算日と異なっており，その差異が３か月を超える場合には，特定関連会社は，連結決算日において，仮決算を行う必要が生じる。

(5) 会計処理の原則および手続

第109 会計処理の原則及び手続

1　同一環境下で行われた同一の性質の取引等について，独立行政法人及び関係会社が採用する会計処理の原則及び手続は，「第12章　独立行政法人固有の会計処理」に定めるものを除き，原則として独立行政法人の会計処理に統一しなければならない。

2　会計処理の原則及び手続で独立行政法人及び関係会社との間で特に異なるものがあるときは，その概要を注記しなければならない。

(6)　連結財務諸表の体系

第110　連結財務諸表の体系

独立行政法人の連結財務諸表は，次のとおりとする。

(1)　連結貸借対照表

(2)　連結損益計算書

(3)　連結キャッシュ・フロー計算書

(4)　連結剰余金計算書

(5)　連結附属明細書

第111　区分経理が要請される独立行政法人の連結財務諸表

1　法律の規定により，区分して経理することが要請されている独立行政法人にあっては，勘定別に連結財務諸表を作成し，勘定別の連結財務諸表を合算して法人単位の連結財務諸表を作成するものとする。

2　法人単位の連結財務諸表の作成については，「第102　法人単位財務諸表作成の基準」に準ずるほか，次によるものとする。

(1)　特定関連会社に対する出資を行っている勘定以外の勘定と当該特定関連会社相互間（以下この項において「連結勘定相互間」という。）の債権と債務は相殺消去の処理を行う。

(2)　連結勘定相互間の損益取引に係る，費用と収益は相殺消去の処理を行う。

(3)　連結勘定相互間の取引によって取得したたな卸資産，固定資産その他の資産に含まれる未実現損益は，譲渡した勘定の帳簿価額のうち回収不能と認められる部分を除き，その全額を消去する。

法律の規定により，区分経理が要請されている独立行政法人が作成すべき財務諸表は，以下のとおりである。

・勘定別財務諸表（勘定ごとに作成）
・法人単位財務諸表
・勘定別連結財務諸表（特定関連会社に出資を行っている勘定のみ作成）
・法人単位連結財務諸表

2 連結財務諸表の作成および開示

〈関連する基準等〉

〈基　準〉第112～132
〈注　解〉注87～93
〈Q＆A〉Q113-1，118-1，119-1，125-1，129-1～129-4，130-1～130-3，131-1

(1) 連結財務諸表の作成

第112　連結貸借対照表作成の基本原則

連結貸借対照表は，独立行政法人及び特定関連会社の個別貸借対照表における資産，負債及び純資産の金額を基礎とし，特定関連会社の資産及び負債の評価並びに連結される特定関連会社（以下「連結法人」という。）に対する出資とこれに対応する当該連結法人の資本との相殺消去その他必要とされる独立行政法人及び連結法人相互間の項目を消去して作成する。

第120　連結損益計算書作成の基本原則

連結損益計算書は，独立行政法人及び特定関連会社の個別損益計算書における費用，収益等の金額を基礎とし，連結法人相互間の取引高の相殺消去及び未実現損益の消去等の処理を行って作成する。

第124　連結キャッシュ・フロー計算書作成の基本原則

連結キャッシュ・フロー計算書は，独立行政法人及び特定関連会社の個別キャッシュ・フロー計算書を基礎として，連結法人相互間のキャッシュ・フローの相殺消去の処理を行って作成する。

第126　連結剰余金計算書作成の基本原則

1　連結貸借対照表に示される連結剰余金については，その増減を示す連結剰余金計算書を作成する。

2　連結剰余金の増減は，独立行政法人及び特定関連会社の損益計算書及び利益処分に係る金額を基礎とし，連結法人相互間の配当に係る取引を消去して計算する。

3　独立行政法人及び特定関連会社の利益処分については，連結会計期間において確定した利益処分を基礎として連結決算を行う方法による。

連結財務諸表は，独立行政法人および特定関連会社の個別財務諸表を基礎として作成される。大きく分けると，下記２つの作業による。

①　個別財務諸表を単純合算し，単純合算財務諸表を作成する。

②　必要な連結修正仕訳を行い，連結財務諸表を作成する。

このうち②に関しては，通常の仕訳とは異なる連結特有の会計処理が発生する。以下，代表的なものを説明する。

①　出資と資本の相殺消去等

第113　特定関連会社の資産及び負債の評価

1　連結貸借対照表の作成に当たっては，特定関連会社に該当することとなった日において，特定関連会社の資産及び負債のすべてを，特定関連会社に該当することとなった日の時価により評価しなければならない。

2　特定関連会社の資産及び負債の時価による評価額と当該資産及び負債の個別貸借対照表上の金額との差額は，特定関連会社の純資産とする。

第114　出資と資本の相殺消去

1　独立行政法人の特定関連会社に対する出資とこれに対応する特定関連会社の資本は，相殺消去しなければならない。

2　独立行政法人の特定関連会社に対する出資とこれに対応する特定関連会社の資本との相殺消去に当たり，差額が生ずる場合には，当該差額は発生した事業年度の損益として処理しなければならない。
3　特定関連会社相互間の投資とこれに対応する資本とは，独立行政法人の特定関連会社に対する出資とこれに対応する特定関連会社の資本との相殺消去に準じて相殺消去しなければならない。

連結財務諸表の作成にあたり，独立行政法人の特定関連会社に対する出資とこれに対応する特定関連会社の資本は，連結集団内の内部取引となるため，相殺消去することになる。

また，相殺消去を行うにあたっては，独立行政法人の出資とこれに対応する特定関連会社の資本の両者を，等しい条件のもとに置く必要があるため，特定関連会社の資産および負債の時価評価を行うことになる。

ただし，時価評価を行ったうえで相殺消去を行っても，差額が生じる場合があり，これは一般に「投資消去差額」として，発生した事業年度の損益として処理することになる。「投資消去差額」の発生要因は，特定関連会社の取得にあたって評価した，組織力，ブランドなどの無形資産の価値といえる。

第115　少数株主持分

1　特定関連会社の純資産のうち独立行政法人に帰属しない部分は，少数株主持分とする。
2　特定関連会社の欠損のうち，当該特定関連会社に係る少数株主持分に割り当てられる額が，当該少数株主の負担すべき額を超える場合には，当該超過額については，当該特定関連会社との関係を勘案して処理するものとする。

「少数株主持分」は，連結財務諸表特有の勘定科目であり，特定関連会社の純資産のうち独立行政法人に帰属しない部分を表す。

②　持 分 法

第118　関連会社等に対する持分法の適用

1　連結の範囲に含めない特定関連会社及び関連会社に対する出資については，原則として持分法を適用しなければならない。
2　関連会社とは，独立行政法人及び特定関連会社が，出資，人事，資金，技術，取引等の関係を通じて，特定関連会社以外の会社の財務及び営業の方針決定に対して重要な影響を与えることができる場合における当該会社をいう。
3　次の場合には，特定関連会社以外の会社の財務及び事業運営の方針決定に重要な影響を与えることができないことが明らかに示されない限り，当該会社は関連会社に該当するものとする。
(1)　特定関連会社以外の会社の議決権の百分の二十以上を実質的に所有している場合
(2)　会社に対する議決権の所有割合が百分の二十未満であっても，一定の議決権を有しており，かつ，次のような事実が認められる場合
ア　独立行政法人の役員若しくは職員である者又はこれらであった者（独立行政法人の設立に際し，権利義務を承継した特殊法人等の役員若しくは職員であった者を含む。）であって，財務及び営業又は事業の方針決定に関して影響を与えることができる者が，代表取締役又はこれに準ずる役職に就任している場合
イ　独立行政法人が，重要な融資（債務保証又は担保の提供を含む。）を行っている場合
ウ　独立行政法人が，重要な技術を提供している場合
エ　独立行政法人との間に，重要な販売，仕入その他の営業上又は事業上の取引がある場合
オ　独立行政法人が，財務及び営業又は事業の方針決定に対して重要な影響を与えることができることが推測される事実が存在する場合
4　関連会社株式の売却等により当該会社が関連会社に該当しなくなった場合には，残存する当該会社の株式は，個別貸借対照表上の帳簿価額をもって評価する。
なお，特定関連会社株式の売却等により当該会社が特定関連会社及び関連会社に該当しなくなった場合には，上記に準じて処理する。

持分法とは，投資会社がその連結決算日ごとに，投資先の純資産および損益のうち，自らに帰属する部分の変動に応じて，投資の額を修正する会計処理方

法をいう。この方法によれば，連結とは異なり，個別財務諸表のすべてを単純合算せずに，投資先の業績のうち，投資会社の持分に応じた損益を投資の額に反映させることで，結果的に，損益面において連結と同様の結果を得ることになる。

(2) 連結財務諸表の開示

① 連結財務諸表の表示区分および表示方法

連結財務諸表の表示区分，表示方法に関しては，基本的には個別の財務諸表に準じる形となるが，民間企業である特定関連会社や関連会社の数値が合算されることや，連結修正仕訳や持分法適用仕訳が行われることから，一部異なる部分もある。

② 連結財務諸表の附属明細書

独立行政法人は，個別の財務諸表と同様に，連結貸借対照表や連結損益計算書などの内容を補足するため，連結附属明細書を作成しなければならない。

③ 連結セグメント情報

独立行政法人は，個別附属明細書と同様に，連結附属明細書でもセグメント情報を開示する。その基本的な考え方は，個別のセグメント情報と同様である。

④ 連結財務諸表の注記

第132 連結財務諸表の注記

連結財務諸表には，次の事項を注記しなければならない。

(1) 連結の範囲等

連結の範囲に含めた特定関連会社，関連会社に関する事項その他連結の方針に関する重要事項及びこれらに重要な変更があったときは，その旨及び変更の理由

(2) 決算日の差異

特定関連会社の決算日が連結決算日と異なるときは，当該決算日及び連結の

ため当該特定関連会社について特に行った決算手続の概要

(3)　会計処理の原則及び手続等

ア　重要な資産の評価基準及び減価償却の方法並びにこれらについて変更があったときは，その旨，変更の理由及び当該変更が連結財務諸表に与えている影響の内容

イ　関係会社の採用する会計処理の原則及び手続で独立行政法人及び関係会社との間で特に異なるものがあるときは，その概要

ウ　特定関連会社の資産及び負債の評価方法

(4)　その他の重要な事項

関係法人集団の財政状態及び運営状況を判断するために重要なその他の事項

独立行政法人は，個別の財務諸表と同様に，連結財務諸表の内容を補足し，状況を適切に開示するために必要な会計情報，すなわち上記基準に掲げる事項を注記しなければならない。

第12章

チェックリスト

独立行政法人は，企業会計を基礎としているが，独立行政法人固有の会計処理も多く，その内容を改めて確認することは非常に重要である。

また，独立行政法人の財務報告は開示項目が多く，項目間に関連性を有する箇所が多いため，それらの整合性を確保することは非常に重要である。

正確な財務諸表を作成するため，本章で示した1独立行政法人固有の会計処理のチェックリストおよび2財務諸表等間の整合性チェックリストを使用することが有用である。

1 独立行政法人固有の会計処理のチェックリスト

このチェックリストは，企業会計と差異があり，かつ特に重要な独立行政法人固有の会計処理を確認することを目的としている。該当する項目がある場合，独立行政法人会計基準に従った処理となっているかどうか，特に注意が必要となる。

No.	チェック項目	参照項目	参照頁	☑
有価証券				
1	余裕資金等の運用として，利息収入を得ることを主たる目的として保有する国債，地方債，政府保証債，その他の債券で，長期保有の意思をもって取得した債券は，長期的には売却の可能性が見込まれる債券であっても，満期保有目的の債券に区分している。	注22-2	29	□

No.	チェック項目	参照項目	参照頁	☑
2	満期保有目的の債券を償還期限前に売却した場合，原則として，同じ事業年度に購入した残りの満期保有目的の債券のすべてを，保有目的の変更があったものとして売買目的有価証券に振り替えている。ただし，以下の場合には売買目的有価証券に振り替える必要はない。 (1) 満期保有目的の債券を購入した中期目標等期間後の中期目標等期間で，中期計画等上の資金計画における満期保有目的の債券の売却収入を財源とした計画が策定されている場合で，当該計画に従って売却した場合 (2) 満期保有目的の債券を購入した中期目標等期間後の中期目標等期間で，金利情勢の変化に対応して，より運用利回りの高い債券に切り換えるため，または運用基準に該当しなくなったことにより，運用基準に該当する他の債券に切り換えるために売却した場合 (3) 不要財産に係る国庫納付または不要財産に係る民間等出資の払戻しをするために売却した場合	注23 Q27-9	30	
3	政府等からの資金返還の要請等に応じるため，次年度において償還期限前に売却することとされた満期保有目的の債券は，その他有価証券に振り替えたうえで，償還期限にかかわらず流動資産に「有価証券」として一括表示している。	Q27-8	30	
4	「関係会社株式」について，当該会社の財務諸表を基礎とした純資産額に持分割合を乗じて算定した額が取得原価よりも下落した場合，当該算定額をもって貸借対照表価額とし，評価差額は当期の費用として処理し，翌期首に取得原価に洗い替えている。	会27-2	36	
固定資産				
1	償却資産のうち，1個または1組の価額が一定金額以下の資産は，重要性の乏しいものとして貸借対照表に計上しないとする取扱いが認められる。特段の事由のない場合の判断基準として，価額が50万円未満の償却資産については重要性の乏しいものとして貸借対照表に計上しないとする取扱いが考えられる。	Q10-1	55	
2	出資対象資産である償却資産は，金額にかかわらず貸借対照表に計上している。	Q10-1	55	
3	非償却資産は，金額にかかわらず固定資産に計上している。	Q10-1	55	
4	耐用年数が1年未満の償却資産は，「消耗品費」等として取得時に費用として処理している。	Q10-2	55	

No.	チェック項目	参照項目	参照頁	☑
5	減価償却の方法は，有形固定資産および無形固定資産のいずれも定額法を採用している。ただし，国からの財源措置が予定されない独立採算の業務運営が行われる独立行政法人においては，製造業務に使用される機械装置等について定率法を採用することができる。	会40－3	57	
6	有形固定資産の「減価償却累計額」は，その資産が属する科目ごとに，取得原価から控除する形式（間接控除方式）で表示する。 無形固定資産は，減価償却累計額を控除した残高を表示する（直接控除方式）。	会55－1 会55－2	61 67	
7	貸借対照表の「減価償却累計額」には，行政コスト計算書に計上された「減価償却相当額」の累計額の金額を含めている。	注41	62	
8	繰延資産を計上していない。	会８－３ 注７	70	
減損会計				
1	金額的側面および質的側面を勘案した結果，重要性の乏しい固定資産には，減損会計基準を適用しないことができる。たとえば，以下のすべての要件に該当するものは，重要性が乏しいものとして減損会計基準を適用しないことができる。 (1)　機械および装置並びにその他の附属設備，船舶および水上運搬具，車両その他の陸上運搬具，工具，器具および備品，無形固定資産（償却資産に限る）である場合 (2)　取得価額が5,000万円未満である場合 (3)　耐用年数が10年未満である場合	減２ 減注１ 減Ｑ２－１	78	
2	以下の事象が存在する場合，減損の兆候があるとして，減損を認識するかどうかの判定を行っている。 (1)　業務実績の著しい低下 (2)　使用可能性の著しい低下 (3)　業務運営環境の著しい悪化 (4)　市場価格の著しい下落 (5)　使用しないという決定	減３－２	80	
3	業務実績の著しい低下，使用可能性の著しい低下，または，業務運営環境の著しい悪化という減損の兆候があり，当該資産の全部または一部の使用が想定されていないときは，減損を認識している。	減４(1)	82	

No.	チェック項目	参照項目	参照頁	☑
4	市場価格の著しい低下という減損の兆候があり，当該資産の市場価格の回復の見込みがあると認められないときは，減損を認識している。	減4(2)	83	
5	使用しないという決定という減損の兆候があり，使用しないという決定が決定を行った日の属する事業年度内における一定の日以後使用しないという決定であるときは，減損を認識している。 翌事業年度以降の特定の日以後使用しないという決定を行った場合には，使用しなくなる日に減損を認識している。	減4(3) 減注7	83	
6	減損が認識された固定資産について，帳簿価額が回収可能サービス価額を上回るときは，帳簿価額を回収可能サービス価額（正味売却価額と使用価値相当額のいずれか高い額）まで減額している。	減5 減注9-1	83	
7	有形固定資産の「減損損失累計額」は，原則として，間接控除方式で表示する。直接控除方式で表示する場合，「固定資産の取得，処分，減価償却費および減損損失累計額の明細」に，減損損失累計額を脚注する。	減Q9-1	87	
8	貸借対照表の有形固定資産の「減損損失累計額」には，行政コスト計算書に計上された「減損損失相当額」の累計額の金額を含めている。	減注11	86	
9	「第87　特定の資産に係る費用相当額の会計処理」を行うこととされた償却資産および非償却資産の減損が，中期計画等および年度計画で想定した業務運営を行わなかったことにより生じたものである場合は，損益計算書の臨時損失に「減損損失」として計上している。	減6(1)	85	
10	「第87　特定の資産に係る費用相当額の会計処理」を行うこととされた償却資産および非償却資産の減損が，中期計画等および年度計画で想定した業務運営を行ったにもかかわらず生じたものである場合は，行政コスト計算書の「減損損失相当額」に計上している。	減6(2)	85	
11	資産見返負債を計上している固定資産に係る減損について，中期計画等および年度計画で想定した業務運営を行わなかったことにより生じた場合，臨時損失の「減損損失」に計上するとともに，資産見返負債を利益剰余金（独立行政法人通則法第44条第1項に規定する積立金）に振り替えている。	減7(1)	85	

No.	チェック項目	参照項目	参照頁	☑
12	資産見返負債を計上している固定資産に係る減損について，中期計画等および年度計画で想定した業務運営を行ったにもかかわらず生じたものである場合，損益計算書の臨時損失に「減損損失」として計上するとともに，資産見返負債を臨時利益に振り替えている。	減7(2)	85	
13	減損を認識した場合，減損の兆候が認められた場合（減損を認識した場合を除く），使用しないという決定を行った場合であってその決定が翌事業年度以降の特定の日以後使用しないという決定である場合，それぞれについて必要な項目を注記している。	減11-1 減11-2 減11-3	88	
借入金・債券				
1	債券は，額面金額をもって貸借対照表に計上している。収入金額と額面金額の差額は，「債券発行差額」として貸借対照表に表示している。「債券発行差額」は，毎事業年度，債券の償還期間にわたり合理的な基準で計算した額を償却し，損益計算書の「支払利息」に含めて計上している。	会58 会90 Q90-1	94	
2	債券発行差額の償却方法を重要な会計方針に注記している。	注56-2 Q80-3	94	
引当金				
1	計上した引当金に関して，法令等，中期計画等または年度計画に照らして客観的に財源が措置されていると明らかに見込まれる場合，貸借対照表の資産に引当金見返を計上するとともに，損益計算書に引当金見返に係る収益を計上している。	会17-2	96	
2	賞与に充てるべき財源措置が翌期以降の運営費交付金により行われることが，中期計画等または年度計画で明らかにされている場合，貸借対照表に「賞与引当金見返」を計上するとともに，損益計算書に「賞与引当金見返に係る収益」を計上している。	会88 Q17-2	103	

No.	チェック項目	参照項目	参照頁	☑
3	退職給付債務について，以下の要件に該当する場合，貸借対照表に「退職給付引当金見返」を計上するとともに，損益計算書に「退職給付引当金見返に係る収益」を計上している。 (1) 退職一時金に充てるべき財源措置が運営費交付金により行われることが，中期計画等および年度計画で明らかにされている場合 (2) 確定給付企業年金等に係る掛金に充てるべき財源措置が運営費交付金によって行われること，および確定給付企業年金等に係る積立金に積立不足がある場合，積立不足額の解消のために必要となる財源措置が運営費交付金によって行われることが，中期計画等および年度計画で明らかにされている場合 (3) 退職共済年金等に係る整理資源および恩給負担金に充てるべき財源措置が運営費交付金により行われることが，中期計画等および年度計画で明らかにされている場合	会89	113	
4	「基準第17　引当金」第２項に基づく引当金見返を計上した場合，引当金の取崩し時に当該引当金見返とそれに見合う「運営費交付金債務」とを相殺している。	会81-７	113	
5	引当金見返の計上は，運営費交付金による財源措置のみに限られず，補助金など，運営費交付金以外の財源についても引当金見返を計上することは想定される。	Q17-２	96	
資産除去債務				
1	資産除去債務に対応する除去費用等のうち，対応すべき収益の獲得が予定されていないものとして特定された除去費用等は，その他行政コストに計上している。除去費用に係る減価償却の費用配分額は，行政コスト計算書の「減価償却相当額」，時の経過による資産除去債務の調整額は「利息費用相当額」に計上している。	会91 注69	126	
2	資産除去債務の計上時，対応すべき収益の獲得が予定されていないものとして特定された除去費用等については，資産除去の実行時に実際の発生額を損益計算上の費用に計上するとともに，資産除去の実行時までに計上した「減価償却相当累計額」，「利息費用相当累計額」を，その他行政コスト「減価償却相当額」，「利息費用相当額」のマイナスとして処理している。	注69-３ Q91-３	127	

No.	チェック項目	参照項目	参照頁	☑
純資産				
1	資本金は，「政府出資金」，「地方公共団体出資金」，「(何）出資金」に区分している。	会57-1	22	
2	資本剰余金は，「資本剰余金」，「その他行政コスト累計額」，「民間出えん金」に区分している。「その他行政コスト累計額」は，「減価償却相当累計額（－）」，「減損損失相当累計額（－）」，「利息費用相当累計額（－）」，「承継資産に係る費用相当累計額（－）」，「除売却差額相当累計額（－）」に区分している。	会57-2 注42	22	
3	以下のような場合，相当額を「資本剰余金」として計上している。 (1)　国からの施設費により非償却資産または「第87　特定の資産に係る費用相当額の会計処理」を行うこととされた償却資産を取得した場合 (2)　国または地方公共団体からの補助金等により非償却資産を取得した場合 (3)　中期計画および中長期計画に定める剰余金の使途として固定資産を取得した場合 (4)　中期計画等の想定の範囲内で，運営費交付金により非償却資産を取得した場合 (5)　中期計画等の想定の範囲内で，寄附金により，寄附者の意図に従いまたは独立行政法人があらかじめ特定した使途に従い，非償却資産を取得した場合	注12	135	
4	利益剰余金は，「前中期目標等期間繰越積立金」，「(何）積立金」，「積立金」，「当期未処分利益（または当期未処理損失)」に区分している。なお，当期未処分利益（または当期未処理損失）の内訳として「当期総利益（または当期総損失)」を表示している。	会57	22	
運営費交付金				
1	運営費交付金を受領した時は，流動負債の「運営費交付金債務」に計上している。	会81-1	151	
2	受領前の運営費交付金を，未収計上していない。	Q81-2	151	
3	中期目標等の期間中，運営費交付金債務は，原則として，業務達成基準により収益化している。	会81-2 注61-1	152	
4	管理部門の活動に限り，期間進行基準による収益化が認められる。	会81-2 注61-3	152	

No.	チェック項目	参照項目	参照頁	☑
5	突発的な業務の発生により，予算，期間等を見積れない場合など，業務と運営費交付金との対応関係が示されない場合に限り，費用進行基準による収益化が認められる。	注61-4 Q81-29	152	
6	運営費交付金債務のうち，収益化した金額は，損益計算書の「運営費交付金収益」に計上，表示している。	会66-5 会67	151	
7	中期目標等の期間の最後の事業年度の期末処理は，精算のために収益に振り替えられた運営費交付金債務を損益計算書の臨時利益に計上している。その場合，「運営費交付金精算収益化額」という名称を用いることが望ましい。	会81-5 注61-6 Q81-30	162	
8	「運営費交付金収益」の計上基準が，重要な会計方針等として注記されている。費用進行基準を採用している場合，業務と運営費交付金との対応関係が示されない理由を注記している。	注56-2 注61-4 注61-7 Q80-3 Q80-4	152	
9	運営費交付金により支出されたと合理的に特定可能な固定資産で，中期計画等の想定の範囲内で非償却資産を取得した場合，取得費に相当する額を「運営費交付金債務」から「資本剰余金」に振り替えている。	会81-6 注12 Q81-8	163	
10	運営費交付金により支出されたと合理的に特定可能な固定資産で，中期計画等の想定の範囲外の非償却資産，償却資産または重要性が認められるたな卸資産を取得した場合，取得費に相当する額を「運営費交付金債務」から「資産見返運営費交付金」に振り替えている。	会81-6 Q81-8	163	
11	固定資産等が運営費交付金により支出されたと合理的に特定できない場合，相当金額を「運営費交付金債務」から収益に振り替えている。	会81-6	163	
12	運営費交付金を財源としてリース料を支払う場合は，支払額で「運営費交付金債務」を取崩し，収益化している。	Q81-11	160	
13	運営費交付金で余資運用の観点から有価証券を取得した場合，「運営費交付金債務」を取り崩すことは認められない。	Q81-15	161	
14	「運営費交付金収入」は，キャッシュ・フロー計算書の業務活動によるキャッシュ・フローに区分している。	会70-2 注47-3 注48	270	
施設費				
1	施設費を受領した時は，流動負債の「預り施設費」に計上している。	会82-1 注62-1	169	

No.	チェック項目	参照項目	参照頁	☑
2	国の出納整理期間である翌事業年度の４月に交付される施設費の精算交付について，補助金交付決定通知書等に記載された補助事業が補助事業の期間内に完了しており，交付決定通知書等に記載された補助金等額の交付が確実であると見込まれる場合，「未収金」を計上することができる。	Q82-2	172	
3	施設費を財源として取得した固定資産について，非償却資産または基準「第87　特定の資産に係る費用相当額の会計処理」に定める処理が行われる場合，取得費に相当する額を「預り施設費」から「資本剰余金」に振り替えている。	会82-2 注62-2	170	
4	施設費を財源として固定資産を取得した場合，当該支出のうち固定資産の取得原価を構成しない支出は，当期の費用として処理し，「施設費収益」の科目で収益化している。	Q82-1	172	
5	施設費を財源として取得した固定資産について，基準「第87　特定の資産に係る費用相当額の会計処理」に定める処理が行われる場合の減価償却額は，行政コスト計算書に「減価償却相当額」として計上している。	Q57-1	172	
6	施設費を財源として取得した固定資産について，非償却資産または基準「第87　特定の資産に係る費用相当額の会計処理」に定める処理が行われる固定資産の除売却差額は，行政コスト計算書に「除売却差額相当額」として計上している。 また，過去にその他行政コストに計上済みの「減価償却相当累計額」および「減損損失相当累計額」を「除売却差額相当累計額」に振り替えている。	注15-2 Q31-5	220	
7	「施設費による収入」,「施設費の精算による返還金の支出」は，キャッシュ・フロー計算書の投資活動によるキャッシュ・フローに区分している。	会70-3 注47-7 注49-1	271	
補助金等				
1	補助金等が，翌事業年度以降の特定の事業に充てるために特別の資金を保有することを目的として交付されたときは，固定負債の「長期預り補助金等」に計上している。それ以外の場合は流動負債の「預り補助金等」に計上している。	会83-1 会83-3	174	
2	国の出納整理期間である翌事業年度の４月に交付される補助金等の精算交付について，補助金交付決定通知書等に記載された補助事業が補助事業の期間内に完了しており，交付決定通知書等に記載された補助金等額の交付が確実であると見込まれる場合，「未収金」を計上することができる。	Q83-3	176	

No.	チェック項目	参照項目	参照頁	☑
3	「預り補助金等」は，補助金等の交付の目的に従った業務の進行に応じて収益化している。	会83-2	175	
4	補助金等により非償却資産を取得した場合は，「預り補助金等」を「資本剰余金」に振り替えている。	会83-4	177	
5	補助金等により償却資産若しくは重要性が認められるたな卸資産を取得した場合は，「預り補助金等」から「資産見返補助金等」に振り替えている。	会83-4 Q83-4	177	
6	「資産見返補助金等」について，償却資産の場合は，毎事業年度の減価償却額に取得価額に占める補助金等の割合を乗じて算定した額を，「資産見返補助金等戻入」として収益に振り替えている。たな卸資産の場合は，消費した相当額を「資産見返補助金等戻入」として収益に振り替えている。	会83-4	178	
7	「補助金等収入」は，キャッシュ・フロー計算書の業務活動によるキャッシュ・フローに区分している。	会70-2 注47-4 注48	270	
寄附金				
1	中期計画等および年度計画において，財産的基礎に充てる目的で民間からの出えんを募ることを明らかにしており，計画に従って出えんを募った場合，資本剰余金の「民間出えん金」として計上している。	会85-1	180	
2	寄附者がその使途を特定した，または独立行政法人が使用に先立ってあらかじめ計画的に使途を特定した寄附金を受領した場合，1年以内に使用されないと認められるものは固定負債の「長期預り寄附金」に，1年以内に使用されるものは流動負債の「預り寄附金」に計上している。	会85-1 注65 会15 会16	182	
3	寄附者がその使途を特定した場合，または寄附者が使途を特定していなくとも独立行政法人が使用に先立ってあらかじめ計画的に使途を特定した寄附金を受領した場合，使途に充てるための費用が発生した時点で「預り寄附金」から「寄附金収益」に振り替えている。	会85-1	183	
4	使途不特定寄附金や使途不特定寄附財産を受け入れた場合，受入時に収益を計上している。	会85-3	184	
5	中期計画等の想定の範囲内で，寄附金により，寄附者の意図に従いまたは独立行政法人が特定した使途に従い，非償却資産を取得した場合，「預り寄附金」から「資本剰余金」に振り替えている。	会85-2 注12-2	185	

No.	チェック項目	参照項目	参照頁	☑
6	中期計画等の想定の範囲外で，寄附金により，非償却資産を取得した場合，または償却資産を取得した場合は，「預り寄附金」から「資産見返寄附金」に振り替えている。	会85-2 Q85-6	185	
7	「預り寄附金」，「資産見返寄附金」は，中期計画等期間が終了しても，使途に沿った費用が発生するまで負債のまま計上している。	注65 Q85-5	188	
8	寄附金の使途が特定された事業が終了した時点で，当該事業に関する「預り寄附金」や「資産見返寄附金」が残っている場合，原則として，全額を「寄附金収益」として計上している。	Q85-4 Q85-5	183	
9	「寄附金収入」は，キャッシュ・フロー計算書の業務活動によるキャッシュ・フローに区分している。ただし，基準「第85　寄附金の会計処理」により資本剰余金として計上されるものを除いている。	会70-2 注48	270	
10	「民間出えん金（「第85　寄附金の会計処理」により，「資本剰余金」に計上される寄附金に限る）の受入による収入」は，キャッシュ・フロー計算書の財務活動によるキャッシュ・フローに区分している。	会70-8 注50	272	
不要財産に係る国庫納付等				
1	通則法第46条の2の規定により，不要財産に係る国庫納付をした場合，不要財産が政府からの出資に係るものであるときは，主務大臣が定める金額で「資本金」を減少させている。	会98-1	189	
2	通則法第46条の3の規定により，不要財産に係る民間等出資の払戻しをした場合，資本金のうち払戻しをした持分の額で「資本金」を減少させている。	会98-2	189	
3	取得時に資本剰余金が計上されている不要財産を，通則法第46条の2の規定により国庫納付をした場合，資本剰余金のうち不要財産に係る部分の金額で「資本剰余金」を減少させている。	会98-3	189	
4	通則法第46条の2または第46条の3の規定に基づいて行う不要財産の譲渡取引のうち，主務大臣が必要なものとして指定した譲渡取引で譲渡差額が生じた場合，「資本剰余金」を減額または増額させている。	会99-1	189	
5	不要財産に係る国庫納付等に伴う譲渡取引において，主務大臣が必要なものとして指定した譲渡取引に係る譲渡差額は，損益計算書に計上せず，行政コスト計算書に「除売却差額相当額」として計上している。	会99-1 注76	212	

No.	チェック項目	参照項目	参照頁	☑
6	不要財産に係る国庫納付等に伴う譲渡取引において，主務大臣が国庫納付等額から控除を認める費用は，損益計算上に計上せず，行政コスト計算書に「除売却差額相当額」として計上している。	会99-2 注76	212	
7	不要財産に係る国庫納付等に係る会計処理は，譲渡取引の主務大臣の指定の有無，「第87　特定の資産に係る費用相当額の会計処理」の適用，現物または金銭出資等の区分に応じ，適切に会計処理している。	Q98 Q99	192	
8	「不要財産に係る国庫納付等による支出」は，キャッシュ・フロー計算書の財務活動によるキャッシュ・フローに区分している。	注50	272	
9	不要財産に係る譲渡取引と国庫納付等が年度をまたがった場合には，不要財産に係る譲渡取引を行った年度および実際に当該不要財産に係る国庫納付等を行った年度，双方に注記している。譲渡取引が行われた年度における注記について，記載できない事項については，財務諸表作成時点において判明している事項を可能な限り取り込んで記載する。	Q98-5	213	
特定の償却資産に係る費用相当額の会計処理				
1	独立行政法人が保有する償却資産のうち，その減価に対応すべき収益の獲得が予定されないものとして特定された償却資産の減価償却額は，行政コスト計算書に「減価償却相当額」として計上する。また，それと同時に「減価償却相当累計額」として，貸借対照表における資本剰余金を減額している。	会87-1 Q20-2 Q57-1	214	
特定の承継資産に係る費用相当額の会計処理				
1	有形固定資産および無形固定資産を除く承継資産で，その費用相当額に対応すべき収益の獲得が予定されないものとして主務大臣により特定された資産の費用相当額は，損益計算上の費用には計上せず，行政コスト計算書に「承継資産に係る費用相当額」として計上する。また，それと同時に「承継資産に係る費用相当累計額」として貸借対照表における資本剰余金を減額している。	会87-2 Q87-8	216	
目的積立金				
1	中期計画および中長期計画であらかじめ定めた剰余金の使途に沿った費用が発生した時は，同額を取り崩して損益計算書の「目的積立金取崩額」に計上している。	会97	226	

No.	チェック項目	参照項目	参照頁	☑
2	目的積立金を財源として固定資産を取得した場合，取得価額と同額を「目的積立金」から「資本剰余金」へ振り替えている。この場合，利益の処分に関する書類に振替額を表示せず，純資産変動計算書の当期変動額に表示している。	会97 Q97-1	226	
自己収入				
1	受託研究収入を含む自己収入は，原則として，収益を分割計上せず，実現主義の原則に従い収益を認識している。また，自己収入を財源として購入した償却資産について，資産見返負債を計上していない。	Q41-1	227	
科学研究費				
1	科学研究費補助金は「預り金」として処理し，補助金に含まれる事務取扱いに要する間接費相当額は収益として処理している。	Q66-5	229	
2	科学研究費補助金で研究者が取得した固定資産の寄附を受けた場合，原則として設備等の取得価額で計上している。一定期間の後に研究者から寄附された場合，取得時から寄附時点までの減価償却累計額相当額を取得価額から控除した額で計上している。	Q26-2-2 Q26-7	230	
現物出資				
1	政府から有形固定資産の現物出資を受けた場合は，評価額を貸借対照表の「政府出資金」に計上している。	Q87-2	231	
2	現物出資財産の減価償却額は，基準「第87　特定の資産に係る費用相当額の会計処理」に定める処理が行われる場合，行政コスト計算書に「減価償却相当額」として計上している。	Q57-1	231	
無償譲与				
1	譲与，贈与その他無償で取得した資産は，公正な評価額を取得原価としている。	会26	232	
2	政府から譲与を受けて償却資産を取得した場合，資産見返の負債項目を計上し，毎事業年度，減価償却額を取り崩して収益に振り替えている。 政府以外の者から贈与されて償却資産を取得した場合で，その使途を特定した場合は，資産見返の負債項目を計上し，毎事業年度，減価償却額を取り崩して収益に振り替えている。使途を特定したと認められない場合は，取得資産の時価に相当する額を受贈益として計上している。	Q16-1	232	

No.	チェック項目	参照項目	参照頁	☑
事後に財源措置が行われる特定の費用に係る会計処理				
1	独立行政法人の業務運営に要する費用のうち，その発生額を後年度において財源措置することとされている特定の費用が発生した場合，財源措置が予定される金額を「財源措置予定額収益」として収益に計上し，「未収財源措置予定額」として資産に計上している。ただし，当該特定の費用は，事後に財源措置を行うことおよび財源措置を行う費用の範囲，時期，方法等が，中期計画等で明らかにされていなければならない。	会84 Q84-1	233	

2 財務諸表等間の整合性チェックリスト

このチェックリストは，通常表示金額が整合する財務諸表等間の項目に関する整合性チェックリストである。金額が不一致の場合，集計ミスなどによる誤謬の可能性があるため，財務諸表間の整合性を確認することは，非常に重要である。

(1) 財務諸表

No.	チェック項目	参照項目	☑
貸借対照表			
1	「資産合計」が「負債純資産合計」と整合している。	会58	
行政コスト計算書			
1	「損益計算書上の費用」の各勘定科目の金額が，損益計算書の各勘定科目の金額と整合している。	会61 会67	
損益計算書			
1	「当期総利益（または当期総損失）」が，貸借対照表の「うち当期総利益（または当期総損失）」と整合している。	会58 会67	
利益の処分に関する書類および損失の処理に関する書類			
1	「当期未処分利益（または当期未処理損失）」が，貸借対照表の「当期未処分利益（または当期未処理損失）」と整合している。	会58 会78	
2	「当期総利益（または当期総損失）」が，損益計算書の「当期総利益（または当期総損失）」と整合している。	会67 会78	
純資産変動計算書			
1	「当期首残高」が前事業年度の「当期末残高」と整合している。	会69	

No.	チェック項目	参照項目	☑
2	「当期末残高」が，貸借対照表の各勘定科目の金額と整合している。	会58 会69	
3	資本金の当期変動額の「不要財産に係る国庫納付等による減資」が，不要財産に係る国庫納付等の注記の「減資額」の合計額と整合している。	会69 注74 Q98-7	
4	資本剰余金の当期変動額の「減価償却」が，行政コスト計算書の「減価償却相当額」と整合している。整合しない場合，資産除去の実行等，合理的な理由を確認する。	会61 会69	
5	資本剰余金の当期変動額の「減損損失」が，行政コスト計算書の「減損損失相当額」と整合している。整合しない場合，資産除去の実行等，合理的な理由を確認する。	会61 会69	
6	資本剰余金の当期変動額の「時の経過による資産除去債務の増加」が，行政コスト計算書の「利息費用相当額」と整合している。整合しない場合，資産除去の実行等，合理的な理由を確認する。	会61 会69	
7	資本剰余金の当期変動額の「承継資産の使用等」が，行政コスト計算書の「承継資産に係る費用相当額」と整合している。	会61 会69	
8	利益剰余金の当期変動額の「当期純利益（または当期純損失）」が，損益計算書の「当期純利益（または当期純損失）」と整合している。	会67 会69	
9	利益剰余金の当期変動額の「目的積立金取崩額」が，損益計算書の「目的積立金取崩額」と整合している。	会67 会69	
キャッシュ・フロー計算書			
1	「資金期首残高」が前事業年度の「資金期末残高」と整合している。	会72	

(2) 財務諸表の注記事項

No.	チェック項目	参照項目	☑
独立行政法人の業務運営に関して国民の負担に帰せられるコストに係る注記			
1	注記の「行政コスト」が，行政コスト計算書の行政コストの金額と整合している。	会61 Q62-1	
2	注記の「自己収入等」が，損益計算書の自己収入等に該当する勘定科目の合計金額と整合している。	会61 Q62-1	
3	注記の「法人税等および国庫納付額」が，損益計算書の「法人税等」，「法人税等調整額」，「国庫納付額」の合計金額と整合している。	会61 Q62-1	
ファイナンス・リース取引が損益に与える影響額等の注記			
1	注記内容が，損益計算書の「当期総利益」の金額と整合している。	会33 Q33-5	

No.	チェック項目	参照項目	☑
キャッシュ・フロー計算書注記			
1	「資金の期末残高の貸借対照表科目別の内訳」の「期末資金残高」が，キャッシュ・フロー計算書の「資金期末残高」と整合している。	会72 会73	
2	「資金の期末残高の貸借対照表科目別の内訳」の「現金および預金」が，貸借対照表の「現金および預金」と整合している。	会58 会73	
税効果会計に関する注記			
1	注記されている「繰延税金資産」，「繰延税金負債」の金額が，貸借対照表に計上された対応する勘定科目の金額と整合している。	注58	
金融商品の時価等に関する注記			
1	各勘定科目の「貸借対照表計上額」が，貸借対照表に計上された対応する勘定科目の金額と整合している。	会58 注59 Q80-6-6	
不要財産に係る国庫納付等の注記			
1	（現物により国庫納付または払戻しした場合） 当事業年度における「国庫納付額」が，キャッシュ・フロー計算書注記に重要な非資金取引として注記された不要財産の現物による国庫納付の金額と整合している。	注52 注74 Q98-7	
2	（現金納付した場合） 当期事業年度における「国庫納付額」が，キャッシュ・フロー計算書の「不要財産に係る国庫納付等による支出」と整合している。	注74 Q98-7	
固定資産の減損に係る注記			
1	「損益計算書に計上した金額」が，損益計算書の「減損損失」と整合している。	会67 減11-1	
2	「損益計算書に計上していない金額」が，行政コスト計算書の「減損損失相当額」と整合している。	会61 減11-1	
資産除去債務に係る注記			
1	「資産除去債務の総額の期中における増減内容」に記載される「期末残高」が，貸借対照表の流動負債および固定負債に計上された「資産除去債務」の合計額と整合している。	会58 注38	
退職給付に係る注記			
1	「退職給付引当金」および「前払年金費用」が，貸借対照表に計上された金額と整合している。	会58 Q80-10	

(3) 附属明細書

No.	チェック項目	参照項目	☑
固定資産の取得，処分，減価償却費（「第87　特定の資産に係る費用相当額の会計処理」および「第91　資産除去債務に係る特定の除去費用等の会計処理」による減価償却相当額も含む。）および減損損失累計額の明細			
1	「期首残高」が前事業年度の「期末残高」と整合している。	Q79-1-2	
2	各勘定科目の「期末残高」，「減価償却累計額」，「減損損失累計額」および「差引当期末残高」が，貸借対照表に計上された各勘定科目の金額と整合している。	会58 Q79-1-2	
3	「有形固定資産（減価償却費）」「減価償却累計額」の「当期償却額」の合計金額が，損益計算書の「減価償却費」と整合している。整合しない場合，製造原価に算入されている等，合理的な理由を確認する。	会67 Q79-1-2	
4	「有形固定資産（減価償却相当額）」「減価償却累計額」の「当期償却額」の合計金額が，行政コスト計算書の「減価償却相当額」と整合している。整合しない場合，資産除去の実行等，合理的な理由を確認する。	会61 Q79-1-2	
5	「有形固定資産（減価償却費）」「減損損失累計額」の「当期減損額」の合計金額が，損益計算書の「減損損失」と整合している。	会67 Q79-1-2	
6	「有形固定資産（減価償却相当額）」「減損損失累計額」の「当期減損額」の合計金額が，行政コスト計算書の「減損損失相当額」と整合している。整合しない場合，資産除去の実行等，合理的な理由を確認する。	会61 Q79-1-2	
たな卸資産の明細			
1	「期首残高」が前事業年度の「期末残高」と整合している。	Q79-1-3	
2	「期末残高」が貸借対照表の対応する勘定科目の金額と整合している。	会58 Q79-1-3	
有価証券の明細			
1	「貸借対照表計上額」および「その他有価証券評価差額」が，貸借対照表の対応する勘定科目の金額と整合している。	会58 Q79-1-4	
2	「当期損益に含まれた評価損益」が，損益計算書の対応する勘定科目の金額と整合している。	会67 Q79-1-4	
3	「当期費用に含まれた評価差額」が，損益計算書の対応する勘定科目の金額と整合している。	会67 Q79-1-4	
長期貸付金の明細			
1	「期首残高」が前事業年度の「期末残高」と整合している。	Q79-1-5	
2	「期末残高」が貸借対照表の対応する勘定科目の金額と整合している。	会58 Q79-1-5	
長期借入金の明細			
1	「期首残高」が前事業年度の「期末残高」と整合している。	Q79-1-6	
2	「期末残高」が貸借対照表の対応する勘定科目の金額と整合している。	会58 Q79-1-6	

No.	チェック項目	参照項目	☑
(何) 債券の明細			
1	「期首残高」が前事業年度の「期末残高」と整合している。	Q79-1-7	
2	「期末残高」が貸借対照表の対応する勘定科目の金額と整合している。	会58 Q79-1-7	
引当金の明細			
1	「期首残高」が前事業年度の「期末残高」と整合している。	Q79-1-8	
2	「期末残高」が貸借対照表の対応する勘定科目の金額と整合している。	会58 Q79-1-8	
3	「当期増加額」が，損益計算書の対応する勘定科目（例：損害賠償引当金繰入額）の金額と整合している。	会67 Q79-1-8	
4	「当期減少額」「その他」が，損益計算書の対応する勘定科目（例：損害賠償引当金戻入益）の金額と整合している。	会67 Q79-1-8	
貸付金等に対する貸倒引当金の明細			
1	「期首残高」が前事業年度の「期末残高」と整合している。	Q79-1-9	
2	「期末残高」が貸借対照表の対応する勘定科目の金額と整合している。	会58 Q79-1-9	
3	「貸倒引当金の残高」の「当期増減額」が，損益計算書の対応する勘定科目の金額（例：「貸倒引当金繰入」から「貸倒処理による引当金の取崩額」を控除した金額）と整合している。	会67 Q79-1-9	
退職給付引当金の明細			
1	「期首残高」が前事業年度の「期末残高」と整合している。	Q79-1-10	
2	「期末残高」が貸借対照表の対応する勘定科目の金額と整合している。	会58 Q79-1-10	
3	「当期増加額」が損益計算書の対応する勘定科目（例：退職給付費用）の金額と整合している。	会67 Q79-1-10	
4	「退職給付引当金」「期末残高」が，退職給付に係る注記の「退職給付引当金」と整合している。	Q79-1-10 Q80-10	
5	「退職給付債務合計額」の「期首残高」「当期増加額」「当期減少額」「期末残高」が，退職給付に係る注記の各項目の金額と整合している。	Q79-1-10 Q80-10	
6	「未認識過去勤務費用および未認識数理計算上の差異」の「当期増加額」「当期減少額」「期末残高」が，退職給付に係る注記の各項目の金額と整合している。	Q79-1-10 Q80-10	
7	「年金資産」の「期首残高」「当期減少額」「期末残高」が，退職給付に係る注記の各項目の金額と整合している。	Q79-1-10 Q80-10	
資産除去債務の明細			
1	「期首残高」が前事業年度の「期末残高」と整合している。	Q79-1-11	
2	「期末残高」が，貸借対照表の流動負債および固定負債に計上された「資産除去債務」の合計額と整合している。	会58 Q79-1-11	

No.	チェック項目	参照項目	☑
法令に基づく引当金等の明細			
1	「期首残高」が前事業年度の「期末残高」と整合している。	Q79-1-12	
2	「期末残高」が貸借対照表の対応する勘定科目の金額と整合している。	会58 Q79-1-12	
3	「当期増加額」が，損益計算書の対応する勘定科目（例：損害賠償引当金繰入額）の金額と整合している。	会67 Q79-1-12	
保証債務の明細			
1	「期首残高」が前事業年度の「期末残高」と整合している。	会93 Q79-1 -13-1	
2	信用の供与を主たる業務としている独立行政法人においては，「期末残高」の合計額が貸借対照表の対応する勘定科目の金額と整合している。	会93 Q79-1 -13-1	
3	信用の供与を主たる業務としている独立行政法人以外においては，「期末残高」の合計額が保証債務注記の金額と整合している。	会30 Q79-1 -13-1	
4	「保証料収益」が損益計算書の対応する勘定科目の金額と整合している。	会67 Q79-1 -13-1	
保証債務と保証債務損失引当金との関係の明細			
1	「期首残高」が前事業年度の「期末残高」と整合している。	会93 Q79-1 -13-2	
2	「期末残高」が貸借対照表の対応する勘定科目の金額と整合している。	会93 Q79-1 -13-2	
3	「保証債務の残高」の「期首残高」，「当期増減額」，「期末残高」が，保証債務の明細の対応する項目の金額と整合している。	Q79-1 -13-1 Q79-1 -13-2	
資本剰余金の明細			
1	「期首残高」が前事業年度の「期末残高」と整合している。	Q79-1-14	
2	「期末残高」が貸借対照表の対応する勘定科目の金額と整合している。	会58 Q79-1-14	
3	「施設費」の「当期増加額」が，施設費の明細の「資本剰余金」の合計額と整合している。差額が生じた場合には，「建設仮勘定見返施設費」からの資本剰余金の振替等，合理的な理由であることを確認する。	Q79-1-14 Q79-1 -16-1	
4	「運営費交付金」の「当期増加額」が，運営費交付金債務の増減の明細の「資本剰余金」の合計額と整合している。	Q79-1-14 Q79-1-15	

<table>
<tr><th>No.</th><th>チェック項目</th><th>参照項目</th><th>☑</th></tr>
<tr><td>5</td><td>「補助金等」の「当期増加額」が，補助金等の明細の「資本剰余金」の合計額と整合している。</td><td>Q79-1-14
Q79-1-16-2</td><td></td></tr>
<tr><td colspan="4">運営費交付金債務および当期振替額等の明細</td></tr>
<tr><td>1</td><td>運営費交付金債務の増減の明細の「期首残高」が，前事業年度の「期末残高」と整合している。</td><td>Q79-1-15</td><td></td></tr>
<tr><td>2</td><td>運営費交付金債務の増減の明細の「期末残高」が，運営費交付金債務残高の明細の「計」の金額，貸借対照表の対応する勘定科目の金額と整合している。</td><td>会58
Q79-1-15</td><td></td></tr>
<tr><td>3</td><td>運営費交付金債務の増減の明細の「当期交付額」の金額が，キャッシュ・フロー計算書の「運営費交付金収入」の金額と整合している。</td><td>会72
Q79-1-15</td><td></td></tr>
<tr><td>4</td><td>運営費交付金債務の増減の明細の「当期振替額」の内訳である「運営費交付金収益」の金額が，運営費交付金収益への振替額および主な使途の明細の「運営費交付金収益」「合計」の金額，損益計算書の対応する勘定科目の合計金額と整合している。</td><td>会67
Q79-1-15</td><td></td></tr>
<tr><td>5</td><td>運営費交付金債務の増減の明細の「当期振替額」の内訳である「資産見返運営費交付金」の金額が，資産見返運営費交付金および資本剰余金への振替額並びに主な使途の明細の「資産見返運営費交付金への振替」「合計」と整合している。また，各項目の金額が，下表の対応関係となっている。
<table><tr><td>〈当期減少要因〉</td><td>〈期首残高〉</td></tr><tr><td>損益計算書の「資産見返運営費交付金戻入」</td><td>前事業年度貸借対照表の「資産見返運営費交付金」</td></tr><tr><td>〈期末残高〉</td><td>〈期末残高〉</td></tr><tr><td>当事業年度貸借対照表の「資産見返運営費交付金」</td><td>運営費交付金債務の増減の明細の「資産見返運営費交付金」</td></tr></table></td><td>会58
会67
Q79-1-15</td><td></td></tr>
<tr><td>6</td><td>運営費交付金債務の増減の明細の「当期振替額」の内訳である「資本剰余金」が，資産見返運営費交付金および資本剰余金への振替額並びに主な使途の明細の「資本剰余金への振替」「合計」の金額，資本剰余金の明細の「運営費交付金」の「当期増加額」と整合している。</td><td>Q79-1-14
Q79-1-15</td><td></td></tr>
<tr><td>7</td><td>運営費交付金債務の増減の明細の「引当金見返との相殺額」が，引当金見返との相殺額の明細の「合計」と整合している。また，各項目の金額が，下表の対応関係となっている。
<table><tr><td>〈期首残高〉</td><td>〈当期減少要因〉</td></tr><tr><td>前事業年度貸借対照表の引当金見返合計金額</td><td>運営費交付金債務の増減の明細の「引当金見返との相殺額」</td></tr><tr><td>〈当期増加要因〉</td><td>〈期末残高〉</td></tr><tr><td>損益計算書の引当金見返収益合計金額</td><td>当事業年度貸借対照表の引当金見返合計金額</td></tr></table></td><td>Q79-1-8
Q79-1-15</td><td></td></tr>
</table>

<table>
<tr><th>No.</th><th>チェック項目</th><th>参照項目</th><th>☑</th></tr>
<tr><td colspan="4">施設費の明細</td></tr>
<tr><td>1</td><td>「当期交付額」の合計額が，キャッシュ・フロー計算書の「施設費による収入」と整合している。差額が生じた場合，合理的な理由があることを確認する。</td><td>会72
Q79-1
-16-1</td><td></td></tr>
<tr><td>2</td><td>「建設仮勘定見返施設費」の合計額が，下表の通り整合している。差額が生じた場合は，合理的な理由があることを確認する。
<table><tr><td>〈当期減少要因〉</td><td>〈期首残高〉</td></tr><tr><td>資本剰余金の明細の建設仮勘定見返施設費からの振替額（「施設費」の「当期増加額」の一部）</td><td>前事業年度貸借対照表の「建設仮勘定見返施設費」</td></tr><tr><td>〈期末残高〉</td><td>〈当期増加要因〉</td></tr><tr><td>当事業年度貸借対照表の「建設仮勘定見返施設費」</td><td>施設費の明細の「建設仮勘定見返施設費」</td></tr></table></td><td>会58
Q79-1-14
Q79-1
-16-1</td><td></td></tr>
<tr><td>3</td><td>「資本剰余金」の合計額が，資本剰余金の明細の「施設費」の「当期増加額」と整合している。差額が生じた場合，「建設仮勘定見返施設費」など，合理的な理由があることを確認する。</td><td>Q79-1-14
Q79-1
-16-1</td><td></td></tr>
<tr><td>4</td><td>「その他」の合計額が，施設費収益等，損益計算書の対応する勘定科目と整合している。</td><td>会67
Q79-1
-16-1</td><td></td></tr>
<tr><td colspan="4">補助金等の明細</td></tr>
<tr><td>1</td><td>「当期交付額」の合計額が，キャッシュ・フロー計算書の「補助金等収入」と整合している。差額が生じた場合，国庫へ返還する額が存在する等，合理的な理由があることを確認する。</td><td>会72
Q79-1
-16-2</td><td></td></tr>
<tr><td>2</td><td>「建設仮勘定補助金等」，「資産見返補助金等」の合計額が，下表のとおり整合している。差額が生じた場合，合理的な理由があることを確認する。
<table><tr><td>〈当期減少要因〉</td><td>〈期首残高〉</td></tr><tr><td>資産見返補助金等への振替額</td><td>前事業年度貸借対照表の「建設仮勘定補助金等」</td></tr><tr><td>〈期末残高〉</td><td>〈当期増加要因〉</td></tr><tr><td>当事業年度貸借対照表の「建設仮勘定補助金等」</td><td>補助金の明細の「建設仮勘定補助金等」</td></tr></table>
<table><tr><td>〈当期減少要因〉</td><td>〈期首残高〉</td></tr><tr><td>損益計算書の「資産見返補助金戻入」</td><td>前事業年度貸借対照表の「資産見返補助金等」</td></tr><tr><td>〈期末残高〉</td><td>〈当期増加要因〉</td></tr><tr><td>当事業年度貸借対照表の「資産見返補助金等」</td><td>補助金の明細の「資産見返補助金等」</td></tr></table></td><td>会58
会67
Q79-1
-16-2</td><td></td></tr>
</table>

No.	チェック項目	参照項目	☑
3	「資本剰余金」の合計額が，資本剰余金の明細の「補助金」の「当期増加額」と整合している。差額が生じた場合，合理的な理由があることを確認する。	Q79-1-14 Q79-1 -16-2	
4	「長期預り補助金等」の合計額が，長期預り補助金等の明細の「当期増加額」と整合している。	Q79-1 -16-2 Q79-1 -16-3	
5	「収益計上」の合計額が，「補助金等収益」等，損益計算書の対応する勘定科目と整合している。差額が生じた場合，長期預り補助金の収益化等，合理的な理由があることを確認する。	会67 Q79-1 -16-2	
長期預り補助金の明細			
1	「期首残高」が前事業年度の「期末残高」と整合している。	会67 Q79-1 -16-3	
2	「期末残高」が貸借対照表の「長期預り補助金等」と整合している。	会58 Q79-1 -16-3	
役員および職員の給与の明細			
1	「報酬または給与」の「支給額」が，損益計算書の対応する勘定科目（例：役員報酬，給与手当等）の金額と整合している	会67 Q79-1-19	
セグメント情報			
1	各勘定科目等の「合計」が，対応する財務諸表の各項目の金額と整合している。	Q79-2	

(4) 事業報告書

No.	チェック項目	☑
1	「予算と決算との対比」において，予算額や決算額を開示している場合，各勘定科目の金額が決算報告書，財務諸表の各項目の金額と整合している。	
2	「財務諸表」において，要約した財務諸表を開示している場合，各項目の金額が財務諸表の各項目の金額と整合している。	
3	「財政状態および運営状況の法人の長による説明情報」を開示している場合，各項目の金額が財務諸表の各項目の金額と整合している。	
4	主要な財務データの経年比較を開示している場合，各項目の金額が過去および当事業年度の財務諸表の各項目の金額と整合している。	

(5) 決算報告書

No.	チェック項目	☑
1	決算報告書における予算区分が，年度計画に記載されている予算と整合している。	
2	「予算額」が，当該事業年度の年度計画に記載されている予算金額と整合している。	
3	「決算額」が，収入については現金預金の収入額に期首期末の未収金額等を加減算したもの，支出については現金預金の支出額に期首期末の未払金額等を加減算したものを記載している。	
4	「予算額」と「決算額」の「差額」が，予算額の10%以上増減し著しい乖離が生じている場合，「備考欄」に乖離の理由を簡潔に記載している。	
5	区分経理のある場合，勘定別決算報告書を作成している。	

〈監修者紹介〉

総括監修者

小林　礼治（こばやし　れいじ）
あずさ監査法人　パブリックセクター本部　パートナー
1992年４月　監査法人朝日新和会計社（現　有限責任 あずさ監査法人）入社
1995年４月　公認会計士登録
日本公認会計士協会　近畿会　社会公会計委員会　委員（元）
日本公認会計士協会　公会計委員会　国立大学法人専門部会　委員（元）
日本公認会計士協会　公会計委員会　公会計基準設定のあり方検討専門部会　委員（元）
日本公認会計士協会　公会計委員会　IFAC/IPSASB対応専門部会委員（元）

監修者

金子　靖（かねこ　やすし）
あずさ監査法人　パブリックセクター本部　パートナー
1992年10月　監査法人朝日新和会計社（現　有限責任 あずさ監査法人）入社
1996年４月　公認会計士登録
日本公認会計士協会　公会計委員会　委員長

村松　啓輔（むらまつ　けいすけ）
あずさ監査法人　パブリックセクター本部　パートナー
1997年11月　朝日監査法人（現　有限責任 あずさ監査法人）入社
2001年４月　公認会計士登録
日本公認会計士協会　非営利法人委員会非営利監査保証専門部会　専門委員（元）

冨樫　高宏（とがし　たかひろ）
あずさ監査法人　パブリックセクター本部　パートナー
1996年11月　朝日監査法人（現　有限責任 あずさ監査法人）入社
2000年４月　公認会計士登録
日本公認会計士協会　公会計委員会　独立行政法人・国立大学法人等専門委員会　委員長

伊丹　亮資（いたみ　りょうすけ）
あずさ監査法人　パブリックセクター本部　パートナー
2001年10月　朝日監査法人（現　有限責任 あずさ監査法人）入社
2005年６月　公認会計士登録
日本公認会計士協会　公会計委員会　独立行政法人分科会　専門委員

大瀧　克仁（おおたき　かつひと）
あずさ監査法人　パブリックセクター本部　パートナー
1996年10月　朝日監査法人（現　有限責任 あずさ監査法人）入社
2000年４月　公認会計士登録
日本公認会計士協会　非営利法人委員会　副委員長

櫻田　寛子（さくらだ　ひろこ）
あずさ監査法人　パブリックセクター本部　シニアマネジャー
1999年10月　朝日監査法人（現　有限責任 あずさ監査法人）入社
2003年４月　公認会計士登録

堤　あづさ（つつみ　あづさ）
あずさ監査法人　パブリックセクター本部　シニアマネジャー
1995年４月　朝日監査法人（現　有限責任 あずさ監査法人）入社
1998年４月　公認会計士登録

田中　慎二（たなか　しんじ）
あずさ監査法人　パブリックセクター本部　マネジャー
2001年10月　朝日監査法人（現　有限責任 あずさ監査法人）入社
2005年４月　公認会計士登録
日本公認会計士協会　公会計委員会　独立行政法人分科会　専門委員（元）

〈執筆者紹介〉

前田　拓哉（まえだ　たくや）
あずさ監査法人　パブリックセクター本部　シニアマネジャー
2005年12月　あずさ監査法人（現　有限責任 あずさ監査法人）入社
2009年７月　公認会計士登録

中島　義晴（なかじま　よしはる）
あずさ監査法人　パブリックセクター本部　マネジャー
2003年10月　あずさ監査法人（現　有限責任 あずさ監査法人）入社
2007年６月　公認会計士登録

田口　耕太郎（たぐち　こうたろう）
あずさ監査法人　パブリックセクター本部　マネジャー
2004年12月　あずさ監査法人（現　有限責任 あずさ監査法人）入社
2009年７月　公認会計士登録

安池　威志（やすいけ　たけし）
あずさ監査法人　パブリックセクター本部　マネジャー
2005年12月　あずさ監査法人（現　有限責任 あずさ監査法人）入社
2009年７月　公認会計士登録

宗本　徹彦（むねもと　てつひこ）
あずさ監査法人　パブリックセクター本部　マネジャー
2005年12月　あずさ監査法人（現　有限責任 あずさ監査法人）入社
2010年３月　公認会計士登録

田島　康教（たじま　やすのり）
あずさ監査法人　パブリックセクター本部　マネジャー
2005年12月　あずさ監査法人（現　有限責任 あずさ監査法人）入社
2009年６月　公認会計士登録
日本公認会計士協会　公会計委員会　独立行政法人分科会　専門委員

中村　翔吾（なかむら　しょうご）
あずさ監査法人　パブリックセクター本部　マネジャー
2006年12月　あずさ監査法人（現　有限責任 あずさ監査法人）入社
2010年９月　公認会計士登録

鍋谷　鶴継（なべや　つるつぐ）
あずさ監査法人　パブリックセクター本部　マネジャー
2007年12月　あずさ監査法人（現　有限責任 あずさ監査法人）入社
2011年９月　公認会計士登録

髙梨　陽司（たかなし　ようじ）
あずさ監査法人　パブリックセクター本部　マネジャー
2007年12月　あずさ監査法人（現　有限責任 あずさ監査法人）入社
2012年８月　公認会計士登録

田中丸　三郎（たなかまる　さぶろう）
あずさ監査法人　パブリックセクター本部　マネジャー
2007年12月　あずさ監査法人（現　有限責任 あずさ監査法人）入社
2012年11月　公認会計士登録

満留　加寿也（みつどめ　かずや）
あずさ監査法人　パブリックセクター本部　マネジャー
2007年12月　あずさ監査法人（現　有限責任 あずさ監査法人）入社
2011年10月　公認会計士登録

山崎　剛志（やまざき　つよし）
あずさ監査法人　パブリックセクター本部　マネジャー
2008年12月　あずさ監査法人（現　有限責任 あずさ監査法人）入社
2012年10月　公認会計士登録

杉田　博士（すぎた　ひろし）
あずさ監査法人　パブリックセクター本部　マネジャー
2009年４月　あずさ監査法人（現　有限責任 あずさ監査法人）入社
2012年９月　公認会計士登録

髙木　伸浩（たかぎ　のぶひろ）
あずさ監査法人　パブリックセクター本部　マネジャー
2007年12月　あずさ監査法人（現　有限責任 あずさ監査法人）入社
2011年９月　公認会計士登録

田中　良法（たなか　よしのり）
あずさ監査法人　パブリックセクター本部　マネジャー
2008年12月　あずさ監査法人（現　有限責任 あずさ監査法人）入社
2012年９月　公認会計士登録

堀内　鉄也（ほりうち　てつや）
あずさ監査法人　パブリックセクター本部　マネジャー
2008年12月　あずさ監査法人（現　有限責任 あずさ監査法人）入社
2012年９月　公認会計士登録

冨岡　豊（とみおか　ゆたか）
あずさ監査法人　パブリックセクター本部　マネジャー
2010年２月　あずさ監査法人（現　有限責任 あずさ監査法人）入社
2013年８月　公認会計士登録

〈編者紹介〉

有限責任 あずさ監査法人

有限責任 あずさ監査法人は，全国主要都市に約6,000名の人員を擁し，監査や保証業務をはじめ，IFRSアドバイザリー，アカウンティングアドバイザリー，金融関連アドバイザリー，IT関連アドバイザリー，企業成長支援アドバイザリーを提供しています。

金融，情報・通信・メディア，パブリックセクター，消費財・小売，製造，自動車，エネルギー，ライフサイエンスなど，業界特有のニーズに対応した専門性の高いサービスを提供する体制を有するとともに，4大国際会計事務所のひとつであるKPMGインターナショナルのメンバーファームとして，153ヵ国に拡がるネットワークを通じ，グローバルな視点からクライアントを支援しています。

パブリックセクター本部

有限責任 あずさ監査法人では，公的セクターの監査や会計指導のほか，各種調査・支援業務などのさまざまなニーズに的確に対応するため，東京事務所，大阪事務所および名古屋事務所に，公的セクターの特色を理解した専門家集団からなるパブリックセクター部（PS部）を設置しています。

また，パブリックセクター本部（PS本部）を設置し，東京・大阪・名古屋事務所のPS部および地域事務所のパブリックセクター担当を統括しています。

独立行政法人会計の実務ガイド〈第3版〉

2004年1月25日　第1版第1刷発行
2010年6月20日　第2版第1刷発行
2019年9月20日　第3版第1刷発行

編　者　あずさ監査法人
　　　　パブリックセクター本部
発行者　山本　継
発行所　㈱中央経済社
発売元　㈱中央経済グループパブリッシング

〒101-0051　東京都千代田区神田神保町1-31-2
電話03（3293）3371（編集代表）
03（3293）3381（営業代表）
http://www.chuokeizai.co.jp/
製本／文唱堂印刷㈱
印刷／誠製本㈱

＊頁の「欠落」や「順序違い」などがありましたらお取り替えいたしますので発売元までご送付ください。（送料小社負担）

ISBN978-4-502-31951-8 C3034